Bilgelikte Ustalaşmak – Doyurucu Bir Yaşama Giden Yolunuz

Bilgelikte Ustalaşmak

Doyurucu Bir Hayata Giden Yolunuz

ben J Nayak

Hindistan
2023

İÇİNDEKİLER

Bölüm 1 Giriş: Çağımız

Yaşamak adına dinleyiciyim. Bilgeliği, güzelliği ve duymak için çığlık atmayan sesleri arıyorum. Kitap, olayın belirli yönlerini anlatıyor.

Nesilleri, zamanı, disiplinleri ve dini mezhepleri kapsayan bir sohbete dönüşen şeylerden öğrendim.

Macera, yüzyılın değişmesiyle başladı ve olduğu gibi büyüyüp değişti. Bu sayfalarda odak noktam, beni şaşırtan, inançlarımı yerle bir eden, yaşamanın doğasında olan yönler. Takip eden paragraflarda fikirlerimin konuşma yoluyla nasıl ortaya çıktığını, zarif zihin ile yaşam arasında bir ileri bir geri gidişi göstermeye çalıştım. Yazılarımda, değişen dünyamızla ilgili bir bilgelik haritası biçiminde birbirine bağlılığa rastladım. Bu, hep birlikte bulunduğumuz uçsuz bucaksız coğrafyanın kelimelerle yazılmış bir yol haritasıdır. Kenarları kalabalık merkez kadar ciddiye alan bir dizi işaretçidir. Çünkü değişim insanlık tarihinin her zaman kenarlarında olmuştur ve bugün de gerçekleşmektedir. Jeofizik bilimi dünyasında gündelik hayatın sismik ortamındaki değişiklikler çatlaklardan ve boşluklardan başlar.

Bu büyüleyici ve göz kamaştırıcı yüzyıl, yirminci yüzyılın ele aldığını düşündüğü temel soruları ortaya çıkarıyor. Sorduğumuz sorular aynı zamanda derin ve medeniyetlidir; hayatın başladığı ve başladığı zamanın tanımlarını tanımlar.

Ölüm, kimliğin anlamı kadar aile ve evliliğin önemi nedeniyle de olur; doğayla ilişkimizin; teknolojiyle bağlantımızın yanı sıra teknoloji aracılığıyla bağlantılarımız. İnternet, ilk günlerinde, bir parçası olmanın yanı sıra yaratma ve liderlik etme konusundaki düşüncelerimizi de değiştirdi. Bu bizi bir Reformasyon çağına getiriyor, ancak bu sefer eğitim, politik ekonomi, dini vb. dahil olmak üzere tüm kurumlarımız aynı anda çalışıyor. Şu andaki en ilginç ve zor şey eski yapıların işe yaramadığının farkında olmamızdır. Gelecekteki formların nasıl görüneceğini henüz belirleyemedik. Bunları "gerçek zamanlı" kullanarak uyduruyoruz; Zaman kavramını bile yeniden tasarlıyoruz.

İnsanlık ilk kez kendi içine küresel bir bakış açısıyla bakmaya, bazen Eksen Çağı olarak adlandırılan dönemde başladı; bu, milenyumun ortası işaretinin Milattan Önce birkaç yüzyıl önceydi. Alternatif bir değişim dünyasının tamamen kopmuş kültürlerinde, Konfüçyüs Çin'de doğdu ve Buda aydınlanmayı aradı. İbrani peygamberler Tanrı'nın bir halkının doğacağı fikrini yazmaya başlarken Platon ve Aristoteles ruha ve zihne baktılar. İç barış arayışı, kabilenin ve akrabaların dışındakilerin (yetimlerin, yabancıların ve dezavantajlıların) refahının bireyin refahına bağlı olduğu şeklindeki şok edici fikir bağlamında başladı. İnsanlık, günümüze kadar din ve felsefe dünyasına yön veren soruları dile getirmiştir. İnsan olmak ne demektir? Hayattaki en önemli şey nedir? Ölümde dikkat edilmesi gereken en önemli şeyler nelerdir? İnsanlarımıza ve dünyaya hizmet etmek için ne yapabiliriz?

Uzaktaki yabancılarla karşılıklı bağımlılığın giderek arttığı bir dönemde sorular yeniden doğuyor ve yeniden çerçeveleniyor. Bu, kendimizi hemcinslerimize nasıl tanımladığımız meselesiyle ayrılmaz bir şekilde bağlantılı olan, insanın ne olacağı meselesidir. Bu zorluğa adım atmak için hem fiziksel hem de ruhsal araçlar konusunda zengin bir anlayışa ve bilgeliğe sahibiz. Teknolojimizin giderek geliştiğini görüyoruz ve onların bilinçli olma yeteneklerini hayretle düşünüyoruz. Her zaman zihnimizde zekayı geliştirecek potansiyele sahibiz. Bilgelik zekamızı zenginleştirir, bilinci geliştirir ve evrim sürecini hızlandırır.

Manevi ve dini gelenekler zamanla bilgeliği getirmiş, gergin ortamlarda bile çarpıtılarak parodilere dönüştürülebilmektedir. Bunları söylerken insanlığımıza diğer disiplinlerle kıyaslanamayacak derecede ilgi gösteren yerlerden bahsediyorum: sevilme ve haz duyma kapasitemiz, düşmanlarımızı sabote etme ve aldatma kapasitemiz, başarısızlığın değişmezliği. ve başarısızlık, hizmet etme arzusu. Dinin umut konusundaki derin kurnazlığı, güzelliğin küçümsenen değerine olan hayranlığı ve evrensel insani gizem deneyimine ilişkin ciddiyeti beni hayrete düşürüyor.

Ruhsal hayatımız, kendimizin ve insan kardeşlerimizin gizemiyle yüzleştiğimiz yerlerdir.

Geçtiğimiz birkaç yüz yılda Batı'nın gizemini sona erdirmek için mücadele ettik, ancak bunun yerine gerçekliğin keskin kenarlarını yeniden teyit ettik; çözümler, fikirler ve planların yanı sıra faşizm, komünizm ve kapitalizmin emperyalizmi, bu üçü arasında değişiyor. Kasvetli ve kötü zamanımızda, uzun zamandır orada olan, tüm kaosu ve ihtişamıyla insanlığın durumu olan, umutlarımızın ve tutkularımızın gerçekleşebileceği veya başarısız olabileceği temel olan gerçekliğe geri dönüyoruz. Eski atasözü "Tarihi bilmeyen, onu tekrar etmeye mahkumdur" yeterince uzak değil. Tarihin döngüsü, biz kendi tarihimizin gerçekten ve derinlemesine farkına varıncaya kadar kendini tekrar eder. Günümüzde kaotik küresel ekonomi, insan müdahalesinin devrede olduğunu gösteriyor. Hava kararmalarında da durum aynı. Soğuk savaş sonrası dünyada kasıp kavuran tek "izm" olan terörizm, her yerde insanlığın umutsuzluğunun sonucudur.

Einstein'ın yarattığı ahlaki denklemin, çok daha az bilinmesine rağmen, matematiksel denklemleri kadar radikal olduğuna inanıyorum. Einstein hayatına bilimin toplumsal yararına -kabile çatışmalarını ve ulusal çizgileri aşması gereken kozmik bir çaba topluluğu- olan derin bir inançla başladı. Daha sonra Alman biliminin faşizme teslim olduğuna tanık oldu. Fizikçilerin ve kimya mühendislerinin kitle imha araçları ürettiklerini gördü. Kendi zamanındaki bilim adamlarının üç yaşındaki bir bebeğin elinde keskin bir bıçağa dönüştüğünü savundu. Gandi, Musa, İsa, Buda ve Aziz gibi insanları tanımaya başladı. Assisili Francis, "yaşama sanatının dahileri" olarak anılıyor. Onların "manevi deha"nın sonucu olan yeteneklerinin, insan onurunu, güvenliğini ve mutluluğunu sağlamada nesnel bilgiden daha önemli olduğunu savundu.

Çalışmalarım bana günlük yaşamdaki ruhsal dehaların her yerde olduğunu öğretti. Kenarlardalar ve bir reklamcıları yok. Radarda değiller ve bozuklar. Günlük hayatımız hakkında konuşma şeklimiz giderek daha moral bozucu hale geliyor. Tarihin ilk versiyonunu yaratmaya çalıştığımız gazetecilik mesleğimde yetersizlikleri, yolsuzlukları, felaketleri ve başarısızlıkları araştırmak için en analitik kapasitemizi kullanıyoruz. Gazetecilik alanında "haber" günün en olağanüstü olayları olarak tanımlansa da çoğu zaman dünyada meydana gelen inanılmaz derecede korkunç şeyler olarak yorumlanır. 7/24 bilgi döngüsünde, kötü bilgi telaşını, kim olduğumuzun ve tür olarak mücadele ettiğimiz zorlukların normal gerçekliği olarak kabul etmek kolaydır.

Ancak dünyamız güzelliklerle, cesaretle ve zarafetle doludur. Elimizdeki her aracı kullanarak, toplumsal değişim yaratabilecek insanoğlunun dönüşümüne katkıda bulunma arzusunun giderek arttığının farkındayım. Dijital çağ, pek çok açıdan tamamen modern bir Vahşi Batı olsa da, temel düzeyde yalnızca etten kemikten yaşamanın lükslerini ve olanaklarını sergilediğimiz bir ekrandır. Maneviyat gelişiyor ve beslenme kaynakları daha geniş çapta erişilebilir hale geliyor. Bilim, bireyler ve insanlar olarak ne olduğumuz ve kim olmak istediğimiz arasındaki uçurumu kapatabilecek günlük bir güç biçimi olan beynimiz ve bedenlerimiz hakkındaki bilgiyi açığa çıkarıyor. Tıbbi ve sosyal disiplinler aracılığıyla insanlık durumuna ilişkin tamamen yeni bir anlayış geliştiriyoruz. canlılık ve bütünlük.

Dirençli, dönüşmüş insanlar haline gelerek dönüştürücü, dayanıklı yeni gerçeklikler yaratabiliriz. Sevgiliyle, sevilenle, vatandaşla siyasetçiyle, sosyal girişimciyle, ihtiyaç sahibi insanla ilgili. O benim ve aynı zamanda sen anlamına da geliyor.

* * *

Mevcut olmak dinlemekle ilgilidir. Hareketsiz kalmakla ilgili değildir. Yalnızca sorularımla değil, deneyimlerimi paylaşan başkalarıyla da etkileşime giriyorum. Kendi hayatımın izlediği yolun öngörülemezliğine ve bana bahşedilen perspektife şükretmeyi öğrendim. Bana aslında toplumun temeli olan marjinal alanlar hakkında derin bir bilgi verdi ve bana güç uygulayan alanlara - fikirlerin potansiyeli ve eylemin gücü - erişmemi sağladı. Bugün yaşadığımız krizler olarak değerlendirdiğimiz krizler için ilham kaynağı olan geçmişin uzun kıvrımlarına dair bir anlayışa sahip oldum. Nereden geldiğimizi, oradan bu noktaya nasıl geldiğimizi öğrendim.

Doğum yerim, John F. Kennedy'nin başkan seçildiği yıl olan 1960 seçim sonuçlarının geldiği gecenin erken saatleriydi. Ben Oklahoma'nın Shawnee şehrinde, Amerika'nın ortasında bulunan ve insanların geçmişlerini unutup atalarının belalarını geçmişe bırakma eğiliminde olduğu genç bir eyaletin ortasındaki küçük bir kasabada büyüdüm. Anne tarafından büyükannem ve büyükbabam, Oklahoma'nın vahşi tozunda sıfırdan hayatlarını kurmak için arabalarını eski Kızılderili Bölgesi'ne sürdüler. Babam, ben üç yaşındayken büyükannem ve büyükbabam dediğim aile tarafından evlat edinildi. Onun ve bizim için sadece ince ve kırılgan bir tabakaydı.

Çok fazla arzuyla büyüdüm ama bunun ne için olduğundan emin değildim ve Oklahoma ya da Teksas dışındaki evren hakkında hiçbir fikrim yoktu. Sosyal etkileşimin ana kaynağı, büyükbabamın papaz olduğu Güney Baptist kilisesinden oluşuyordu. Çalışmam gereken tek kitap İncil'di, bu yüzden akşam geç saatlerde kendimi sık sık kitabın gündeme getirdiği ve çözümleyemediği büyük sorularla boğuşurken buluyordum. Bundan sonra, lisedeki son yılımın tüm yaz sezonunu Chicago'daki bir tartışma kampında geçirdim ve laikliğin olanaklarını anlamama yardımcı olan insanlarla tanıştım. İçlerinden biri, adını hiç duymadığım Brown Üniversitesi'ne gitmek için her şeyi yapardı, bu yüzden ben de başvurabildim. Benim için Brown'a gitmek Mars'a gitmeye benziyordu. Geldiğimde ebeveynlerimden birini, uzun zaman önce ölmüş olan başkanı yurt odamda yaşarken buldum. Paralel evrenler dünyası, diğer gezegenler ve bilim kurguda hayran olduğum ve bilim adamlarının artık ciddi olarak değerlendirdiği türden hikayeler - Shawnee ve Providence'tan atlayışla ilgili pek çok şey bana mükemmel bir eşleşme gibi geldi.

Heyecan verici sıçramalar, ne kadar heyecan verici olursa olsun, çoğunlukla yaratıklar için zordur. Artık çukurun dibini, üniversitedeki ikinci yılımda ilk kez depresyon yaşadığım zaman olarak görebiliyorum, hiç okumadığım kitapların, hiç gitmediğim yerlerin altında ezildiğimi hissettim. Bu tenha dünyada sınıf arkadaşlarıma asla yetişemeyeceğimi sanıyordum. Ancak kendimi artık bana doğru gelen olasılıklara atmaya karar verdim. Almanca kursu aldım ve Avrupa'ya geri döndüm ve ardından ikinci kez Mars'a gittim: Bir dönem boyunca, Rostock'ta bulunan Komünist Doğu Almanya şehri Rostock'ta gerçek dışı bir takas programına katılarak geçirebildim. Baltık Denizi.

Rostock'ta, entelektüel ve duygusal olarak, özel olarak Almanya'nın ve genel olarak dünyanın komünizm ve kapitalizm, jeopolitik İyi ve jeopolitik Kötü olarak bölünmesine yakalandım. 20. yüzyılın ortasından gelen, tüm önemli soruların siyasi arenada olduğu ve tüm meşru çözümlerin de mevcut olduğu mesajı beni büyülemişti. Tanrı hakkındaki düşüncelerimi bir kenara bırakıp medya ve siyasi sistem aracılığıyla dünyayı saygıyla korumaya başladım.

Üniversiteden sonra Batı Almanya'nın sakin başkenti Bonn'da okudum ve daha sonra New York Times muhabiri olarak bölünmüş Berlin'e geçtim. Bana sürdürülebilir bir gelir ya da herhangi bir imza garantisi verilmedi. Ancak Orta Avrupa'da yoğun bir dönemdi ve Doğu Almanya'da teletip yoluyla ve Batı'dan gelen yenilikçi yeni modem teknolojisi aracılığıyla hikayeleri kaydettim. 18 ay sonra, temelde savaş sonrası dörtlü iktidar düzenlemesinde hükümetin bir kolu olan Dışişleri Bakanlığı'nda bir pozisyon aldım.

Duvar devrildi. Berlin Duvarı boyunca ilişkilerin geliştirilmesinde görevlendirildim ve bunu sürdürmekle görevlendirildim. Seksenli yıllar boyunca "Almanya'nın iç sınırı"nı geçenlerin her yerinde insani bağların çoğalması yaşandı; çevreciler, insan etkileşimlerinin ve kilise, sanat ve siyasetle paylaştıkları çevrenin büyüleyici yıkıcı bir çatışmayla çarpışmasının ardından uyandı. yollar; reşit olan genç bireyler gündüzleri Komünist propaganda dünyasını, geceleri ise Batı televizyonunu izliyorlardı. şizofren olmak, kültürel olarak kafası karışık olmak ve anlaşılamayacak kadar tedirgin olmak.

Batı'da heyecan verici işler bulduğum için şanslıydım ve sonunda nükleer silah uzmanı olan yeni atanan Amerikan büyükelçisinin özel kalemi oldum. Yarattığım kariyer benim kimlik kartımdı. Berlin'de, şu anda içinde bulunduğum tamamen farklı kariyer yoluna dönüşen çok şey öğrendim. O günlerde din, ruh, siyasi olmayan herhangi bir anlam tartışılmıyordu. Ancak jeopolitik drama o anda ve o yerde varoluşsal bir meseleydi. Çocukken bu coşkuya hayran kaldım. Alman tarihi, her yaştan insan için çok yoğun, sarsılmaz bir ağırlığa sahip, katmanlardan oluşan bir labirentti. İblisleri her odada mevcuttu, sürekli olarak tanımlandı ve onlarla savaşıldı.

Sonuç olarak benim için Berlin'e hakim olan siyasetten daha ilgi çekici olan şey, bu siyasetin dönüştüğü devasa sosyal deneydi. Tek halk ve ortak dilden oluşan şehir, tarih ve kültür, Berlin'e ilk geldiğimde kök salmış iki tamamen zıt dünya görüşüne ve perspektife bölünmüştü. Bu şehrin ortasından ve ruhundan geçen Sur'un her iki tarafındaki insanlara hayran kaldım. Ancak akıl sağlığımı risk altında olabilecek ve hayatımın ve zihnimin daha canlı ve enerjik olduğu Doğu'ya ve Doğu'ya doğru umutsuz bir çabaya kapılmıştım. Bu farkındalık, kişisel gelişimim ve eğitimim hakkındaki algımı sarstı ve Batı'da özgürlüğün ve pek çok şeyin tadını çıkarmanın ve yalnız bir hayat yaşamanın mümkün olduğunu anlamamı sağladı. Doğu'da "hiçbir şeyim olmaması", bir samimiyet, güzellik ve onur ortamına sahip olmam da mümkündü.

Yirmi dokuzuncu doğum günüm olan 9 Kasım 1989'da Duvar açılmaya başladığında, hiç kimse duvarın yıkılma ihtimalini ya da Demir Perde'nin yıkılma ihtimalini hayal edemezdi. Bu olaylara ilişkin anlatımızı füzeler, diplomasi ve Reagan ile Gorbaçov'un büyüleyici karizması alanıyla sınırlandırıyoruz. Elbette her biri, etraflarındaki stratejistler ve diplomatlar da bu dramada önemli bir rol oynadı. Ancak durumu ancak belli bir noktaya kadar getirebildiler. Duvar nihayet bir patlamayla değil, bir fısıltıyla yıkıldı ve terör tüm ülkeden bir anda kalktı. Checkpoint Charlie'den yürüyerek ya da arabayla geçtim

bir otorite kaynağı olarak saçmalığını kabul ederken birçok kez. Akşam bürokratın basın toplantısında yaptığı hatanın ardından Duvar yıkıldı, tüm şehir duvarın içinden sevinçle geçti. Sınır muhafızları da onlara katıldı. Gerçekten bu kadar kolaydı. Hayatımızda düşünemediğimiz, hatta değinemediğimiz, hayal edebileceğimizden çok daha fazla değişim potansiyeli sunan alanlar var.

Berlin'deki deneyimim beni o zamandan beri sorduğum türden sorulara yönlendirmeye başladı. İçimizdeki ham, hayati, hayat veren, yürek parçalayan yerlerle nasıl konuşuruz, böylece onları daha iyi anlayabilir, bize verdikleri dersleri uygulayabilir ve onların bilgeliğini birlikte yaşamlarımızda kullanabiliriz?

Otuzlu yaşlarımda düşünmeye başladığım, çeşitli teolojik kelime dağarcığı ve çeşitli sorular sormak için araçlar sunan teolojiydi. Teolojinin kamusal görünümü zaman boyunca soyut Tanrı kavramlarıyla ve Tanrı üzerine yapılan savaşlarla ilişkilendirilmiş olsa da, onun insanların ezici karmaşık doğası, eylemleri ve insanoğluyla boğuşma konusundaki zengin geleneğinden dolayı minnettarım. Şüpheli ve dindar görünebilecek ama aynı zamanda teolojiye hayranlık duyan genç halim için idealist olabilecek özelliklerin gelişimini vurguladı: ilerlemeyi aşan bütünlük; pragmatikliği aşan umut; reelpolitik sınırlarının ötesinde aşk.

Takip eden sayfalarda, şu anda yaşadığımız dönüşümde bu ihtimali görebilen kişi ve sesler var. Bu kitapta güzel ve gerekli olduğu için ve ayrıca keşfedeceğim daha derin motifler nedeniyle bir ton şiir var. Pek çok bilim de var. Konuşma hayatım sinir bilimcilerin ve fizikçilerin, biyologların ve sorular soran ve bir zamanlar filozoflara ve teolojiye ayrılmış olan ahlak meselelerine ışık tutan keşifler yapan sinir bilimcilerin bilgeliğiyle doludur.

Bu sayfaların dayanak noktası, belki eski moda bir terim olan erdemi tanımlamak için kullanılan dildir, ancak bu terimin, arzuyu eyleme dönüştüren somut disiplinlerin gerekliliğini anında fark eden gençler için bir mıknatıs olduğunu gördüm. Dini geleneklerimiz çağlar boyunca erdemleri bünyesinde barındırmıştır. Bunlar azizlerin ya da kahramanların eseri değil, bir profesyonelin hayatını yaşamanın araçlarıdır. Bunlar, nörobilimin, üzerinde çalışabileceğimiz yeni görseller ve kelimelerle insan davranışı hakkında incelediği bir bilgelik parçasıdır. Yaptığımız ve öğrendiğimiz şeye dönüşürüz. Piyano çalmak ya da futbol oynamak gibi bir durum, dünyayı yıkıcı ve akılsızca ya da zarif ve cömert bir şekilde keşfetme yeteneğimiz için de geçerlidir. Olumlu nitelikleri görebildim ve

uzayda ve zamanda kanımız ve bedenimiz açısından en iyi olmamıza yardımcı olacak manevi teknikler olarak ritüeller.

Hemen akla gelen ve tek bir günün veya bir ömür boyu sonucu olabilecek bazı erdemler vardır: sevgi, bağışlama, şefkat. Yaşamımızı oluşturan ham maddelerin bırakılmasıyla bunlara olanak sağlayan, düşünce ve davranıştaki ince değişikliklerdir.

Düşüncelerimi beş temel öğe kategorisine göre yapılandırdım; günlük yaşamın bilgeliğin temeli olduğuna inandığım temel yönleri. Bu konulardaki anlayışım ve deneyimim tamamen değişti.

Bunlardan ilki kelimelerdir. Bize hikayenin tamamını sunmak, hatta okuyucularımıza kendimiz ve dünya hakkındaki tüm gerçeği ortaya çıkarmak için gerçeklerin doğruluğuna olan inancımızı kaybettik. Günlük hayatımızda söylem olarak kabul edilen şeyler karşısında çoğu zaman ötekileştirilir ve hayrete düşeriz. Erdem adına tuttuğumuz sözler de aşırı kullanım ve klişelerle sabote ediliyor. Yazar Elizabeth Alexander'ın şiirindeki "parıldayan kelimelerin" gerçek dünyadaki önemini araştırıyorum. En derin inançlarımızı ve tutkularımızı, hayal gücünü kapatmak yerine genişletecek şekilde ifade etmenin mümkün olduğuna inanıyorum. Daha fazla soru sormanın önemine dair deneyimlerimi paylaşıyorum. Bugünün dünyasının sizin ve benim yaratabileceğimiz en canlı, dönüştürücü dile ihtiyacı var. Duymak istediğimiz sohbetleri yapmaya, çağımızın hikâyesini yeni bir şekilde anlatmaya hemen başlayabiliriz.

Üçüncüsü fiziksel olanı ifade eder. Beden her erdemin var olduğu ve öldüğü yerdir ama benim hayatımda bu, gençliğimdeki din dünyasından farklı bir anlam taşıyor. Bilimdeki en son araştırmalar, iyileşmenin ve yenilenmenin eskisi kadar mümkün olduğunu ortaya koyuyor. Öğrendiğimiz kadarıyla fiziksel bedenlerimiz fiziksel olmaktan çok daha fazlasıdır. Acıyı, neşeyi, anıları ve aynı zamanda dünyayı ve birbirimizi açma ve kapatma yeteneğimizi taşırlar. Güzellik, neşe ve bilgelik arasında derin bağlantılar vardır. Ve bunları yine yemek seçimlerinden başlayarak pratik bir şekilde öğreniyoruz. Kendimizin ötesine ulaşma kapasitemizin - gizemi deneyimlemenin veya başkalarının yanında bulunmanın - tüm kusurları ve zarafetleriyle bedenlerimize ne kadar tam olarak yerleştiğimize bağlı olduğuna inanmaya başladım.

Üçüncüsü aşktır. 21. yüzyılda insan etkileşiminin ve zorluklarının genişliğiyle baş edebilecek kadar büyük olan tek hedef budur. "Aşk" biraz (veya daha fazla) tahrip edilmiş farklı bir kelimedir. Çoğu zaman onun orada olduğunu unutuyoruz.

Biz bunu, parçası olabileceğimiz ve dışında kalabileceğimiz bir şey olarak adlandırıyoruz. İnsanlığın durumu ve neler yapabileceğimiz hakkında bir parça bilgelik olarak, henüz keşfetmeye başladığımız bir yaşam niteliği ve yöntemidir. Tarih boyunca dünyayı ekseni etrafında değiştiren insanlar, insanlığı sevgiye davet etmiştir. Artık bu zorluğu kendi yaşamlarımızda daha şevkle ele almalı ve pratik, yaratıcı ve kalıcı olanı sadece kişisel bir fayda olarak değil, toplumsal bir fayda olarak sevmenin ne demek olduğunu öğrenmeliyiz. Artık söylendiği gibi sadece siyasetle ilgili değil, neredeyse her şeyin sivil bir değeri var. Gittiğim her yerde sevgi kavramının ortak yaşamımızın bir ihtiyacı olarak anıldığını duyuyorum. Irk ve ekonomik refah sorunlarıyla boğuştuğumuzda aşkın nasıl olabileceğine dair duyduklarımı paylaşıyorum. Beyne dair giderek artan anlayışımız da bu hikayenin bir parçası. Korkudan ve umursamaktan uzaklaşıp birbirimize olan içsel aidiyetimizi anlama konusunda harika bir yeni arkadaş.

Dördüncü unsur imandır. Hayatım inanç konusunun tartışılmasıyla başladı. 21. yüzyılın başında inancım değiştikçe sorularım da gelişti. Manevi geçmişin bilgeliği artık her zaman olduğu gibi bizim için mevcuttur ve artık kendi kişisel manevi yaşamlarımızı tasarlamayı seçebiliriz. Bu bir bakıma geleneğin en derin yönlerinin tüm gezegenin çıkarına olacak şekilde yeniden keşfedilmesine yol açıyor. Düşüncelerim ve kaygılarım fizikçilerle yaptığım sohbetlerin yanı sıra dinsizlerin ortaya çıkmasıyla da zenginleşiyor. İlgilendiğim bağlantıların paradoksal doğası, teknolojimizin, gerçek dünyanın sadece bundan ibaret olmadığı ve matematikçilerin ve bilim adamlarının güzellik ve gizem konusunda sahip olduğu zengin kelime dağarcığına dair farkındalığı nasıl açtığıdır. Gizem deneyiminin, doğmayı, aşkı ve ölümü deneyimlemeyi içeren normal bir insan deneyimi olduğuna inanıyorum. Gizem dilinin ve inançsızlık ve inanç ya da bilim veya inancın sınırlarını aşan sorular sormanın doğasında olan erdemin farkındalığının artması, başkalarının varlığını kabul ederken kendi kişisel gerçeklerimizi ve yeteneklerimizi sevinçle yaşamamıza yardımcı olabilir. Bundan bir asır sonra dinin nasıl görüneceğini bilmiyorum ama inancın gelişimi hayatlarımızı daha iyi yönde değiştirecek.

Beşincisi umuttur. Hayatımdaki konuşmalar beni umudun önemini yeniden tanımlamaya yöneltiyor. Umudu idealizm veya iyimserlikten farklı olarak tanımlıyorum. Arzulu düşünme ile ilişkili değildir. Her fırsatta gerçek dünyayı yansıtır ve gerçeğe tapar. Açık fikirlidir ve kaçınılmaz olarak dünyanın parıltısına örülmüş ve zaman zaman onu fethediyormuş gibi görünen karanlığa hayranlık duyar. Umut, her erdem gibi zamanla alışkanlığa dönüşen ve ruhsal bir kas hafızasına dönüşen bir seçimdir. Hayatı olduğu gibi yaşamanıza yardımcı olmak için yenilenebilir bir kaynaktır.

Görmek istediğimiz gibi değil. Çağımızın anlatısının bir parçası olarak gördüğüm bazı güzel yüzleri, hikayeleri anlatacağım ve her çürüme ve tehlike hikayesi gibi neler yapabileceğimize işaret edeceğim.

Bu çalışmadaki ilham kaynağım Cizvit paleontoloğu Pierre Teilhard de Chardin'dir, özellikle de insanlığın umudu üzerine düşündüğümde. Yaşamı boyunca bilimsel devrimi, entelektüel titizliği ve aynı zamanda insan ruhuna dair büyüleyici, geniş bir vizyonu benimsedi. "Evrenin bir yorumu," diye yazmıştı, "şeylerin dışını olduğu kadar içini de kapsamadığı sürece, maddeyi olduğu kadar zihni de kapsamazsa tatmin edici olmaz." Çin'de antik "Pekin Adamı" fosilini kazarken ve insanlığın geleceğinin modern ruhumuzu ve ruhumuzu kazıp çıkardığını hayal ederken - sadece ilkel olarak görülmek için. Biyosferi ve noosferi (insan zekasının, bilgisinin ve hareket etme yeteneğinin bulunduğu alan) kapsayacağımızı öngördü. İnternete benzer olacağını öngördü. İnternetin evrimin bir sonraki aşaması, yani bilinç ve ruhun evrimi için katalizör olacağına olan inancıydı. Bu, şu anda deneyimleyebileceğimiz geleceğin gelecekteki risklerini hayal etmek için muazzam ve heyecan verici bir vizyon.

Ancak Teilhard yavaş, derin jeolojik zamana inanıyordu, biz de öyle yapmalıyız. Zamana uzun vadeli bakmak, kendi varlığımıza ve etrafımızdaki dünyaya dair anlayışımızı yeniden kazanmamıza yardımcı olacaktır. Türümüzün hâlâ ergenlik dönemindeyiz ve yeteneklerimize tam olarak sahip değiliz. 21. yüzyılın dünyası, şu anda sahip olduğumuz gençlerin beyinlerinin son derece dengesiz, yenilikçi ve yaratıcı, bazen de tehlikeli ve bazen de yıkıcı beyinlerine benziyor.

Amerika'da kamusal yaşamımızın yetişkinlik döneminden ziyade ergenlik dönemine daha uygun birçok yönü vardır. Kendimizi sakinleştirmek ve daha az benmerkezci olmak gibi yetişkinlerin yapmayı öğrenebileceği faaliyetlerle meşgul olmayız. Medyanın ve siyasetin çoğunluğu bizi olumsuz ve narsist bir yöne götürüyor. Büyük ahlaki soruları "meselelere" indirgeyip iki taraflı basitleştiriyoruz ve medyanın ve politikacıların bunları birbiriyle çelişen aşırı uçlar olarak sunmalarına izin veriyoruz. Ancak çoğumuz dünyaya bu şekilde bakmıyoruz ve dünya bu şekilde işlemiyor. Kültür "merkezi" diye bir şeyin var olduğundan ya da eğer varsa bile büyüleyici olduğundan emin değilim. Ancak, hayatımızın engin ortasında ve merkezinde olduğu gibi, merkezden uzakta da olsa, hepimizin cevapları olmayan, inançlarımızdan biraz büyülenen soruları var. Bu kitap büyük sorulara cevap vermek isteyenler içindir.

Cesaretle düşünüp hareket edebilen, şu anda yaşadığımız dünyada yeni gerçeklikler yaratabilen, bunu şevkle ve keyifle yapabilen hayatımızın bir parçasıyız.

Kolay olmadığında sevinç duygusunu bulamayan, özgürce, hatta kendine gülüp gülebilen bir insanla henüz tanışmadım. Mizah, tevazu ve şefkatle birleştiğinde ve en iyi seçim olduğunda uyum sağlama yeteneğiyle birleştiğinde erdemlerim listesinin başında gelir. Diğer tüm erdemlere karşı kendimizi daha rahat hissetmemizi sağlayan bir erdemdir. Tartışmasız olduğuna inandığım Desmond Tutu, Tanrı'nın doğuştan gülme yeteneğine sahip olduğuna inanıyor. Bilim, beynin mizahını yaratıcılığın bir tezahürü olarak görmemize, alışılmadık bağlantılar kurmamıza ve bu bağlantıları coşkuyla kucaklamamıza yardımcı olan şeydir. Bu nedenle bu sayfalarda zaman zaman sesin bir gülümsemesinin duyulabileceğine inanıyor ve umuyorum. Ayrıca, tıpkı işimde ve hayatımda her zaman olduğu gibi, düşüncelerimi dolduran ve şekillendiren birkaç ses, küçük konuşma parçacıkları getiriyorum.

Bizimki kadar karmaşık bir evrende, bize benzer zeki varlıkların bu gösteriyi yürüttüğü mantıksız ve dehşet verici şeylerin meydana geldiği düşüncesi beni şaşırtmıyor. Ancak, değişmeyen tek şeyin beklenmeyen olduğu gerçeği beni cesaretlendiriyor.

Hiçbir zaman sorumlu değiliz ve gerçekten kontrol altında değiliz. Hiçbir şey hayal ettiğimiz gibi olmayacak. En büyük hedeflerimize ulaşılmayacak ve en kötü tahminlerimiz de gerçekleşmeyecek. Her konuşmamın, bizi kıran şeyler tarafından yaratıldığımızın incelikli bir hatırlatıcısı olduğu, kurtarıcı, büyüleyici gerçek beni heyecanlandırıyor. Doğumun kendisi kanlı, tehlikeli bir süreçten geçen bir zaferdir. Yürümek ancak düşme riskiyle karşı karşıya olduğumuz noktada öğrenilir ve bu, buna bağlı olarak daha karmaşık dinamiklerle birlikte tüm yaşamımız boyunca geçerlidir. Bu konunun pek çok varyasyonunu duydum - geride bırakılan kişiye yol açan hastalıkla mücadele ve mesleğe yol açan çocukluk acısı, bütünlüğe ve dünyanın bütünlüğüne dair bir farkındalığa izin veren fiziksel engellilik. Sizi ve evrene sunduğunuz hediyenin bir kısmını daha derinlemesine anlamak için bir atılım olamayan dramatik ve günlük anlara dair kişisel hikayeleriniz var. Bilgeliği geliştirmeye başladığınız yer burasıdır.

Bireyler için geçerli olan herkes için de geçerlidir. Karşılaştığımız zorluklar geçen yüzyılın yıkıcı savaşlarından ve bunalımlarından daha acı verici değil. Demografik, ekonomik ve çevresel sorunlarımız aslında hayati önem taşıyor. Bu, konturların fikir birliğine dayalı bir hikaye olmasa da, bunu bedenlerimizde hissettiğimize inanıyorum. Küresel kriz, oynadığımız risklerin boyutu medeniyetimiz için sonun başlangıcı olabilir.

Bunu gördük. İnsanların, insanlık durumuyla etkili ve akıllıca mücadele etmek ve daha sonra onu geliştirmeye başlamak olan asıl işi sapkın bir şekilde üstlenmek zorunda kalmalarının nedeni bu olabilir.

Kelimelerin önemli olmasının hayatımızın önemli bir gerçeği olduğuna inanıyorum. Bu o kadar açık ki, gün içinde birçok kez bunu gözden kaçırabiliyoruz. Konuştuğumuz kelimeler nasıl davranacağımızı tanımlar

Kendi algılarımızı, çevremizdeki dünyayı nasıl algıladığımızı ve diğer insanlarla ne yaptığımızı biliriz. Yaratılış'tan bu yana, Avustralya'daki yerli şarkılar aracılığıyla İnsanlar, isimlendirmenin hayata dair her şeyi anlamanın anahtarı olduğunu her zaman anlamışlardır. Geçmişin hahamları metinleri, kitapları ve belirli kelimelerin harflerini canlı varlıklar olarak anlıyorlardı. Kelimeler dünyaların temelidir.

Doğduğum on yılda, bugün içinde yaşamak istediğimiz toplumu yaratmak için çok az ifade olan bir seçim (hoşgörü sözcüğü) yaptık. Kendimizi uzun zamandır var olan farklı ama eşit ırksal farklılıklara ve farklı etnik kökenlerin, dinlerin ve inançların yeni birleşimine açtık. Ancak hoşgörü her zaman hoş karşılanmaz. Tolere eder, izin verir ve hoşgörür. Tıp sözlüğünde bu, olumsuz bir ortamda yaşamanın sınırlamalarıyla ilgilidir. Hoşgörü çoğulculuğu mümkün kılan ilk adımdı ve çoğulculuk da diğer tüm kavramlar gibi kontrolün kendisinde olduğu yanılsamasının kaynağıdır. Yabancılar için endişelenmemizi gerektirmez. Bizden tanışmamızı, birbirimizi merak etmemizi, birbirimize dokunmamızı, birbirimize hayran olmamızı istemez.

İşte aşık olduğum birkaç kelime, kişinin hedefine giden bir araç olmaktan çok, mevcudiyeti ifade eden kelimeler: Besleyici, eğitici, kurtarıcı, cesur, cömert, büyüleyici olduğu kadar meraklı, maceracı yumuşak. profesyonel hayatıma başladım

Gazetecilerin hayatları, 20. yüzyıldaki kelimelerle uğraşmaya benziyor; bir kriz ve kontrol altına alma, realpolitik dönemiydi. O dönem ve sonrasında, en çok ihtiyaç duyduğumuz bazı kelimeleri haberlerde yer alan birkaç kenar çubuğuna ayırmıştık. Bir kenara atıldılar ve klişe haline geldiler. Barış tuhaf bir şekilde bölünmüş bir konudur. adalet biraz politiktir. "Çeşitliliği yüksek bir kaide üzerine koyarak kutlamak" fikrine şaşırmıyorum, onun dağınıklığını ve en derinini görmezden geliyorum. Son birkaç nesildir siyasal hayata çok dar odaklanan kamusal hayata dair algımızı çarpıttığımız için gündelik hayatın sözlerini sosyal hayatın yanına harmanlıyorum. "Nezaket" gibi sözcükleri (örneğin hayranlık uyandıran sözcükler, kaslı veya heyecan verici sözcükler) kullandığımda her zaman niteleyicileri eklemekte hızlı davranırım çünkü çok arkadaş canlısı, nazik ve nazik olmak mümkündür.

Kelimeler sadece bir seviyedeki kaplardır, ama asıl mesele budur. Anlamlar ve kelimeler arasındaki bağlantı, maneviyat ve din arasındaki sinerjiye benzer. Kelimeler insanlar tarafından yaratılır, insanlar tarafından manipüle edilir. Tüm kusurlarımızı ve kusurlarımızı yansıtırlar. Aktarmak için yaratıldıkları gerçekleri bastırır veya güçlendirirler. Onları sık sık kırıp düşürüyoruz. Tekrar tekrar yenilenirler.

Yazar ve Elizabeth Alexander ile olan bu sohbeti izleyin

Ne istiyoruz. Gerçeği söyleyenleri arıyoruz. Gerçeğin peşindeyiz. Sürekli bir sürü saçmalık var. Haberlerde gördüğünüz siyasi konuşmaların, konuşmaların icrası size çoğu zaman sanki üzerinde "şansım olsaydı gerçekten söylemem gereken şey..." diyen bir düşünce balonu olması gerektiği gibi gelmiyor mu? "

Elizabeth Alexander, Obama'nın ilk göreve başlaması sırasında şiiri yazan şairdi ve "resmi dil ve söylem" eksikliği konusunda en iyi yazarlarım arasında yer alıyor. Ocak 2009'da Washington Mall'da okuduğu ve bestelediği şiir, kelimelerle gerçekliğin belirsiz ve şaşırtıcı etkileşimi hakkındaydı. İki yıl sonra, dilin vahşileştiği bir siyasi dönemde sohbet etmek için ona ulaştım. Daha sonra temsilci Gabrielle Giffords vurularak yaralandı ve onun ölümü sırasında diğer birkaç kişi de öldürüldü.

Arizona yiyecek mağazasının önünde halka açık toplantılar. Ulusal yıkımın yaşandığı bir dönemde bir şairle yapılacak bir performansın en iyi ihtimalle biraz naif, en kötü ihtimalle naif olabileceğinden endişelendim. Bunun yerine, şiir hayatıma girdiğinde ve onun zihnime girmesine izin vermemi istediğinde, kendi içimde hissettiğim aynı neşeli şükran seli oldu.

Açız ve birbirimizle iletişim kurmak için kullanabileceğimiz yeni bir dil öğrenmeyi bekliyoruz; Elizabeth Alexander'ın adlandırdığı şey bu.

Yaratıcı ile Elizabeth Alexander arasındaki bu konuşmayı dinleyin

Bir anne olarak her gün çok şey kazanıyorum. Oğullarım şu anda 11 ve 12 yaşında ve çocukların bir sürprizle karşılaştıklarında nasıl hissettiklerini gözlemleyebilirsiniz. Ayrıca parıldayan dilden veya güce sahip tek tek kelimelerden de etkilenirler. Eğer bunu ilk kez duyuyorlarsa, parıldayan bir kelimeyi tekrarlamanız için yalvaracaklar. Bu onların gözlerinden açıkça anlaşılıyor.

Bizim de küçük bir oğlumuz var. Bu terimlerden herhangi birini düşünebiliyor musunuz?

Aslında bugün burada olsalardı aldatılmak ve kandırılmak isterlerdi. İnsanlar bazen otobiyografik gibi görünen, içinde "ben" bulunan şiirleri okuduklarında bana soruyorlar; insanlar ayrıntılarla ilgileniyorlar. Bu başınıza tam olarak ne geldi? Buna sen mi sebep oldun? Anlatmaya çalıştığım şu ki, kişisel deneyimlerden ilham alsam bile, bir şiirin gerçekliği, onun gerçekten olup olmadığından çok daha öteye gider. Önemli olan şiirin gücü olduğuna inandığım temel gerçektir.

Sen konuşurken, yazdığın "Ars Poetica #100: İnanıyorum" şiirini, özellikle de şu cümleleri düşünüyorum:

Bulabileceğiniz şey şiirdir.

köşedeki kirin içinde

Otobüs şoförüne kulak misafiri ol, Tanrım

Daha ince ayrıntılara ulaşmanın tek yolu ayrıntılardan geçmektir.

buradan diğer tarafa geçmek için.

Şiir (ve şimdi seslendirmem artıyor)

Aşk göründüğü gibi değildir. hepsi aşk mı, aşk mı?

Köpeğin ölümüne üzüldüm. vefat etti.

Şiir (burada sesimi en yüksek duyabiliyorum)

İnsan sesleri bir kişinin sesidir.

Birbirimizi ilgilendirmiyor muyuz?

Dolayısıyla bu şiirin özünün gerçek olaylar ya da yaşanan olaylarda değil, daha çok şu soruda olduğunu düşünüyorum: Gerçekten birbirimizle ilgileniyor muyuz? Bu benim için onun giydiği ayakkabılar ya da ayakkabılarını sevdiğim ya da ilginç bir işi olduğu anlamına gelmiyor. Bundan çok daha fazlası. Bizler topluluk halinde yaşayan insanlar mıyız? Birbirimizle iletişim kuruyor muyuz? Birbirimize dikkat ediyor muyuz? Arkadaş olmayı istiyor muyuz? İnsanlar arasında çok büyük bir uçurum olabilecek bir şeye ulaşın. Çocuklarıma baktığımda ve seni tanımama rağmen düşündüğümde, aklından ne geçtiğini bilmiyorum. Ancak ben çocuklarımı bu kadar derinden tanımak istiyorum. Sevdiklerinizle bu kadar duygusal olmanın nedeni budur, ancak bunun dünyanın her yerinde olmanın etkili bir yolu olduğuna inanıyorum. Eğer bunu kesin, son derece ve çok kesin, çok akıcı olmasa da kesin bir dille yapmazsak, gerçekten birbirimizle iletişim kuruyor muyuz?

* * *

1990'ların ortalarında hayatın tuhaf ve planlanmamış yollarından biri üzerinden Minnesota'ya taşındıktan sonra, Collegeville'deki St. John Manastırı'ndaki Benediktin rahiplerinin temel gerçekler hakkında sohbet etme sanatı üzerinde çalışmaya başladım. Amerikan yaşamında yaygın olan dinsel gürültü doruğa ulaşmıştı.

medyanın eğlence sağlayan seslete duyduğu arzunun körüklediği toksisite. Teoloji çalışmalarımdan hâlâ yeni çıkmıştım ve kamusal alanda önemli olan konular hakkında konuşmak için son derece sınırlı bir bilgi birikimine ve kelime dağarcığına sahip olduğumuzun kesinlikle farkındaydım. Benediktinler 1960'larda "ekümenik ve kültürel araştırmalar" yürütmek için gözlerden uzak ama devasa bir enstitü kurdular. Katoliklerin ve Protestanların bir ilişki içinde olduğu fikri hayal edilemeyecek kadar cesur bir hareketti. 20. yüzyılın ikinci döneminde dini çapraz döllenmenin tohum yatağıydı.

Ekümenik kurumun kurucularına Alzheimer hastalığı teşhisi konuldu. Bazıları sadece yaşlanıyordu. Benden bu özel yerde olup bitenleri ve olup bitenleri sözlü olarak kaydetmemi istediler. Uzaklardan pek çok yaşam burada temasa geçmiş ve daha sonra kendi dinlerinin karşıt dinlerle nasıl ilişki kurabildiğini etkilemişti. Bunlar arasında Roma Katolik ve Doğu Ortodoks, Presbiteryen ve Nasıralı Kutsal Hazretleri ve Pentikostal vardı. Bunlardan biri, önde gelen Evanjelik ilahiyat okulu başkanı ve aynı zamanda Paulist papaz olarak atanan Tom Stransky idi; Vatikan II sırasında Papa'nın Katolik olmayan Katolik gözlemcilerle irtibatını sağlayan ve şimdi kendi Tantur Ekümenik Enstitüsü'nü yöneten Tom Stransky. Kudüs ile Beytüllahim arasında uzanan yolun ortasında Hıristiyan, Yahudi ve Müslüman etkileşimi.

Bu yabancıların dinle bağlantısı olağanüstüydü. Berlin'de yaşadığım deneyimlerin doğrudan bir sonucuydu ki, yaşamlarımızda hayal edebileceğimizden daha fazla değişiklik olacak. Hepsi de uzun zamandan beri aynı şekilde ve inançlarında hararetli bir şekilde kalmışlardı. Ancak birbirlerinin zihinlerinde ve yolculuklarında kazandıkları merak, saygı ve hayranlık, dünyayı derinden değiştirdi. Doktrini daha insani hale getirdi. Hem kendi geleneklerine olan takdirlerini yeniden canlandırdı hem de insanlara dünyaya getirdikleri farklı geleneklere karşı bir merak duygusu sağladı. Bu yeni düşünme yollarını benimsediler ve evlerine ve topluluklarına entegre oldular. Büyük din tarihçisi Martin Marty, Amerika'nın Protestan çoğunluktan Katolik çoğunluğa geçişinin insanlık tarihindeki en yumuşak geçişlerden biri olduğunu söylemiştir. Hikayenin pek çok bölümü var ve Collegeville'de yaşananlar bunlardan sadece bir tanesi.

Ekümenik kurumu kuran St. John's Abbey'den bir keşiş olan Peder Kilian McDonnell, Güney Dakota'daki ormanda geçen çocukluğunun ardından dünyayı dolaşan bir teoloji elçisiydi. Keşiş, evinin bulunduğu kasaba hakkında "Bu dünyanın sonu değildi" derdi.

"ama oradan görebilirdin." On yıl sonra onunla tanıştım ve 70'li yaşlarına geldiğinde şair oldukça başarılı bir şair oldu. Eserleri arasında kişisel favorim şudur:

Mükemmellik, Mükemmellik

Mükemmelleştirmeyi başardım.

Çantalarımı arabaya koydum.

Ben gidiyorum.

Gitmiş.

Yağmur kadar emin

seni ıslatacak.

Mükemmellik senin olacak

içinde.

Çiğ gibi değil

Yaz çimenlerinin üzerinde

özgürlüğü ve yeşili sağlamak

neşe.

Mükemmellik harikadır

merhamet erdemi

Withers buna hayran kaldı

doğum.

Savaşın yarısı başladığında,

Soğuk dürüstlük bir düşüncedir

Kazanmak mümkün değil bu bir gerçek, bu da bunun bir oyun olmadığını kabul ediyor

savaş.

Bildirimimi gönderdim

anahtarlarımı geri verdim

Kıdem tazminatımı imzaladım,

çıkış yapmak.

Yapabileceğim bazı öneriler:

Mükemmel kesilmiş şekli

Michelangelo'nun muhteşem Davut'u

gözlerini kısarak,

Venüs de Milo

kolları yok,

Özgürlük Çanı

çatlamış.

Peder Kilian ve ailesi bana anlam temelli kelimeleri hayatımızın bulanık malzemesi olan renklerin ve karmaşıklığın içine gömme sanatını öğretti. Erdemin dilinde olduğu gibi derinin hakikati de formüllerin kavrayışından kaçar. Hızlı bir katılaşma sürecidir ve soyutlamaya ya da klişeye dönüştürülebilir. Ancak bir olaya ya da deneyime, bir görüntüye manevi bir bakış açısı uygularsanız; Varlığınızın temelinde demirlendiği yeri yazın, bu sizin onu ve dinleyen diğer insanları anlatma şeklinizi değiştirecektir.

Collegeville'de çok büyük, ağır bir teolojik konu hakkındaki tartışma, bunun bir soru olarak çerçevelenmesi ve ardından masadaki herkesin bu soruyu kendi hayatlarının anlatısını kullanarak yanıtlamaya davet etmesiyle başladı. Tanrı nedir? Namaz? Kötülük sorununu çözmenin en iyi yolu nedir? Hıristiyan umudunun özü nedir? Görünüşe göre bu benim fikrim olmadığı için seninle aynı fikirde olmayabilirim, ama yaşadıklarına katılıyorum. Senin ve benim bir ilişki içinde olduğumuzu deneyimlediğimi anladığım zaman, birbirimizin konumunun karmaşıklığını fark ediyorum ve daha açık bir şekilde dinliyorum. Görüşlerimiz arasındaki farklılıklar muhtemelen devam edecek, ancak bu aramızdaki sınırları tanımlamıyor.

St. John's'ta hikayelerimizi paylaşma, başka hikayeler dinleme fırsatı bulduk ve sorulan "neden", "sırada ne var" ve "peki ne" soruları hakkında öğrendiklerimizi keşfetme ve ardından bunları birlikte tartışma günleri geçirdik. . Bu modelin temel bilgeliğini koruyabildim ve onu farklı yer ve zamanlara aktarabildim. Bildikleri, kim oldukları, inançları ve yaşama biçimlerinin kesişiminde ileri geri yürüyen insanlara ve bunun bize neler öğretebileceğine eşlik ediyorum. En sık sorulan açılış sorum - ister bir ateist ister bir bilim adamı, ister bir ebeveyn, ister bir şair, ister bir ateist ya da dindar görüşlü olsun - şu anda onu nasıl tanımlarsanız tanımlayın, çocukluğunuzun manevi veya dini bir geçmişi var mıydı? ? Bunun asla söylemeyeceğim daha az belirgin ve korkutucu sorudan çok farklı olduğunu belirtmek önemlidir: Bana bugünkü manevi hayatınızdan bahsedin. Her şey gibi kişisel olduğumuz bu yön de anlatmaya çalışıyoruz ama bu soruların tam tersi. Bilgili Quaker yazarı ve öğretmen sevgili dostum ve akıl hocam Parker Palmer, ruhlarımızı, psişenin ormanlarında yaşayan ve karşılaşıldığında muhtemelen kaçacak olan vahşi hayvanlara benzetiyor.

"'Ruh' terimi, çoğumuzun endişe duyduğu bir şekilde kullanılan pek çok kelime arasında yer alıyor. Bulduğum insanların çoğunluğunun, çocukluklarının manevi kökleri hakkında paylaşacak bir hikayesi var. Bu basit soru, açık ve açık bir soruyu davet ediyor. Ruh veya ruhun ifade ettiği kavramı hakkında topladığımız tüm nüansları, yaratıcılığı ve netliği onurlandıran dürüst hatırlama, kesinliklerin nüanslarından, deneyimlerden, rüyalardan ve korkulardan etkilenen bir parçamızı harekete geçirir. Sorularımızı bir ömür boyu takip edebileceğimiz cevaplar kadar net bir şekilde hatırlayabildiğimiz, uygun teşvik verildiğinde diğer insanlarla paylaşabileceğimiz bir yer.

Aynı derecede önemli, gelecekte yapacağımız sohbetlerin temelini oluşturuyor. Başkalarının gözünde sergilediğimiz tipik yetişkin duruşundan daha düşünceli ve daha az resmi olan bir duruş, aynı zamanda doğal olarak yetişkinliğin tutkusuna ve mesleğe dönüşen merakın kaynağına doğru düz veya değişken yollara götürür.

Yanıtların tek kelimeyle özetlendiğini ve ardından "aşk" ve "yalnızlık" dediğini duydum. İnsanların gençliklerinin dini hakkında söylediklerinin çoğu, varlığa olduğu kadar yokluğa da dayanıyor. Mesela aileyi kiliseye götüren kişi anneydi, oysa baba gazete okumak için evde kalıyordu. Gazete okuyan babanın adı, tıpkı din duvarları içindeki diğer ritüeller gibi, gelecekteki dini düşüncelerin dokusuna yerleşmiştir. Matematiğin, petrol tabakasının yüzeyindeki renk desenlerini ve yıldızların hareketlerini açıklayabildiğine dair bulgularından ve bu keşfin ne kadar hayranlık uyandırıcı olduğundan ve onları bir anlamda ve temel amaçla doldurduğundan bahseden bilim adamlarıyla konuştum. Evrenin nasıl işlediğini ve bizim ona nasıl uyum sağladığımızı keşfetmenin bir olasılık olduğu aşkındı. Özel Olimpiyatlar'da gönüllü olarak çalışmaya başlayan bir nöropsikologla, zihni benzersiz ve güzel kılan şeyin ne olduğu kavramı üzerinde kafa yormaya başlayan bir konuşma yaptım. Kariyerine ateist olarak başlayan, moleküler biyolog olan Fransa doğumlu Tibetli Budist keşiş ve tutkulu fotoğrafçıyla tanışma zevkini yaşadım, keşişlerin yüzlerine dair gördüğü görüntüler, güzel bir hayvanın şaşırtıcı modelini ortaya çıkaran görüntülerle hayatı değişti. , uyumlu ve ışıltılı bir yaşam.

Medyanın her alanında ve kültürümüzde kişisel anlatıların gücünü keşfetmeye yönelik pek çok zevkli, temel, hayat veren motivasyon vardır. Burada bahsettiğim konuşma sanatı, konuşma sanatıyla ilgilidir, ancak bu incelikli ve farklı bir yöndedir; ne olduğumuzu ve kim olmak istediğimizi anlamak amacıyla hikayelerimizi paylaşmak. Her harika hikayenin birbirimizle girişebileceğimiz teşvik edici bir fikir alışverişiyle başladığına inanıyorum: Soru nedir? Nasıl

Bu, bakış açınızı ve yaşama şeklinizi nasıl etkiliyor? Bunun nasıl düşündüğüm ve yaşadığım üzerinde ne gibi etkileri var? Kendimizi daha da ileriye taşıyabileceğimize, sözcükleri daha güçlü kullanabildiğimize ve çağımızın tarihini taze bir şekilde anlatabildiğimize inanıyorum.

Bunun en sevdiğim örneklerinden biri, bilge bir kadın ve doktor olan Rachel Naomi Remen ile daha önce paylaştığım bir sohbettir. Onun sözleri dünyada hareket etme biçimimi değiştirdi ve o zamandan beri bir daha arkama bakmadım. Her hastalığın bir hikaye olduğunu fark ederek kanserin tedavi sürecini, ardından tıp eğitiminin konusunu sorgulamaya başladı. Birine kanser, diyabet veya kalp rahatsızlığı tanısı konulur, ancak kişinin yaşamının özellikleri her kanser, kalp hastalığı veya diyabet vakasını benzersiz ve her tedaviyi farklı kılar. Ben onun varoluşunun manevi sonuçlarını düşünürken, bir haham olan Hasidik büyükbabasının hikayesini ve aynı zamanda dünyanın doğum gününü - güçlü ve zorlu Yahudi "dünyayı onar" talimatlarının arka planını - anlattı. "

Yazar ve Rachel Naomi Remen arasındaki bu konuşmayı izleyin.

Bu hikaye kendime doğum günü hediyemdi. Başlangıçta, tüm yaşamın kaynağı olan Ein Sof vardı. Tarih boyunca ve zamanın belli bir noktasında, binlerce şeyin evreni olan dünya, kutsal karanlığın derinliklerinden muazzam bir ışık huzmesi gibi ortaya çıktı. Daha sonra muhtemelen bir Yahudi masalının hikayesi olmasından dolayı bir kaza oldu ve bu dünyanın tüm ışıklarını, evrenin bütününü tutan gemiler parçalandı. Tüm dünya ve evrendeki parlayan ışık milyonlarca ışık parçasına dağılmıştı. Çeşitli kişi ve olaylara düştükleri için bugüne kadar karanlıkta kaldılar.

Babama göre tüm insan ırkının bu felakete tepkisi var. Buradayız çünkü her şeyin ve herkesin içindeki gizli ışığı görme, onu zamanla yükseltme ve ortaya çıkarma ve bunu yaparak evrenin orijinal bütünlüğünü yeniden sağlama yeteneğine sahibiz. Onun

günümüzün önemli bir hikayesi. Bu görev İbranice "tikkun olam" olarak biliniyor. Bu, dünyayı yeniden kurma sürecidir.

Bu elbette bir grubun işi. Bu, doğmuş herkesi, yaşayan tüm insanları ve henüz doğmakta olan herkesi kapsayan kolektif bir çabadır. Hepimiz dünyada şifacıyız. Bu hikaye bize olasılıklar hakkında bir fikir veriyor. Önemli bir etki yaratarak dünyayı rehabilite etmekle ilgili değil. Bu, hayatınızın etrafındaki dünyayı onarmakla ilgilidir ve etrafınızdadır.

Yakın olduğun dünya.

İşte gücümüz burada yatıyor. Evet. Birçoğu bu zamanlarda çaresiz hissediyor.

Sağ. Ancak, durup dururken "dünyayı iyileştir", "dünyayı iyileştir" tabirini kullandığınızda, bu bir rüya gibidir ya da tamamen ulaşılmaz bir hayal gibidir.

Bu eski bir hikaye ve geçmişi 14. yüzyıla kadar uzanıyor ve gücümüze yeni bir bakış açısı getiriyor. Bunun mevcut koşullarımız için çok önemli bir faktör olma potansiyeli olabileceğini düşünüyorum ve bu çok önemli bir faktör. Ben kelimenin geleneksel anlamıyla politik düşünceye sahip biri değilim ama sanırım hepimiz dünyada bir fark yaratabilmek için yetersiz olduğumuzu, daha zengin olmamız gerektiğini düşünüyoruz.

, daha güçlü, daha eğitimli veya olduğumuz insanlardan farklı. Bu hikayeye göre tam olarak gerekli olan şey budur. Bunun hakkında biraz düşünmek ilginç: Tam olarak ihtiyaç duyulan şey biz olsaydık durum ne olurdu? Ne olurdu? Tam olarak dünyayı iyileştirmek için gerekli olan kişi ben olsaydım ne yapardım?

Yedi yaşındaki oğluma, evrenin yaratılışı, kıvılcımlar ve dışarı çıkan kutsal havayla ilgili bu hikayeyi anlattım. Tamamen dinledi ve ardından "Bunu beğendim" dedi.

Bana bu hikaye anlatılmıştı, bu hikaye bana anlatılmıştı, bakalım, yaklaşık 63 yıl önce. Ve buna tepkim de aynıydı. Hikayelerle ilgili çok önemli olan şey budur. Vücudumuzdaki insani bir şeye dokunurlar ve değişmeden kalabilirler. Belki de en önemli bilgilerin hikayeler aracılığıyla paylaşılmasının nedeni budur. Bir kültürü bir arada tutan şey budur. Her kültürün anlatacak bir hikayesi vardır ve onun parçası olan herkes bu hikayeyi paylaşır. Dünya hikayelerden oluşur ve gerçeklerden oluşmaz.

Kendi gerçeklerimizi uydursak da yine de gerçeğin parçalarını bir araya getirmemize yardım etmemiz gerekiyor.

Aslında, eğer olaya bu şekilde bakmak isterseniz, hikayenin büyük kısmını gerçekler anlatıyor. Gerçekler arasında örneğin son 52 yıldır Crohn hastalığım olduğu da yer alıyor. Sekiz büyük ameliyat geçirdim. Ancak bu size hikayem ve bunun sonucunda başıma gelenler hakkında hiçbir şey anlatmıyor. Böyle bir duruma sahip olmak ve insan olmanın gücünü keşfetmek nasıl bir şey? 11 Eylül gibi bir kriz olduğunda tüm ABD'nin hikayelere yöneldiğini görüyor musunuz? Bulunduğum bölgede o binalarda neler yaşandı, neler yaşandı, bina sakinlerinin bir parçası olanların kaderi neydi. Hikayeleri yeniden anlatarak dünyayı anlamamızın tek yolu budur. Bölgede bazı kişilerin öldürülmüş olma ihtimali oldukça yüksek. Hikayeler insan olmanın muhteşemliğinden ve insan olmanın kırılganlığından bahsediyor.

Toplumumuzda, eğlence formlarında ve bilgilerde karşılaştığımız her türlü hikayenin var olduğunu ancak bu hikayelerin her zaman bir başı ve sonu olacağını belirterek ilginç bir karşıtlık oluşturduğunuzu düşünüyorum. Hayatımızdaki hikâyelerin, hayatımızda nasıl kullanıldığını bize anlatan hikâyelerin de zaman gerektirdiğini söylüyorsunuz. Gerçek hikayeler zaman gerektirir.

Yaşamak için bazen yiyecekten daha fazlasına ihtiyaç duyduğumuza dair çok ses getiren bir söz vardır. Bize kim olduğumuz hakkında bilgi veriyorlar.

bizim için kartlarda neler var ve neler isteyebilir? Ayrıca bize karşı karşıya olanın yalnızca biz olmadığımızı hatırlatıyorlar. Bir hikaye bitmedi dersem Mesela hikayenin bir kısmı çocuğunuza doğum hikayesini tüm dünyaya anlatmaktır. Bu da büyükbabamın hikâyesinin bir parçası değil mi? Oğlunuz benim babam olan adamla tanışma şerefine erişemedi ama belki dedem bir şekilde onun hayatına karışır. Az miktarda olabilir ya da olmayabilir, emin değilim ama bu şekilde bir hikayenin tamamlanabileceğini söylemenin hiçbir yolu yok.

Ruhun ham maddelerinin özelliği sürekli değişiyor olmalarıdır. Geçmişe bakış açınız bugün görebildiğiniz şeylere bağlıdır. Bundan önce, hayatımın ruhani kökleri hakkındaki soruya yanıtıma, Güneyli Baptist vaiz büyükbabamın hayatı ve onun benim üzerimdeki etkisi hakkında bir hikaye anlatarak başlayabilirdim. Bu sayfalarda adam hakkında pek çok bilgi yer alacak. Kendi hayatımın bu noktasında, babamın aile geçmişine dair algısını kaybetmesinin, onun ilk yıllarının manevi temeli olduğunu ve ortamda oturan kocaman bir kara delik olduğunun çok iyi farkındayım. Zaman ve mekanın birbirinin üzerine çöktüğünü söylemek harika bir benzetme. Girilebilecek veya çıkılabilecek bir ışık yoktu. Ablası ve küçük erkek kardeşi gibi o da önceden haber verilmeksizin evlat edinilmek üzere götürüldü. Hayatının ilk birkaç yılının bundan önceki gibi olduğundan emin değilim ama en zor yıllarının bunlar olduğunu tahmin ediyorum. Babam, isimlerini hatırladığını düşünmeme rağmen kardeşleriyle, erkek kardeşleriyle veya annesiyle hiçbir şekilde ilgilenmediğini söyledi. Daha olgunlaştığında annesi onu geri almaya çalıştı. Olayı tarafsız bir şekilde anlattı. Bazen geceme tehlikeli bir his katan ve beni annesinin onu götürmek üzere olduğuna inandıran, çığlık atan korkunç kabuslar görüyordu.

Ben çocukken ailemde bu konular konuşulmazdı. Bizim evde çok soru vardı ama hiç sorulmuyordu. Elbette adı konulmayan gerçekler ve cevaplanmayan sorular hepimizi, anlaşılması uzun zaman alacak şekilde içten etkiledi. Bu kitabın yazım süreci boyunca, artık dünyanın her yerinde önemli olan şeyler hakkında konuşma arzumun coşkusunun izini kişisel hikayemin en başlangıçlarına kadar sürmeye başladım. Bu hem ironik hem de kendi açısından güzel. Her yıl konuşma üstüne konuşma yaparak, başkalarını en büyük yönlerinin kesişimini keşfetmeye teşvik ettim.

gerçek dünyadan, mekânlardan ve zamanlardan, geçmişle bugünün arasından, yaradan bugüne hedefler ve en iyi bilgelikler. Şu anda, öğrendiklerimi başkalarına verme sürecindeyken, bu bilgiyi ilk kez ve kendim için tamamen alabilmem için.

∗ ∗ ∗

Metaforumu çok fazla uzatırsam hayatımızın kara delikleri beni cezbediyor; aynı şekilde tekrar tekrar prova ettiğimiz argümanlara ek olarak hiç tartışamadığımız acı verici, karmaşık, utanç verici konular. hangi tarafta olduğunuza bağlı olarak "kazanma" veya kaybetme terimlerini tanımlayan tam iki taraf. Bu öngörülebilir çıkmaz sonuçlardır. Yeni konuşmalar başlatma, yeni başlangıç noktaları yaratma ve günlük tartışmalarımızda sonuçlar elde etme sanatı roket bilimi değildir. Ancak, gerçekleştirilmesinin tek yolu olacak kadar yerleşmiş olan belirli davranışları değiştirmek veya ortadan kaldırmak gerekir. Tutkulu olduğumuz şeyin savunucusu olmak üzere eğitildik. Sivil toplum dünyasında iyi bir şey ve değer ama birbirimiz hakkında endişelenmek karar alma sürecini engelleyebilir.

Dinlemek yaygın bir sosyal sanattır ancak unuttuğumuz ve öğrenmemiz gereken bir beceridir. Dinlemek, söylemeniz gerekeni konuşabilene kadar diğer kişinin konuşmasını dinlemekten daha fazlasını içerir. Rachel Naomi Remen'in genç doktorlara ne yapmaları gerektiğini açıklamak için kullandığı yöntemin hayranıyım: "cömert dinleme." Cömert dinleme, merak tarafından yönlendirilir ve bu, onu doğuştan kılmak için kendi içimizde teşvik edip geliştirebileceğimiz bir erdemdir. Belli bir ölçüde kırılganlık, hayret etme yeteneği, önyargılardan kurtulma ve belirsizlikle meşgul olma becerisi gerektirir. Dinleyen kişi, bir başkasının sözlerinin ardındaki anlamı anlamaya çalışır ve kendisinin ve kendi kişisel en iyi düşüncelerinin ve sorularının en iyi versiyonunu çağırmaya çalışır.

Cömert bir dinleme aslında daha iyi sorular doğurur. Sınıfta bize öğretilenlerin hiçbir gerçeği yok; Kötü soru sormanın bir sanatı var. Amerikan toplumu söz konusu olduğunda, öfkelendiren, rahatsız eden veya baştan çıkaran soruların yanı sıra birçok yanıta ve yarışmaya yatırım yapıyoruz. Gazetecilik, genellikle soruşturma ve kavga kılığına bürünmüş bir karine olan "zor" sorular "zor" sorular saplantısıdır. "Hayatınızın manevi geçmişi" sorusu gibi soruları, kulağa yumuşak gelebilir korkusuyla uzun süre yapımcılığımızdan kestim, ancak bunun sonraki tüm sorular üzerindeki etkisini biliyordum. Bir sorunun kalitesini ölçebilmemin tek yolu, onun ürettiği açık sözlülük ve belagattir.

Bunun dışında bir şey öğrendiysem, bir sorunun gücünü öğrenmişimdir: Güçlü bir araç olabilir ve dilin güçlü bir kullanımı olabilir. Benzerlik gösteren yanıtlar isterler. Cevaplar, gündeme getirdikleri veya yanıtlamaya çalıştıkları soruları yansıtıyor. Bu nedenle, basit bir soru tam olarak sorunun özüne inmek için gerekli olan şey olsa da, basit bir soruyu kolay bir cevaptan daha fazlası ile ele almak zordur. Bir sorunun gergin doğasının üstesinden gelmek zordur. Cömert bir soruyu geri çevirmek de zordur. Her birimizin zihninde doğruluk, dürüstlük ve açıklık gerektiren sorular sorma kapasitesi vardır. Doğru soruları sormanın kutsal ve canlandırıcı bir yanı var.

Vatandaşlık ve sosyal sanatın araçları olan açık uçlu soruların bir başka faydası da, anında yanıta ihtiyaç duymayabilecekleri hatta ihtiyaç duymayabilecekleridir. Bunlar dikkate alınmak ve üzerinde düşünülmek üzere gündeme getirilebilirdi, ancak yapılamaz. Bugün karşı karşıya olduğumuz derin ve toplumsal sorunların, yakın zamanda yetinebileceğimiz yanıtlarla çözülmesi pek mümkün görünmüyor.

Şiir Rainer Maria Rilke, ben Berlin'deyken birçok zaman zaman ve mekânda arkadaşım olan sorular sormanın, yaşayan soruların savunucusuydu:

Soruları sanki odalara kilitlenmiş ya da farklı bir dilde yazılmış gibi bütünüyle ele alın. Soruları yaşayamayacağınız için bugün elinizde bulunamayacak çözümleri aramayın. Önemli olan kendi hayatını yaşamaktır. Bugün soruları cevaplamak için zaman ayırın. Belki biraz sonra, yakın gelecekte yavaş yavaş ve farkında olmadan cevaba doğru ilerleyeceksin.

Elizabeth Alexander'ın sorusunu şiir şeklinde ifade etmeyi çok isterim "Birbirimizi ilgilendirmiyor muyuz?" belediye toplantılarında veya Kongre salonlarında ve bir süre ortalıkta dolaşmasına izin verin.

Sorunları çatışan görüşler üzerinden tartışma kültürümüz, çözüm bulma isteğini de beraberinde getiriyor. Başkalarının bizim haklı olduğumuzu anlamasını istiyoruz. Tartışma çağrısında bulunabiliriz, aynı yerde olduğumuzdan emin olabiliriz veya oy verip ilerleyebiliriz. Diğer bir seçenek de konuşmanın amacına yönelik alternatif bir yaklaşım benimseyerek, doğru tarafta ve kimin haksız olduğunu değil, her iki taraftaki argümanları ve aynı fikirde olup olmadığımızı değil, araştırmayı teşvik etmektir. , hepimiz için insanoğlu açısından neyin tehlikede olduğu konusunda. Kazanılacak bir şey var

Tüm zor soruları askıda bırakan bir anlaşma bulmaya çalışmadan, dürüstçe konuşabilmek ve birbirinizle saygılı bir şekilde ve saygılı bir şekilde konuşabilmek.

Ailelerimizi ve kurumlarımızı yıpratan en zorlu paratoner tartışmalarına dahil olmak, bizi ileriye taşıyan soruları yeniden tanımlamak, yeni sohbetlere yol açabilme deneyimini yaşadım. Alışılagelmiş söylemlerden kaçınıp, kaçınılmaz durgunluğun önüne geçebiliyoruz. Frances Kissling, Katoliklerin Seçimi'nin uzun süredir başkanı olan, seçim yanlısı bir aktivist olarak biliniyor. Yaklaşık on yıl önce Katoliklerin Seçimi'nden ayrıldıktan sonra, zamanını siyasi rakipleriyle gerçek zamanlı ilişkiler içinde olmanın ne anlama geldiğini araştırmaya ayırma kararı alması o kadar da iyi bilinmiyor. Bir keresinde onunla Evanjelik etik filozofu David Gushee ile kürtaj hakkında bir sohbete oturmuştum. Amacımız kürtaj konusunda tartıştığımız tüm konularda insan hakları açısından nelere dikkat edilmesi gerektiğini ve bunun neden bu kadar tartışmalı ve çelişkili bir konu olduğunu belirlemekti. "Seçim yanlısı" ve "yaşam yanlısı" terimlerinden tamamen uzak durmaya çok yaklaşmıştık. Tartışma yeni bir açıdan büyük ve karmaşıktı. Rahatsız ediciydi ama aynı zamanda heyecan vericiydi çünkü tartışma başlamadan önce hiç keşfetmediğimiz keşfedilmemiş bir alanı açtı: cinsel devrimin toplumumuz için yararlı olup olmadığı ve ayrıca bağımızı insanileştirmek ve derinleştirmek için neler yapabileceğimiz. hem kamusal hem de özel alanlarda cinsellik. Bu konular hakkında düşünmek istediğimiz ancak alışılagelmiş ve yıpranmış argümanlarla örtbas edildiği gerçeğinin farkına varıldı.

Bazen, bir süredir ortalıkta dolaşan, değişen ve farklı açılardan benzer insan hikayeleri yaşayan bir bilgelik sesi, iki taraflı herhangi bir tartışmadan daha fazla derinlik sağlayabilir. Frances Kissling benim için bu seslerden biri. Üreme hakları gibi belirli bir alanda çalkalanıyor ancak öğrendikleri hayatın her alanına uygulanabilir. Derin farklılıkların ortasında ortak bir zemin bulmak gibi diyalogun temeli olarak içgüdüsel olarak atladığımız bazı sözcüklerden de kurtuldu. Şöyle diyor:

Yazar ve Frances Kissling ile yapılan bu konuşmayı dinleyin

Çok derin fikir ayrılıkları olmayan insanlar arasında ortak bir zemin olduğuna inanıyorum. Siyasette uzlaşmalarla karşılaşabilirsiniz. Siyaset sanatı mümkündür. Ancak, Ulusal Katolik Piskoposlar Konferansı ve Ulusal Kadın Örgütü'nün kürtaj konusunda ortak bir anlayışa varacaklarına inanmanız mümkün değil. Bu gerçekleşmeyecek. Bunu uzatmak mümkün. Ancak birbirleriyle aynı fikirde olmayanların bir araya gelip neden bu şekilde inandıklarını daha iyi anlayacaklarını düşünüyorum, harika sonuçlar ortaya çıkıyor. Ancak fikir birliğine varma baskısı birbirini gerçekten tanımaya yardımcı olmuyor. Ve birbirimizi anlayamıyoruz.

İnsanların onlarca yıldır birbirlerini azarladığı ve çarptığı kürtajla ilgili aşırı kutuplaşma, kesinlikle insanların karşılıklı bir anlayış bulmasına olanak tanıyan bir güven düzeyini yansıtmıyor. Bu nedenle, başkalarının neden onlar gibi düşündüğünü anlamaktan yararlanabilecek, herkesin olmasa da birkaç kişinin olduğu fikriyle başlamalısınız. Bunlardan birkaçı insancıllaştırmanın temel kavramıdır: bireyin gerçek bir kişi olduğu, bir zorba olmadığı, kötü niyetli olmadığı ve belki bazıları için suçlandığımız karalamaların üstesinden gelebileceğiniz. Bu benim sıkı bir hayranı olduğum bir şey.

Son 10 yılda çok şey öğrendim ve kürtajın belirli yönleriyle ilgili görüşlerimi değiştirdim; çünkü görüşlerime katılmayanların inanç ve fikirleri daha iyi takdir ediliyor. Sonunda, onların bazı değerlerini korumanın, kendi değerlerimden ödün vermemenin yollarını bulmakla ilgileniyorum. Benim açımdan ortaya çıkan durum budur.

Bu elbette toplumumuzda olduğuna inandığım bu çılgın baskıdan oldukça farklı ve sizce ortak bir zemin bulma ya da aynı fikirde olma referansından oldukça farklı mı? Bu aynı sayfada olmakla ilgili değil.

Hayır hayır. Ancak tahmin edebileceğiniz gibi, genel kural olarak müebbet yanlısı olan Sidney Callahan, uzun zaman önce sivil bir tartışmanın işaretinin, aynı fikirde olmadığınız kişi için neyin doğru olduğunu kabul etme yeteneği olduğunu belirtmişti.

Yazdığınız bir makaleyi okumak isterim. Tartışmalı bir soruna yapıcı, ileri görüşlü yaklaşımlar getirmek için gerekli olduğuna inandığınız bir dizi özelliği tanımlıyordunuz. Beni etkileyen niteliklerden biri de "tutkuyla karşı çıktığın kişilerle karşı karşıya kaldığında savunmasız kalma isteği"ydi.

Bunun tamamlanması en zor görev olduğuna inanıyorum. Bu durumda olan hepimiz için örneğin bu sorunun tüm çözümlerine sahip olmadığımızı kabul etmek çok zor. İster kürtaj meselesi olsun, ister kürtajla ilgili anlaşmazlıklarımızı nasıl çözeceğimiz sorusu olsun, yaşadığımız toplumda kürtajla ilgili sorunun tüm cevaplarını aldığımızdan emin değilim. ve bunun son derece çok zor olduğunu kabul etme isteği.

Kendi durumunuzda size sorun yaratan şey nedir? Başka birinin konumunu çekici bulduğunuz şey nedir? Şüphe duyduğunuz alanlar nelerdir? Geçenlerde birisiyle konuştum: 35 yıldan fazla bir süre boyunca bu kadar zor bir şey üzerinde nasıl çalışıp da hiçbir konuda fikrinizi değiştirmeyebileceğinizden emin değilim. Yaptığımız şey etkili olmadı. Yaptığınız şeyin sizi olmak istediğiniz yere getirmediğini fark ettiğinizde, savunmasız olmaya daha yatkın olacağınıza inanıyorum. Dolayısıyla savunmasız olmanın bir kısmı da biraz çaresizliktir. Yardıma ihtiyacınız olduğuna inanmıyorsanız ve her şeyin mükemmel olduğunu düşünüyorsanız savunmasız değilsiniz. Riske girmeniz için hiçbir neden yok.

Toplumsal değişimin nasıl gerçekleştiğine dair neler öğrendiniz? Önümüzdeki yıllarda ilerlemenin nasıl olacağını düşünüyorsunuz?

Bu cevaplanması zor bir soru. Hangi dersleri öğrendim? Başkalarına olumlu bir tutumla ve değişim coşkusuyla yaklaşmanın önemi her dönüşüm için çok önemlidir.

Başkasını değiştirmek imkansızdır. Ben en zorlu savaşçılardan biriyim. Spesifik olalım. Tartışmalarda sümüklüböcek olma konusundaki şöhretim iyi bilinir ve dövüşün heyecanına bayılırım ve kazanmayı severim. Ancak öğrendiğim kadarıyla bunu daha önce duymuşsunuzdur, basit bir ifadeyle sirke kullanarak bal yerine daha fazla sinek yakalamak mümkündür. Harika bir cümle.

Deneyimlerime göre ortadaki insanlar büyük değişim yaratanlar olmayacaklar. Kendinizi ortada konumlandırmaya ve değişim yaratmak için risk almaya istekli olmalısınız. Ayrıca farklılıklara her ikisinde de iyi şeyler olduğu düşüncesiyle bakmalısınız. Bu kadar. Eğer bunu yapmanın bir yolunu bulamazsak ve her iki tarafta da bir tarafı tehdit olarak görmeye karşı çıkanların oluşturduğu boşluğu bulmanın bir yolu yoksa, çatışma bir süre daha devam edecek. Çok fazla baskı var ve görüşlerinize katılmayanları dinlemek yerine koroyla konuşmak çok daha kolay. Koro zaten var ve bizim orada olmamızı gerektirmiyor.

* * *

Her iki taraftaki insanların her iki tarafı da tamamen kötülük olarak görmediği boşluk, benim olmak istediğim ve genişletmek istediğim yer.

Doğal çevremizle yüzleşirken kelimelerin bu kadar bölücü ve bu kadar yumuşak bir şifa aracı olduğu hiçbir yer yok. Her kıtada çevresel istikrarsızlıktan doğrudan etkilenmeyen birey sayısı giderek azalıyor. Kamuoyu tartışmasında konuşmamız gereken tek şey, "iklim değişikliği" üzerine yapılan gergin bir tartışmadır; bu, gerçek sonuçları olan ancak sonuçta dikkat dağıtıcı olan bir tartışmadır. Zaten ezici olan olumsuz çevre haberlerine karşı dehşet ve öfkeyi empoze ediyor. Gezegendeki ekolojik geleceğimizle ilgilenmenin manevi yönlerini göz ardı ediyor. Bu ve diğer meseleler, insanların kendi kişisel refahlarını başkalarının refahıyla bağlantılı olarak daha geniş ve daha kapsayıcı bir açıdan görmeyi öğrenip öğrenemeyecekleri temel meselesidir?

ailelerin ve kabilelerin ötesine geçen daha geniş çevreler mi? Doğa, günlük hayatımızın temeli ve arka planı olup, karanlığa sürüklenmektedir. Onu onarma ve besleme süreci, yemek yemek, çocuk sahibi olmak, bulunduğu yeri kucaklamak, güzelliğin ortasında güzelliği tanımak gibi evrensel hayat veren deneyimlere işaret ediyor. Dünyada yapılması gereken işleri yapan insanlardan dokunabilecekleri, hissedebilecekleri bir konuşma dili bu. Dil, davranışın anlamını değiştiren, eylem ihtiyacını suçluluk alanından uzaklaştırıp daha olumlu bir boyuta taşıyan bir dildir.

Birçoğu dindar. Muhafazakar Hıristiyan çevrelerde, haberlerdeki gürültülü seslerle tam bir tezat oluşturan ilgi çekici bir hikaye var. Dilde hızlanan ve düşüncelerde ve kalplerde değişimlere yol açan değişimlerin hikayesi. Zarar veren sözlerden pişmanlık duyuldu, kelimenin tam anlamıyla doğrusal bir şekilde özümsenen ve Batı medeniyetinin hem yakın hem de uzak doğal dünyayla ilişkisini şekillendiren klasik İncil sözcüklerinden vazgeçildi. Yaratılış'ta Tanrı'nın insanlığı kutsamasına ilişkin Kral James Versiyonu yorumu, Hıristiyan sanayiciler ve sömürgecilerin yanı sıra kaşifler tarafından da dindar bir toplanma çığlığı olarak yorumlandı: "Verimli olun ve çoğalın, dünyayı doldurun ve ona boyun eğdirin; ve balıklar üzerinde egemenlik kurun." denizin, havadaki kuşların ve yeryüzünde hareket eden her canlının üzerinde."

Bugün bu aynı satırlar yorumlanıp yeniden sahneleniyor. 1990'larda Yale İlahiyat Okulu'ndayken, her kitapta toprağa saygıdan söz eden dile dikkat çeken Ellen Davis adında bir profesörle İbranice İncil çalışıyordum. On yıl sonra bana bu deneyime yeterince hazırlıklı olmadığını ve bunun hayatını ve bursunu yıllar sonra nasıl değiştirdiğini anlattı.

Yazar ve Ellen Davis ile olan bu konuşmayı izleyin

İlk defa İbranice İncil, Eski Ahit aracılığıyla ders veriyordum. İlk dönemimin sonunda, doktora öğrencilerimin sınıftaki asistanlarından biri, biz final sınavını yazarken, "Arazi ile ilgili bir soru sormanız gerekiyor" dedi. Sonra sordum:

"Neden?" O da şu cevabı verdi: "Çünkü sürekli bunun hakkında konuşuyorsun." Bunun farkında değildim, sadece İncil'in her kitabını kendi yolumla konuştuğumun bilincindeydim. Şimdi şunu söyleyebilirim ki, her gün topraktan bahsediyor olacağım çok açık çünkü suya, toprağa ve onun sağlığına, kötü sağlık durumuna veya verimli toprakların yokluğuna değinmeden birkaç bölümden fazlasına gitmek imkansız. ve su. Ancak o zamanlar bu benim için sürpriz oldu.

Aynı anda California'da büyüdüğüm yere yakın bir bölgede geziye çıktım ama orası uzun zamandır ziyaret etmediğim kadar uzaktaydı. Anılarımda meydana gelen değişimler beni hayrete düşürdü. Daha sonra, İncil yazarlarının üzerinde yaşadıkları kırılgan manzaraya gösterdikleri olağanüstü ilgi ile kültürümüzde veya o dönemde toprak kullanımımız konusunda sahip olduğumuz kayıtsızlık arasındaki büyük farkı fark ettim. Kaliforniya ve İsrail manzaraları açısından birbirine çok benziyor. Her ikisi de kırılgan ve yarı kurakır. Bu yüzden zamanın bir şekilde çöktüğünü hissettim. İncil'de örnek olarak görülen toprağa gösterilen özen ile kendi seviyemde gördüğüm yokluğu arasında çileden çıkarıcı bir benzetme vardı.

Bu arada, daha önce yazdığım ya da defalarca ders verdiğim bölümleri, paragrafları okuduğumuzda, yaşadığımız topraklar ve insanların sağlığı hakkında bize neler anlattıkları bağlamında onlara baktığımı keşfediyorum. Daha önce gözden kaçırdığım şeylerin karşıma çıktığını görüyorum. Hiçbir zaman anlamaya çalışmadığım, benim için net olan pek çok şey var.

Yaratılış'ın baskıcı dilinden ve özellikle de "hakimiyet"ten nasıl uzaklaşırsınız? Metni tercüme etme ve kullanma şeklimizde net olmayan neyi buluyorsunuz?

İbranice "savaş" kelimesi çok güçlü bir kelimedir ve benim "yaratıklar arasında ustalık gerektiren ustalık geliştirme" olarak yorumladığım bir kelimedir. Nitelikli ustalık fikri, bir zanaat veya insanoğlunun uygulaması gibi bir şeyi ima eder. neredeyse tüm İncil yazarlarının bakış açısına göre insanların varlığını inkar etmiyoruz. Her biri değil ama hemen hemen herkes evrende benzersiz bir güç ve yükümlülük noktasına sahiptir. Ancak ustalığımızı ortaya koyabilmemizin ön şartı, önceki ayetlerde deniz ve gök canlılarına verilen nimette belirtilmiştir. Aynı zamanda üretken olmalı ve çoğalmalıdırlar. Bu nedenle, ustalıkla ustalık uygulamak bizim için ne anlama geliyorsa, önceki nimeti tersine çeviremez. Türün yok oluşunun altıncı büyük çağına girerken bunu bizim için oldukça inandırıcı buluyorum.

Sizin sözlerinizle Yaratılış 1'in ayinle ilgili bir şiir olduğunu belirtmek çok önemlidir. Bu, aktarmaya çalıştığı şeyi ve bize ne söylediğini okuma şeklimiz açısından ne anlama geliyor?

Şiir kalbimizde konuşan dildir. Bu durumda İncil'de geçen kalp terimini kullanıyorum. Günümüz dilinde bu kelimeye en yakın şey, hayal gücü yetileri olacaktır. İncil'deki biyolojide anlatıldığı gibi kalp, duyguların ve aynı zamanda zihinlerimizin merkezidir. Bu iki yön birbirinden ayrılamaz. Şiir dili kesindir. Ayrıntılı ve gerçekçi ama salt gerçeklerden oluşan bir söylem değil. Bu nedenle, İncil'in hem başlangıcının hem de ikinci bölümünün çeşitli şekillerde bizi dünyadaki konumumuz hakkında bilgilendirdiğini ve bize tür olarak doğduğumuz karmaşık ilişkiler ağı hakkında bilgi verdiğini belirtmek önemlidir. Bizler belirli bir yere yerleştirilmiş canlılarız. Belli bir düzen içerisindeyiz. Bu, genellikle Kutsal Kitabı harfiyen okumak olarak kabul ettiğimiz yaklaşımla karşılaştırıldığında, kendimiz hakkında düşünmeye farklı bir yaklaşımdır. Bana göre bu, İncil'i çalışmanın ilham verici olmayan bir yolu.

Yıllar boyunca bu konuyu derinlemesine inceledikçe Wendell Berry ile birlikte yazdınız ve birlikte çalıştınız. Kaygı ve kayıp şiirini "yaratıkların şiiri" olarak tanımlayarak yazdınız.

Kendimizi varlıklar olarak düşünürken benim için ilk referans noktası, eski Canterbury ve Canterbury Başpiskoposu Rowan Williams'ın "artık yaratık olma sanatı neredeyse kaybolmuş bir sanattır" diyen gözlemidir. Yaratık olabilmek için yetkin olmamız gerektiği ve eğitim almamız gerektiği fikri. Gerçekte bizler aslında yaratıklarız. Yaratıkları insan olmayan herhangi bir kişi olarak görüyoruz.

Bu, hemcinslerimiz üzerinde sahip olduğumuz güçtür.

Bu yüzden "hakimiyet" yerine "becerikli ustalığın uygulanması" anlamını tercih ediyorum çünkü bu, insan olma sanatını çağrıştırıyor. Bir kullanım kılavuzuna, ders kitabına ya da okumak istediğiniz herhangi bir şeye fazla odaklanmadan bakmak yaygın bir durumdur. Sorunun özünü keşfedene kadar basitçe göz gezdirirsiniz. Ama bu şekilde şiir yazamazsınız. Şiir kalp atışlarınızı yavaşlatıyor. Modern dünyamızda, bizi yavaşlatan her şeye değer verilmeli ve belki bir hediye, hatta Tanrı'nın çağrısı olarak değerlendirilmelidir.

Ellen, varlığından bile haberdar olmadığım çevreci din dünyasıyla beni tanıştıran ilk kişiydi. En ünlü isimlerinden biri olan Cal DeWitt, üç yıldan fazla bir süredir Dunn, Wisconsin kırsalını çevreleyen sulak alanlarda sağlıklı bir topluluk inşa eden ve aynı zamanda yaşayan bir biyolog ve bilim insanıdır. Kendisi aynı zamanda Evanjelist bir Hıristiyandır.

İçerik oluşturucu ile Calvin DeWitt arasındaki bu konuşmayı dinleyin

30 yıl önce Wisconsin'de yaşadığınız kasabada bunu ilk kez yapmaya başladığınızda muhtemelen radikal bir şey olarak görülüyordu.

Kesinlikle. Gerçekte bir sorun olmadığı için garip karşılandık, yine de bulmaya çalışırsanız sorunu ortaya çıkarabileceğinize inanıyorum. Ancak yaptığımız şey kasabamıza bakmaktı. Orada olan her şeyin envanterini çıkardık, çiftlikler ve bataklıklar, pınarlar ve bataklıklar eski yerler, Kızılderili yolları, binalar ve tütün çiftliklerimiz bunların arasındaydı. Son derece dikkatli ve geniş kapsamlı bu envanteri çıkardıktan sonra olanlar oldu ki, biz bu bölgeye aşık olduk. Nerede olduğumuzu bile bilmiyorduk. Etrafımızdaki dünyanın güzelliğinden habersizce içeri girip çıkıyorduk.

Cal DeWitt'in din tanımını seviyorum: "Yeryüzünde doğru yaşama ve doğru yaşamı yayma tutkusu." Kendi bahçesinde yetmiş bitki türü var. Bunu "canlı bitki ve hayvan yaşamı için çok dokulu bir ortam" şeklinde sevinçle tanımlıyor. Göç mevsiminde bir keresinde, üç bin ardıç kuşunun solucanlarla ziyafet çekmek için çimenliğine nasıl indiğini anlatıyor "çünkü bu kadar çok üretiyorum, deneyerek değil, olan bu olduğu için." Cal DeWitt, 1996 Nesli Tehlike Altındaki Türler Yasası gibi yasaların eleştirel Evanjelik destekçilerinin oluşmasında etkili oldu. Onun Au Sable Çevre Araştırmaları Enstitüsü onun tarafından kuruldu ve 25 yıl boyunca faaliyet gösterdi, Hıristiyan üniversiteleri ve kolejleri için müfredat ve müfredat geliştirdi. Bahçesindeki ardıç kuşlarının ziyaretleri gibi, ırksal gerilimin parıltısından gizlenmiş, hayata ekilmiş insan ekosistemlerine zihnimi açıyor. Evanjelik Hıristiyanlığın gerçek dünyadaki çevik toplumsal değişime yönelik teolojik bir erdem olarak din değiştirmenin getirdiği temel önemi açıklıyor.

Yazar ve Calvin DeWitt ile yapılan bu konuşmayı dinleyin

Evanjelik dünyada insanların otoritesi konusunda derin bir şüphe vardır ve İncil'in bilgeliği yaşamımızın, çalışmamızın ve günlük uygulamamızın kaynağıdır. Bu nedenle, eğer İncil'i okumak, yaratılışla ilgilenmenin insan sorumluluğunun temel bir yönü olduğunu ortaya koyuyorsa ve biz bunu erteliyorsak, o zaman yeniden dönüşüm zamanı gelmiştir. Evanjelikler bu düşünceye alışkındır.

dönüşüm süreci adına fikirlerini değiştirmek tamamen bununla ilgilidir. Bunu 1970'lerin başlarından ortalarına kadar dünyadaki açlık sorunlarıyla ilgili olarak gözlemledim. Bread for the World, açlığın hafifletilmesine yardımcı olan diğer kuruluşlarla birlikte Hıristiyanlar tarafından kuruldu. Bu dikkat çekiciydi ve şu anda Vineyard Boise ve Idaho'da bulunan Vineyard kilisesi gibi yerlerdeki mevcut duruma çok benziyordu. Bu Pentikostal. Vineyard Boise'nin papazı Tri Robinson'un, çevre kursları alan ve babasını çevre sorunları hakkında konuşmaya çağıran bir kızı var. Tri Robinson muhafazakar bir Cumhuriyetçi çiftçidir. Ne yaptıysa kızının yardımıyla bu konuda harekete geçmesi gerektiğini fark etti. Bunu İncil'e uygun bir şekilde nasıl ifade edebileceğini keşfetmesi bir yıl boyunca Mukaddes Kitabı incelemesini gerektirdi. Biraz endişeyle ve bol bol duayla, yaratılışın iyi bir hizmetçisi olmanın önemine dair bir konuşma yaptı. İnanılmaz bir şekilde, hayatının ilk anında kalabalık geldi ve vaizi ayakta alkışladı.

İstilacı türleri yok etmek, malzemeleri geri dönüştürmek ve hatta dağ yürüyüşçülerini patika yapmaya götürmek için düzenli olarak programları var. Ayrıca, yalnızca kişisel mutfak işlevi görmeyen, aynı zamanda 23 ek yiyecek kileri sağlayan bir yiyecek kileri de var. Bölge canlı ve canlıdır. Ayrıca kilisedeki üye sayısının dramatik bir şekilde arttığı da açık, çünkü mülksüzleştirilmiş ve kilisenin harekete geçmesini bekleyen her türden çevreci var ve işte burada. Oluyor. Dikkatli olun.

Cal DeWitt, Kral James İncili'nde "hakimiyet" olarak çevrilen kelimenin köklerinde "yönetim" ve "hizmet" kavramlarını ortaya çıkarıyor. Ellen Davis ve kendisinin de parçası olduğu ve parçası olduğu tüm dönüşüm dünyası gibi, kullanmayı seçtiği kelimeler onun hayatını değiştiriyor. Ayrıca "çevre"nin ardındaki anlamı merakla inceleyerek zaman harcadı. Bana, bu kelimenin Chaucer'ın çevreleyen terimini yaratmasıyla ortaya çıktığını söyledi. Söz, bizimle doğal dünya arasında, hem kendi aramızda hem de doğal dünyayla aramızda, "yaratılış" dünyasında oluşturulamayan sınırlar oluşturmanın yaratıcı bir etkisiydi. Dilsel olarak konuşursak, Chaucer aracılığıyla birbirimizle aramızda bir engel yaratmanın bir yöntemini olan Chaucer'ın dilini inşa etmiştik. "Peki canlanmayla ilgili en önemli şey nedir?

kelimelerin gibi kelimelerin gibi kelimelerin yaratılması gibi terimlerin yaratılması ve yaratılmaya özen gösterilmesi" diyor, "bu iki kelimeyi bir araya getirmesidir."

2002 yılında, Sir John Houghton adında bir İngiliz fizikçiyle birlikte DeWitt, muhafazakar Evanjelik liderliği iklim değişikliğinin ardındaki zorlu bilimle tanıştırmak için kapsamı açısından dönüm noktası niteliğinde bir etkinlik düzenledi. Ulusal Evanjelikler Birliği'nin Washington D.C. eski baş temsilcisi Richard Cizik, toplantının ardından grubun iklim değişikliği bilimine "dönüştürüldüğünü" söyledi. Cizik, diğerleriyle birlikte ülke genelindeki kiliselerde bu tür endişelere ilişkin farkındalığı artırmaya devam etti. Bu, çevreye özen göstermenin açık bir görev olduğuna inanan yeni nesil inananların gelişmesiyle bağlantılıydı. Tanrı'nın doğası hakkında süregelen konuşma bu topluluklarda yaşanmaya devam ediyor; The Vineyard Boise kilisesinde yaşananlar başka yerlerde de yaşandı. Çocuklar hem papazlarına hem de ebeveynlerine meydan okudu ve İnciller çıkartılıp incelendi. Yaratılışta imanın doğurgan yükümlülükleri üzerine bir yansıma ve eylem vardır. "Yaratılışla ilgili bakım" ifadesi, artık söz konusu olan konuların bilimsel açıklamalarını kabul etmeyenler için bile heyecan verici bir kelime ifadesi ve pratik bir gerekliliğin kaynağıdır. Cal DeWitt bataklığı hakkında şunları söylüyor: "İsa'nın 'Kırdaki zambaklara bakın, havadaki kuşlara bakın' öğretisi burada gerçekten çok iyi karşılanıyor ve bunu görmek, yaşam listesindeki türleri işaretlemekten çok farklı. "

"Yaratılış kaygısı" terimini, yaratılışçılığın tam tersi olan bir form olarak karıştırmak kolaydır. Gerçekte kültür savaşının bir ucunda bu dil sert bir şekilde eleştirilirken, diğer ucunda iklim değişikliği eleştirilir. Ortadaki boşlukta, her iki taraftaki insanlar birbirini tehdit olarak görmediğinde, kelimelerin bizi birbirimize yaklaştırıp uzaklaştırma yeteneğini yeniden keşfediyoruz. Aynı zamanda itaatkar bir ses tonu almamızı sağlamak için ahlakın gerekliliğine de dönüyoruz, söylediklerimize koyduğumuz amaç; hayatımızı yaşadığımız yerlere getirdiğimiz güven ve nezaket. Farklı konuşmayı öğrenmenin amacı hayatı farklı yaşamaktır. Bu bir dans ve yaşam sanatıdır.

SON NOTLAR

Marie Howe

Şiir, Maria Howe'un söylenen sözlere ve uyduğumuz sessizliklere gösterişli ve çekinmeden bakma biçiminin eseridir. Katolik çocukluğunun zorluklarını, evrensel aile dramını ve bizi besleyen günlük rutinleri taşıyan bir şair ve sanatçıdır. Belki de en tanınmış eseri, kardeşi John'un 28 yaşında AIDS'ten ölümünü konu alan "Yaşamak İçin Ne Yaparsınız?" adlı şiir koleksiyonudur.

Yazar ve Marie Howe arasındaki bu konuşmayı dinleyin

Birinin şair olup da hâlâ yaşadığına dair hiçbir fikrim yoktu. Gençken klasik Harvard Classics'i okuyordum. Oturma odasındaydılar. Ortalıkta kaçak olarak dolaşan bu kitapları inceler, yaşanacak bir dil keşfetmeye çalışırdım ya da anlaşılmaz olanı barındırabilecek bir dil bulmaya çalışırdım. Ayinden bazıları tam olarak bunu yaptı. Göreceğiniz gibi benzetmeler bu etkiye sahip olabilir. İbrahim ve İshak'ın yanı sıra Nuh'la ilgili benzetmeler ve hikayelerin ve diğer birçok şaşırtıcı eski hikayenin büyük bir hayranıyım. Bunların şiir olduğunu buldum. Gizem ve karmaşıklıklarla doludurlar. Her yerde bir hikaye var ama gerçeğin tek hikaye olmadığını da biliyoruz. Gerçek hikaye anlatılamaz. Bu konuda sevdiğim şey bu. Olaylar arasındaki boşlukları seviyorum.

ve şiir alanıyla kariyer olarak hayatınızın biraz ilerisinde tanıştığınız için, deneyimlerinizin neler olduğunu ve şiirde diğer dillerle yapamayacağımız şeyleri sevdiğiniz ve neler yapabileceğiniz konusunda nasıl kafa yorduğunuzu merak ediyorum. hayatımıza hizmet ediyor mu?

Aslında şiir ifade edilemeyen gerçektir. Bu bir açıklama değil. Bu bir çeviri değil. Zevk aldığım harika şiir, hayatta kalmanın bir gizemidir. Bu, verilmiş gibi hissettiren kelime tabanlı bir koleksiyon. Harika, harika ve harika bir düzyazı var, bilirsiniz, güzel bir düzyazı. Sen ve ben muhtemelen bugün bunlardan bazılarını kullanabiliriz. Şiir transa benzer bir karakter türüdür. Bu bir deneyim gibidir. Olay olduğunda kızım evdeydi.

gün ve o bu hızlı şeyi yapıyordu. "Bana parmaklarımı Z şeklinde şıklattırma/açıklama/el ile konuşma, bilekle konuşma/Ooh kızım, az önce diss atıldın." Kötü bir kız için karşı büyü gibiydi. Düşünüyordum da, hepimizin üstesinden gelebileceğimiz şey bu, birkaç karşı büyü. Şiirin kökenleri düşünüldüğünde bunlardır.

Büyü yapan kelimeler.

Kesinlikle. İlk şiirin bir annenin çocuğuna söylediği bir şarkıyı ya da büyülü sözleri içermesi mümkündür. Her şey yolunda Her şey yolunda ve her şey yolunda. Buradaydı. uyumaya gitmeye hazırlanın. Ya da yağmur istedik ya da mısır tanrılarına şükrettik ya da avlamayı planladığımız geyiklere şarkı söylüyorduk. Bu büyülü bir şey. Sanki kökleri kutsal topraklardan hiç sökülmeyecek.

Yazdığın "Çayır" adlı şiirinin son mısrasını çok seviyorum:

"... Kuşatılmış insan, uyandığında verdiğin mücadele, şu anda dilin üzerinde dolaşan cümleler arasında seçim yapmak ve bunların ortasında, seni sonsuza dek değiştirebilecek tamamen yeni bir cümlenin olduğunu fark etmektir." Dilin nasıl çalıştığını ve hayatlarımızda nasıl ortaya çıktığının karmaşıklığını düşünmek harika bir yaklaşım.

Bugünün dili, bu çağdaş dünyada eyleme dönüşen neredeyse tek şeydir. Çoğumuz için, en azından yaptıklarımız söylediklerimize dönüşmüştür ve hayatımızın ahlakı, gerçekte yaptığımızdan çok söylediklerimizde kendini gösterir.

John Paul Lederach

John Paul Lederach, otuz yıldan fazla bir süre boyunca sahada dört ila beş ay harcadı ve yirmi beşten fazla ülkede ve beş kıtada ölüm ve yaşam krizlerini kolaylaştırdı. Bugünün en beğenilen arabulucuları arasında yer alan kendisi, aynı zamanda Notre Dame'ın eğitmeni ve ömür boyu Amerika Birleşik Devletleri'nde ikamet eden biri.

Menonit, barış inşasına ömür boyu bağlılığın sembolüdür.

John Paul Lederach arasındaki bu konuşmaya bakın.

Geçtiğimiz birkaç yılda şiir, barış ve ilişkiler kurma arasındaki bağlantı ilgimi çekti. Kişisel pratiğimdeki içgörülerden biri ve önemli bir alan, karmaşıklığın takdir edildiği bir tür haiku kullanmanın önemini keşfetmekti. Bana göre bu, zor olanı anlayabilme kapasitesidir. Bir bakıma haikuist her zaman insan etkileşiminin toplam derinliğini ellerinden gelen en küçük kelimelerle yakalamaya çalışır. Bu büyüleyici. Ben büyük bir haiku hayranıyım ve haiku'nun Japon şairler tarafından yönetilen derslerdeki köklerine geri dönüyorum. Yazdıkları eseri anlama şekli, belirli bir çevrede, özellikle de doğal bağlamda olmakla ilgiliydi. Beş hece, yedi hece, beş heceyle çok kısa bir şekilde, zamanı, mevsimi ve insan deneyimini gerçekten aktarabilecek bir üslupla insan deneyimlerimizi ve doğanın güzelliklerini birbirine bağladılar. Oliver Wendell Holmes bir keresinde şöyle yazmıştı: "Karmaşıklığın bu tarafındaki basitlik için incir vermezdim, ama karmaşıklığın diğer tarafındaki basitlik için hayatımı verirdim."

Buna bayılıyorum.

Haikuistlerin peşinde olduğu şey bu. Bu yüzden birçok şey denerim. Bunlardan biri, doğal dünya ile onun içinde olmak arasındaki bağlantının daha fazla farkına varmam ve aynı zamanda şiddet durumlarında olduğumuzda meydana gelen şeylerin farkına varmamdır. Benim için bu bir anlamda yeniden yapılanma. Diğeri ise

Bu yüzden işime giderken haiku için insanların konuşmalarına bakıyorum. Çoğu zaman birisi bir şey söylediğinde ve herkes ne söylendiğine dair bir an yaşadığında, bunun genellikle karmaşıklığın ortasındaki basitliği yakalamanın bir yolu olduğunu fark ettim. Genellikle oldukça yakın görünür ancak haiku biçiminde değildir. İstersen sana bunlardan birkaç tane verebilirim.

Evet.

Ben onları sohbetlerdeki şiirler olarak görüyorum.

Hayırlı Cuma Anlaşması'nın imzalanmasından yedi yıl sonra Kuzey İrlanda'da bir eğitim seminerindeydim. Halk, anlaşmanın yürürlüğe girmesinden memnun olsa da, bunun Kuzey İrlanda'nın dini ve siyasi gerginliklerinin fosilleştiğinin bir işareti olduğuna inanıyordu. İşlerin değiştirilemeyeceği ve çok daha iyi olmayabileceği açıktı. Akşam yemeğinde birlikte oturduğum Kuzey İrlanda'daki meslektaşlarımdan biri bu düşünceyi paylaştı ve ben de bunu bir haiku biçimine soktum. Haikusuma her zaman isim vermiyorum ve bunun adı "Gökkuşağının Sonu mu?"

Bunu söyleyebilir

olabileceği kadar yüksek olabilir

Barışçıl bağnazlık.

Bir diğer. Burma'dan bir etnik grupla birkaç çalışma fırsatım oldu. Çoğunluk olmalarına rağmen etnik azınlıklar olarak anılıyorlar. Bu onların Burmalı olmadığı anlamına geliyor. Onların da silahlı kuvvetleri var ve bunların birçoğuyla yıllardır, onlarca yıldır mevcut rejime karşı savaşıyorlar. Kendi sebepleriyle mekiklerde arabulucu olarak görevlendirilen seçilmiş bir grup insanla çalıştım. Çeşitli etnik grupların yanı sıra Burma hükümetinin parçası olan kişiler arasında bir tür anlaşmayı tartışmaya, açmaya veya başlatmaya çalışıyorlardı. Yedi veya sekiz kişilik etnik grupların her birinden küçük gruplar vardı.

gruplar. 2003 yılı ilk kez bir haftadan fazla oturup onların anlatımlarını dinlediğim yıldı. Tarafsız bir arabulucunun bakış açısından duyduğum en zor hikayelerden biri.

Bangladeş'in Burma sınırına çok yakın bir yerde bulunan ve karşı tarafta bulunan zırhlı bir grubun komutanına sınırdan bilgi aktarmak zorunda kalan bir grubun anımsıyorum. Ancak sınırı geçerek doğrudan bölgeye geçemediler. Başkent Yangon'a gitmek zorunda kaldılar. Yangon ve ardından bir pasaport alın. her ziyaretin ardından her pasaportun iade edilmesi gerekir. Daha sonra bir mesaj göndermek için başka bir ülkeye uçacaklardı. Daha sonra mesajı ileriye taşımak için tamamen geriye gidin. Çoğu kez, haftalarca tutuklu bulunan kişileri yasal olup olmadıklarına karar verene kadar alıkoyacak yerel liderler veya gruplarla toplantılar yapılıyordu.

Bu durumlarda olduğunuzda size verilen bakış açısı, karşılaştıkları zorluklar konusunda inanılmazdır. Etkileşimde bulunduğum grup, gruplarını "Arabulucu Kardeşliği" adıyla anıyor. Bu yüzden Yangon'dan ayrılırken kısa bir haiku yazdım ve başlığı "Arabulucu Kardeşliğinden Tavsiyeler"di.

Dağa sormaya zahmet etme

hareket etmek için, sadece hareket etmelisin, sadece al

her ziyaretinizde.

İkinci bir tane mi arıyorsunuz?

Evet!

Tacikistan. Bu Tacik dilinden İngilizceye yeniden çevrildi ve çeviride söylenme şekli neredeyse mükemmel bir haiku olarak ortaya çıktı. Orta Asya'da Stalin tarafından oluşturulan ve büyük grupların küçük kesimlerini oluşturan çok tuhaf sınırlar var. Her ülke diğer ülkenin nüfusunun önemsiz bir kısmını oluşturur.

Bir türdeki en büyük şehirlerden bazıları, nüfusu olmayan ülkelerdedir. Yayımlanan şiir şu:

Tanrılar ve insanlar haritaları sever

Sınır çizmek için kullandıkları kalemle sınırları çiziyorlar

Hayatları balta gibi bölüyoruz.

Anne Hamilton

Simone Weil adlı bir filozof, duayı "kesinlikle saf dikkat" olarak tanımladı. Sanatçı Ann Hamilton, çoğumuzun "birlikte yalnız olmak" arzusunu yerine getirmek için tüm duyuları bir araya getiren geniş sanat eserleriyle bu kavramı somutlaştırıyor.

Yazarlar ve Ann Hamilton arasındaki bu konuşmayı dinleyin

Harika bir yazar olan arkadaşlarımdan biri olan Susan Stewart, ayrıldığımızda hissettiğimiz şeyin işitme olduğunu söyledi. Ne güzel değil mi? Projelerime çeşitli şekillerde böyle başlıyorum: Sadece bir şeyin ne olmasını istediğimi anlamaya çalışıyorum. veya en iyi soruyu belirlemek için. Dinlemenin konuşmalarda yapılması gereken özel bir şey olduğu açıktır. Benim için alanlara tepki verme konusunda bir alıştırmadır. Bir odanın yapısının hissiyat kalitesi zaten tüm bu bilgilere sahiptir. Uzay seni dinliyor.

Günlük alanlarımız bir dinleme alanı olarak tasarlanmadığından dinlemenin pratik yapmamız gereken bir beceri olduğuna inanıyorum.

Biz birbirimize bağlıyız. Herhangi bir kulaklık ya da güneş gözlüğü takmak benim için gerçekten çok zor çünkü hiçbir yerde olamamaktan korkuyorum. Ben orada değilim. Birkaç tane var

filtre sürüyor. Ancak sorun şu ki, kendi sesinize nasıl dikkat ediyorsunuz?

"Yapan" diye anılan dili seviyorsunuz... O kadar, belki de "sanatçı" adıyla anılan dili. Ve bu tür bir dilin herkes için de geçerli olduğunu kendi gözlemim olarak görüyorum. Sanatçılar uzmanlaşmıştır, uzmanlaşmıştır, ancak yapmak hepimizin kendine özgü yollarına göre ve hatta aile yaşamımızda yaptığımız bir şeydir.

Bunu yapmanın sayısız yolu var. Sözlük okumaktan keyif alıyorum. Örneğin, Oxford İngilizce Sözlüğü "yapmak", "yapmak" ve bunların tüm olasılıklarına ayrılmış bilmem kaç sayfa içeriyor. Bu, dünyada mevcut olan ve herhangi bir şekilde değiştirebileceğiniz tüm maddelerin bir envanterini çıkarmak gibidir. Hayatınızın geri kalanında kendinizi eğlendirmenin harika bir yolu. Yapabileceğimiz olasılıklar bizi kör ediyor. Bu nedenle, bu olasılıkları ortaya çıkarmak için kendi kendime kullandığım küçük hilelerim var. Herkes denemeli.

Sözlük okuma fikri gerçekten ilgimi çekiyor. Bunu hiç düşünmedim.

Vay, bu çok muhteşem. Nasıl ki malzemeler hayvanların, onları yaratan teknolojinin ya da yeryüzünde ortaya çıktıkları yerin bir geçmişine sahipse, kelimelerin de tüm bu hikayeleri vardır. Bazı kelimelerin etkili olmasının bir nedeni vardır ve bu da bize anlattıkları hikayelerden kaynaklanmaktadır. Bu nedenle tanınırlık düzeyine çıkarılması çok önemli.

Vincent Harding

2014 yılında seksen iki yaşında vefat eden Vincent Harding ile röportaj yapma ve onu tanıma ayrıcalığına sahip oldum. O ve eşi Rosemarie, Martin Luther King Jr.'ın Atlanta Mennonite Merkezi'nde şiddetsizlik konseptini ve uygulamasını yaratmasına yardımcı oldu ve aynı zamanda King'in kendi kitabını yazmasına yardımcı oldu.

Tartışmalı bir Vietnam Savaşı konuşması. Vincent Harding, öldüğü andan itibaren hayata geçirdiği on yılları gençleri sivil haklar gazileri ve yaşlılarla temasa geçirerek geçirdi. O da deneyimlerini paylaştı, onları tarih kitaplarındaki karakterler olarak değil, "canlı, canlı ve muhteşem" olarak tanımladı.

Yazarın Vincent Harding'le yaptığı bu konuşmayı dinleyin

Çeşitli deneyimlerinizden ve tabii ki sivil haklar mücadelesinden geliştirilen manevi hayal gücü ve ahlaki hayal gücünün zirvesi ilgimi çekiyor. Medeniyet ve medeniyet terimleri şu sıralar Amerika'da sıklıkla kullanılıyor. 1960'larda katıldığınız dönüşümün "medeni haklar"a indirgenmesinin doğru olmadığını, "medenilik" kelimesinin yeterince büyük bir kelime olmadığını açıkça belirttiniz. Duyduğuma göre pek çok insan nezaket kelimesinin günümüzde de kullanılmaya uygun bir kelime olmadığını düşünüyor.

İnanılmaz bir şekilde, sizin kurduğunuz bağlantıyı kendi düşüncelerime dayanarak henüz kurmamıştım ve bu harika. Bu nedenle hepimizin bir arada olması gerekiyor. Tartıştığımız şeyin nasıl daha medeni tartışmalara girebileceğimiz olmadığına giderek daha fazla ikna oldum. Özellikle sosyal bağlamda tartıştığımız şey, kapsayıcı bir sohbete nasıl katılabileceğimizdir. İhtiyacımız olan şey bu. Bizler, farklı geçmişlere sahip, çok sayıda bağlantısı ve inancı olan, çeşitli deneyimlere sahip çok ama çok farklı halklardan oluşan özgürleşmiş bir ulus yaratma konusunda uzman değiliz. Birbirimize verdiğimiz tüm acılara rağmen, birbirimizin en iyi argümanlarını ve en değerli katkılarını göz önünde bulundurmaya teşvik eden açık ve dürüst diyaloğu nasıl devam ettirebileceğimizi anlamak önemlidir. daha iyi bir birlik oluşturmak için bu unsurları nasıl birbirine bağlayacağız?

Başından beri nasıl demokratik olunur meselesinin aslında "daha mükemmel bir birlik" anlayışı içinde yaşama meselesini düşünmekten geçtiğini söylediniz. Bunun, sözcüğü daha erişilebilir hale getirmenin bir yolu olarak yararlı olduğunu düşünüyorum.

Ben, Krista olarak, bizi gerçekten insan yapan şeyin ne olduğu konusunu da gündeme getiriyorum. Demokrasi bu konuyu tartışmanın başka bir yöntemidir. Din, konuyu tartışmanın bir başka yöntemidir. Dünyadaki rolümüz nedir? Ve amaç, kendimize ve genel olarak dünyaya karşı olan yükümlülüklerimize bağlı mı? Bütün bunlar ilk bakışta aynı şeyi kavramaya çalışan farklı dillerin bir karışımını temsil ediyor gibi görünüyor.

King'in yaratılmasında etkili olan ve gelişmesine yardım ettiği topluluğun bir olduğunu ve maneviyat ve din yaşamlarında kök saldığını unutmayalım. Bu onların yaşam biçimleriydi. Mesela istediğinin sadece eşitlik veya haklar olmadığını söyleyince etrafındaki herkes bu eski güzel dili son derece ciddiye aldığını anlamıştı. Onun aradığı şey "sevgili topluluğun" gelişmesiydi. İnsanların ayrılması ve beyazların üstünlüğü gibi en yüksek insani gelişimimize ve en büyük kolektif gelişimimize engel olan her şeyi gördü.

Bu yasaları, bu yöntemleri sona erdirmek için harekete geçme kararında bunu bir sivil haklar meselesi olarak değil, daha ziyade derin bir manevi yükümlülük eylemi olarak yapıyordu. Jimmy Baldwin ve diğerleri gibi insanlar, Malcolm bir süre Martin'in bu olasılıkları nasıl görebildiğini hayal edemediler. Ancak Martin'in bunu şefkat ve sevgi dolu bir gözle baktığı için gördüğüne inanıyorum. Bu göz, normalde gözden kaçabilecek şeyleri gözlemlememizi sağlar.

Karşılaştığınız gençler için en ilginç ve öğretici hikayenin, topluma yardım eden ve hala kendini geliştirmeye çalışan sivil haklar aktivistlerinin hikayeleri olduğunu belirttiniz.

Benim kişisel deneyimim Krista, içimizde derinlerde kendi hikayesine bağlı bir şeyin olduğu yönünde. Hikayeler, hikaye olmadan kendimiz ve birbirimiz için gerçek insan olmamızın mümkün olamayacağını beslemenin kaynağıdır. Ve bunu başkalarıyla paylaşmanın, iletmenin ve geliştirmenin, gençlerin kendi hikayelerini anlatmalarına yardımcı olmanın yollarını bulmadan. Ayrıca gençleri, yaşlıları, orada bulunmuş kişileri, ünlüleri veya TV yıldızlarını değil, başkaları tarafından tanınmayan ve harika bir hayat yaşamış kişileri aramaya çağırıyoruz. Onları bulun, sonra onlarla zaman geçirin ve açılımların gerçekleşmesi için uygun soruları sormayı öğrenin. Yaşlıların hikayelerini paylaşma sürecini daha verimli bir şekilde kurumsallaştırmanın yollarını bulana kadar ulusun en iyi haline gelmeyeceğine inanıyorum.

İnsanların hikayelere doğal bir ihtiyacı olduğunu belirttiğinizde çalışmalarınızın kanıtladığı şey, insanların da hikayelerle nasıl başa çıkacaklarını bildiğidir, öyle değil mi? Aynı şekilde, birlikte çalıştığınız çocukların, günümüz dünyasında bu hikayeleri araç ve güçlendirme aracı olarak nasıl kullanacaklarını anladıklarını belirtirsiniz.

Evet, bunlar işlerinin en iyi şekilde yapılmasına yönelik araçlardır. Gençlerimizin ve diğerlerinin buraya ne için geldiğimizi sormaları için ideal bir zaman. Çin ile rekabet etmek ya da en etkili teknolojik gelişmeleri takip etmek dışında bir amaç için mi buradayız? Başarmak için tasarladığımız veya başarmayı amaçladığımız şeyler var mı? Jimmy Baldwin "kendimizi başardığımızdan", olduğumuz kişiyi bulduğumuzdan, neyle ilgili olduğumuzu bulduğumuzdan ve bunu birbirimize getirdiğimizden bahsetmeyi severdi.

Bir anne ve kucağındaki bebeği hikayeler paylaşmaya başladığında, bu sadece bilgi aktarmak için değildir. Çoğu zaman, konuşurken nereye gidersem gideyim, insanlardan bazı hikayelerini anlatmalarını isteyerek başlıyorum. İnsanların kendi yaşamları, ilişkileri ve yaşamları hakkında öğrendiklerini görmek büyüleyici.

toplum. Bu, bazı en tuhaf durumlarda bile açıkça görülmektedir. Bu harika.

Walter Brueggemann

Walter Brueggemann'ın unvanı, üç yıl boyunca Hıristiyan vaizler ve öğretmenler için "peygamberlik hayal gücü" terimiyle eş anlamlı olmuştur. Onunla oturduğunuzda, onun aşina olduğu geleneğin vahşi gerçeği söylemesinin ve vahşi iyimserliğinin bir parçası olursunuz. O, modern, kaotik dünyamızda "peygambervari bir hayal gücünün" var olduğunun canlı bir örneğidir. Peygamberlerin her zaman şair olduklarını söylüyor.

Yazarın Walter Brueggemann'la yaptığı bu konuşmayı dinleyin

Yetiştirildiğim bu daha açık teolojik gelenekte, yalnızca peygamberlerin ahlaki rehber rolleri hakkında konuşuyorduk. Odak noktası, öğretimlerinin sanatsal veya estetik yönü değildi. Ancak bu, kalıpların dışında düşünebilmenizin tek yoludur. Başka bir deyişle liberal adalet dürtüsü, dönüştürme gücü olmayan bir ideolojiden başka bir şey değil. Şiirin bu kadar dikkate değer olmasının nedeni budur; bir formül biçimine indirgenemeyecek kadar belirsizdir. O halde adaleti bir formüle indirgemek, adaletle ilgilenen liberaller için büyük bir çekiciliktir. . .

. . . başka bir izm yapmak.

Bu doğru. Sonra şiir ortaya çıkıyor ve sonra açılıyor.

Dilin gücü ve dilin biçimleridir. Yazınız peygamberlik yazılarından kaynaklanan ancak peygamberlik niteliğinde olmayan sözler içeriyor.

modern dilin bir parçasıdır. Ağıt da bunlardan biridir. Bana ağıt hakkında bir şeyler söyle.

Ağıt, çalışmamın ve takıntımın önemli bir parçası. Ağıtlar Kitabı, yıkılan Kudüs'ün yıkılışına yas tutan şiirlerden oluşan bir derlemedir. Bununla birlikte, Mezmurlar Kitabı'nın yaklaşık üçte biri veya Mezmurlar Kitabı'nın en az üçte biri üzüntü, kayıp, keder ve öfke için şarkılar veya dualardır; bu, hakkında bildiklerimizin büyük bir kısmının Eski Ahit'teki iman deneyimi bizden alınıyor. Büyüleyici olan şey, kilise kurumunda ders verme ve ayinlerle ağıt yakma ritüelinin ortadan kaldırılmış olmasıdır.

Bu sıkıntılı pasajlarla ilgili ne yapacağımızı bilmiyoruz.

Biz istemiyoruz. Sonuçta Kudüs, 11 Eylül'e eşdeğer bir Eski Ahit olarak görülebilir. Bu onların 11 Eylül'ü.

11 Eylül'ü takip eden günlerde, Ağıtlar'ın bana "Şehir ne kadar yalnız duruyor" adlı açılış satırını okuyan bir haham ve Evanjelik ilahiyatçı gibi birkaç kişiyle konuştum.

Bu sadece doğru uyum. Üzüntü parçalarını ihmal ettik, dünyamızda karşılaştığımız kayıplarla baş edecek donanıma sahip değiliz. Başımıza hiçbir şey gelmiyormuş gibi davranmaya devam ediyoruz.

Kalıpları ve süreklilikleri, şemaların ve planların öngörülebilirliğini düşünme eğilimindeyiz. İncil'de Biz İncil'iz, büyük ölçüde Tanrı'nın bu planları kırma ve formülleri bozma yeteneğine odaklanıyor. Eğer bunlar olumlu kesintilerse İncil onlardan mucize olarak söz eder. Bu tabiri genellikle olumsuz olaylar için kullanmayız. Ancak gerçekte ima ettiği şey, hayatımızın gerçekliğinin ve Tanrı'nın gerçek hayattaki gerçekliğinin rasyonelleştirme planlarımıza yansıtılmadığıdır. Kişinin bunu Tanrı'nın merceğinden tartışmak isteyip istememesi önemli değil, bu kişisel bir seçim meselesidir.

Ancak işler hayal ettiğimiz gibi gitmediğinde hayatlarımız her türlü karışıklığa zemin hazırlıyor, hayatın gerçeği.

Tartıştığınız daha büyük argüman, peygamberlik geleneğinin edebi, estetik şiirsel duyarlılığıdır. Kelimelerin benzersiz ve dönüştürücü olmasıdır. Bu sesi siyaset kutusundan çıkarıyor. Dindar insanlar tarafından saygı duyulan ve onlar için vazgeçilmez olan pek çok kelimenin olduğunun çok farkındayım; adalet, barış ve barış kelimeleri.

Kelimelerin kendisi lekeli. Kişisel ve politik yüklerle dolup taşıyorlar, değil mi? Ya liberaldirler, ya muhafazakardırlar ya da bir ideolojinin parçasıdırlar.

Eski Ahit peygamberlerinin bir "mesele" konusunda neredeyse hiç konuşmamasının benim için ne kadar şaşırtıcı olduğunu giderek daha fazla düşünüyorum. Yaptıkları şey, günümüzün insanları için endişe kaynağı olan konuların altına inmek ve anlaşılması zor bir dille ortaya çıkarılabilecek daha temel inançlara ulaşmaktır. Kilise kurumunun büyük bir kısmı bu sorunlarla meşgul. Konulara odaklandığımızda dönüşüm gücünü kaybediyoruz. O halde ideolojiye karşı ideolojidir ki bu hiç kimse için en iyi sonuç değildir.

Dini liderin veya topluluğun kuralları bozduğuna tanık olduğunuz bir örneği düşünebiliyor musunuz? Üssün ötesine mi geçmek istiyorsun?

Evet, Martin Luther King ara sıra bunu yaptı. Zirvesinde bir İncil şairi olduğuna inanıyorum. Sadece "Bir hayalim var" cümlesini düşünürseniz uçup gider. Bir sivil haklar yasası çıkarma olasılığını tartışmıyordu ama bu onun hayaliydi. Zaman zaman buna benzer olaylar yaşanıyor.

Amaç, doğrudan karşımızdaki toplumumuzun gerçekliğini yeni bir bakış açısıyla yeniden deneyimlememize olanak sağlayacak şekilde sorunu yeniden tanımlamaktır.

Madde okyanusa, ağaca ve gökyüzüne bağlıdır; et ve kan bizi bu gerçekliğin parçası yapıyor; bu gerçeği kabul etmek hem özgürleştirici hem de rahatlatıcıdır.

Zihin ve ruh ayrılmaz bir şekilde iç içe geçmiştir; anlayışımız yalnızca onların bir arada yaşamasını sınırladı. Umutsuzluktan sevince kadar duygu ve anılar hepimizin içinden geçiyor; iliklerine kadar uzanan sevgiden, kalp kırıklığından ya da Firavun'un "katılaşmış yüreğinden" - uzun zamandır kullandığımız ve artık anlamlı bir yorumu olmayan sözcükler. Beynimiz fiziksel yollar yaratır; bedenler özlem ve neşenin yanı sıra korkunun da vücut bulmuş hali olarak hizmet eder.

Tıp giderek bütünümüz yerine parçalarımızı tedavi etme sanatı haline geldi. Din, ruhlarımızın bedenlerin içinde hapsolduğu yönündeki yüksek mistik görüşlerle ve et ile günahı ayırt edilemez kılan teolojilerle bizi daha da böldü. Garip bir şekilde, Aydınlanma bile bu eğilime katkıda bulundu; Descartes, ünlü "Düşünüyorum, öyleyse varım" ifadesiyle hayal gücüne ve ruha yer bırakırken, yeni bilimin matematiksel araçlarla gerçekliğin ana hatlarını çizme girişimini izledi. Ne yazık ki bu ifade daha sonra Aydınlanma'nın bir lafı haline geldi ve bizi insan yapan şeyleri azaltırken bu denklemin parçası olan manevi unsurları da azalttı.

Tatmak, dokunmak, koklamak, görmek ve duymak, zihnimde bir araya gelerek deneyimlerimi ve hayat hikayemi oluşturan duyularımdır; hayatım, Ortak Dua Kitabı'nın daha şiirsel bir dille tanımladığı bu duygularla uyum içinde ilerliyor - bu sayede kim olduğumu şekillendiriyorum!

Felsefeciler ve doktorlar asla bizi daha fazla kutuplaştırmayı amaçlamadılar, ancak tam da bu oldu, biz insanlar olarak, arzular, ihtiyaçlar ve aşırılıklarla dolu boşluklarla dolu bu kaotik hayatı kontrol etmek için içgüdüsel olarak büyük gerçekleri aşırı uçlara götürüyoruz. Ancak şimdi dünyaya geri dönüyoruz; bütünlük özlemimizi çok iyi bildiğimiz fizyolojiye ve onun bu bilgiyi sağlayan nöronlarına yeniden bağlamak güçtür. Fiziksel, duygusal ve ruhsal iyilik, birbiriyle sandığımızdan daha sıkı bir şekilde kesişiyor ve bu bilgi her ikisi üzerinde de güç sağlıyor.

Din, tarihin büyük bölümünde, sürükleyici, tam vücut deneyimiydi: Dans etmeyi ve şarkı söylemeyi, gülmeyi ve ağlamayı, ortak ayinlerde birlikte ekmek bölmeyi ya da sadece dua etmek veya ekmek bölmek için diz çökmek ve elleri birleştirmek; yas tutmak, toplanmak veya kutlamak için ritüelleştirilmiş ayinler - bu eylemler, zaman ve duruşun içsel kapları yaratır; büyük sembolik değeri olan şiirin fiziksel sonuçları gibidirler; Ritüeller, kolektif zaman boyunca hafızayı somutlaştırırken aynı zamanda duyguların serbest bırakılmasına da yardımcı olur; zaman ve duruş boyunca süreklilik sağlarken önemlerine hizmet eden içsel zaman ve duruş kapları yaratan toplumsal zamana dayalı eylem aracılığıyla hafızayı somutlaştıran içsel zaman ve duruş kapları yaratırlar. ;

Ve bize anlam ve ahlak sağlayan tüm geleneklerin cisimleşmiş bir kalbi vardır: Budizm öğretmenlerini, Hinduizm tanrılarını sunar; Zaman içinde vücut bulan Yahudilik ve İslam peygamberleri; Hıristiyanlık ise Tanrı'nın bizimle fiziksel varoluşa girdiğini, sevinçleri, üzüntüleri, ihtişam parıltılarını ve sürekli olarak çaresizliğe dönüşleri paylaştığını ilan eder.

Çocukluğumun Protestan dünyası, ibadeti, omurganın rahatsız bir sırada durduğu, gözlerin dümdüz ileri baktığı bir deneyime dönüştürdü. İlk başta, yirmili yaşlarımda dini ciddi olarak ele almak için geri döndüğümde beni büyüleyen kutsal şahsiyetlerin hepsi, fizksellik ile maneviyat arasında katı bir sınır oluşturmak üzere yüzeyde belirdi; Ancak şimdi olaylara farklı merceklerden bakıyorum: Mistikler, ham haliyle et ve kanın içine daldıkları için bu tür kontrol altına alınmış, güvenli fizkselliği reddederler - örneğin Buda'nın açık havada yaşamak için sarayını terk etmesi ve burada insanların çeşitli acılarıyla uyanması veya Norwich'li Julian gibi. hücresinde tek başına yaşayan - burada her türlü insani acıya uyanan;

Kara Ölüm'e ölüm ve Tutku oyunları aracılığıyla tepki gösteren bu antik yazarlar, Tanrı'yı bu eylemler aracılığıyla anlamaya çalıştılar. Ayrıca, Tanrı'nın Varlığı Uygulaması, günlük Tanrı'nın Varlığı uygulamasının bir parçası olarak her bulaşıkları yıkamak gibi kutsal eylemler olarak sıradan günlük fiziksel görevleri bile yerine getirmekten oluşan Kardeş Lawrence'ın yazıları da vardı.

Rumi, dervişlerin hareket ederken dengede kalabilmek için döndüklerini yazmıştı ve Thich Nhat Hanh ile yapılan yürüme meditasyonunun kişinin bedende, nefeste ve zihinde gerçekten canlı bir his bıraktığını doğrulayabilirim.

Çeşitli varyasyonlarıyla Budizm, köken dillerinde ikisini asla ayırmayan, karmaşık bir kalp-zihin psikolojisi geliştirmiştir. Binlerce yıldır günlük uygulamalar olarak zihni araştırmak ve sakinleştirmek için derin düşüncelere dalma disiplinlerine odaklanmıştır. Modernite ve sömürgecilik geleneğin kendisini tehdit ederken, onun koruyucusu olarak görev yapan keşişler bu uygulamaları herkese açtı. Ve 1960'lardaki toplumsal huzursuzluğa tepki olarak genç Batılılar meditasyon tekniklerini öğrenmek için Hindistan ve Burma'ya seyahat etmeye başladılar. Bu öncülerden bazılarıyla röportaj yaptım: Sharon Salzberg, Joseph Goldstein, Sylvia Boorstein ve Mirabai Bush - diğerlerinin yanı sıra - vaiz olarak değil, günümüzün modern dünyasında acil çözümler sunabilecek manevi teknolojilerin ithalatçıları olarak ülkelerine döndüklerinde.

Jon Kabat-Zinn meditasyonla ilk kez MIT'de moleküler biyoloji okurken tanıştı. Kabat-Zinn'e göre, bilim adamları mükemmel meditasyonculardır çünkü bilmediklerini bilme konusunda rahattırlar - bu, hem bilim insanı hem de ressam ebeveynlerinin huzursuz bir şekilde bir arada yaşamasıyla, çocukluğu boyunca huzursuz bir şekilde bir arada var olan enerjileri uzlaştırma girişimi olarak özellikle yararlı bulduğu bir şeydi. . Zamanla öğrendiklerinin erişilebilir olması ve hastalıkların iyileştirilmesi ve stresin hafifletilmesiyle ilgili olması gerektiğini hissetti; 1980'lerde Farkındalık Temelli Stres Azaltma olarak bilinen şeyi kurdu; Batı tıbbının bugün bile devam eden dönüşümüne önemli ölçüde katkıda bulunuyor.

Jon Kabat-Zinn ve Dr. Amy LeFever arasındaki bu konuşmayı dinleyin
Bu teknolojiler veya intrapsişik teknolojiler -onlara ne ad verirseniz verin- bize içimizdeki en derin ve en iyi şeyle sürekli olarak yeniden bağlantı kurma fırsatını sunar. Bu artık yalnızca Harvard dersleri veya onlarca yıldır üzüm bağlarında çalışma yoluyla elde edilebilecek bir şey değil - oturma duruşu meditasyonu, uzanma vücut taraması, dikkatli hatha yoga veya başka herhangi bir resmi veya resmi olmayan biçimi içeren farkındalık uygulamaları da dahil olmak üzere zaten hepsine sahipsiniz - bu duymayı, görmeyi, koklamayı, tatmayı, dokunmayı ve "akıldamayı" kapsayan yaşamın kendisi.

Analojiniz neyin tehlikede olduğunu mükemmel bir şekilde gösteriyor: Thoreau'nun Walden'a göre önemli olduğunu kabul etmediğimiz her an sonsuza kadar kaybolur: 'Sadece uyandığımız gün doğar.

Ancak uyandığımız o gün doğar. Walden'ın üçüncü ve son satırından alınan bu alıntı, onun 1844'te Concord'da, kendi zamanında çiftçilik ve barış yapmayla dolu cennet gibi bir yaşam sırasında - çoğu zaman cennet gibi olduğu düşünülen - farkına varışını anlatıyor. Walden aslında orada yaşayanların ve çiftçilerin hayatlarını sessiz bir çaresizlik olarak tasvir ediyordu; bu, bugün e-posta veya internetin dikkatimizi dağıttığını algılayışımızdan pek de farklı değildi.

İnsanoğlu, homo sapiens sapiens olarak bilinen bir durumu yaşar; bu isim Latince tatmak veya bilmek anlamına gelen sapere'den gelmektedir; başka bir deyişle, bildiğimizi biliyoruz ve bu bizi tanımlayan şeyin bir parçası. Belki de bu unvana gerçekten sahip olmak için, insanlar olarak rehberimiz olan farkındalığın kendisi için farkındalık geliştirmemiz gerekiyor.
Hayatımızın her noktasında neye yatırım yapacağımıza, nerede yaşayacağımıza, çocuklarımızı nereye okula göndereceğimize, yemek masamızda kimin oturacağına karar vermemiz gerekiyor. Aslında hayatı olması gerektiği gibi yaşarken her anın önemi vardır.

Bu dersleri aldıkça ölüme koşmak yerine kendimizi hayata açma ihtimalimiz artar. Bu iki yol arasında çok büyük bir ayrım vardır ve mevcut tüm bilimsel kanıtlar, insanlar bu şekilde ölüm yerine yaşamı seçtiklerinde, beyinlerinin hem biçim ve işlev açısından hem de bağışıklık sistemi tepkileri açısından değiştiğini, vücut ısısı düzenlemesinin çarpıcı biçimde değiştiğini - sonuçta - göstermektedir. arkadaşlarımızla, sevdiklerimizle ve kendimizle olan ilişkileri geliştirmek de dahil olmak üzere, hem fiziksel hem de psikolojik olarak kendimizle ilgili en önemli şeylere dikkat etmek.

Güneyli Baptist vaiz büyükbabamın bol miktarda enerjisi, bulaşıcı bir kahkahası ve büyükanneme karşı karşı konulmaz bir tutkusu vardı. Onun varlığı, baskıcı kurallar dizisiyle desteklenen teolojisine bir panzehirdi: içki içmek, sigara içmek veya cinsel ilişkiye izin verilmiyordu; ancak dans etmek, kart oynamak, yüzmek ve şort giymek de yasaklanmış davranışlardı. Vaazları dünyayı doğası gereği hain bir yer olarak ve bedenlerimizi potansiyel tehlike giriş kapıları olarak tasvir ediyordu. Daha sonra kurallarının arkasında bir zeka olduğunu fark ettim; her biri yaşamı boyunca yaklaşan bir yokuş aşağı yolculuğun habercisiydi. Büyükbabam, On İki Basamak ana akım haline gelmeden çok önce, Oklahoma'nın zorlu sınırında büyümüştü; kumar ya da alkolizm gibi bağımlılıklar artık ölüm cezası olarak görülmeden, hamilelik korkusu olmadan cinsel aktivite gerçekleşemeden, evlilik dışı doğum günlük bir olay haline gelmeden önce ve kürtajın hayatları mahvetmeden önce.

Annemle babamın yaptığı gibi ben de onun kurallarını küçümsedim. Doğum kontrolü dünyamızda artık bir anlam ifade etmiyordu ve çiftlerin alkolizmin etkileri ortadan kalktığı için geceleri alkolizmle köprü kuruyorlardı, ancak büyükbabamın neslinin tanıyacak ve saygı duyacak kadar iyi bildiği doğaya karşı temel tevazuyu da kaybettik. Bunun yerine, doğanın vahşi yanını büyük ve küçük yollarla yönetmek için politikalar ve reçeteler yoluyla doğayı kontrol etmeye yönelik bir orta yüzyıl vizyonunu yaşadık. Ev ve çevre birbirine bağımlı alanlardı: Yoksullukla mücadelede nüfus kontrolü ve kirliliğin azaltılması merkezi öneme sahipti; evde fast food yaratmak için mikrodalgalar ve klima aracılığıyla ateş, hava, su ve toprak elementlerini bastırdık. Annem de tüm neslinin yaptığı gibi ev ekonomisi okudu; kutulardan ve teneke kutulardan çıkan akşam yemeğine ilk elden tanık oldular. Kolaylık, savaş sonrası Amerika'da bedenin sağlayabileceği her türlü bilgeliği geçersiz kılan yeni erdem haline geldi.

Bugün duyularımızın ruhlarımız için en büyük sınav olduğuna inanıyorum. Bu size büyükbabamın sözlerinden tanıdık gelse de, bugün aynı zamanda bedenlerimize karşı ona yabancı olabilecek geniş ve samimi bir sevgiyi de kapsıyor; hazzın mutlak bir erdem, rahatlığın ise yalnızca bir yanılsama olduğunun bilinciyle; Vücudunuzun sunduğu bilgeliğe güvenin; olağan koşullar altında bile olağanüstüdür ve fark edilmesi kolaydır. Kolaylık yalnızca geçici bir rahatlamadır, emek ise gerçek kalır - ancak karar verme süreçlerinde ve sonuçlarında öncelik verilirken bu yükleri süreç ve sonuçlardan uzaklaştırılırsa zevk de gerçek kalır; emek gerçek kalırken zevk de bu gerçeklere rağmen gerçek kalır - eski/yeni yollar olarak zevki daha dikkatli bir şekilde hesaba katabiliriz ve hazzın ideal bir erdem olduğu konusunda ısrar edebiliriz!
Aristoteles hazzı bütünlüğün bir ölçüsü olarak gördü; İncil de insanlık tasvirinde aynısını yaptı. Kaostan düzen yaratıldığında, Yaratılış kitabının ikinci bölümü bizi, doğru arzunun üstün olduğu, zevkle dolu bir ortam olan Aden'e yerleştirir. "Göze hoş gelen" ağaçlarla dolu güzel bir bahçe, tüketilmesi lezzetli meyveler verir; Ellen Davis,

günlük insan yaşamının cinsel tatmin ve günahkar davranıştan çok, yaşamın bir parçası olarak varoluşun bir parçası olarak geçim ile ilgili olduğunu anlamama yardımcı oldu.

Toprağın bereketine vurgu yapılıyor. İbranice "Toprağın ot üretmesine izin verin" diyor. "Yeryüzündeki her çeşit tohumlu bitki ve meyve ağaçları, içinde tohum bulunan meyveler versin" ve bu tema bir başka ayette devam ediyor. Dünya gezegenimizin, insanlık da dahil olmak üzere tüm canlıları destekleyen, özerk, kendi kendini sürdüren bir doğurganlık ve bereket sistemi olduğuna sürekli vurgu yapılıyor. Tanrı, 2. Bölümün sonunda, ustalıkla ustalık göstermekle görevlendirildikten kısa bir süre sonra insanlığa, Dünya üzerindeki tohum veren her bitkinin ve meyve veren her ağacın onların besin kaynağı olacağını hatırlatır; hayvanlar ve kuşlar da."
Artık Dünya'daki tüm yaşamın tüketilebilecek yeşil bitki formundaki gıdalara erişimi var, böylece herkesin gıdaya erişebilmesi garanti altına alınıyor.

En azından benim anlayışım bu: İnsanların diğer yaratıklar arasında uzman hakimiyeti kurmasının ne anlama geldiğine dair en iyi ve ilk göstergemiz bu olabilir: Herkesin hayatta kalmak için beslenmeye ihtiyacı olduğunun farkında olan tek tür insanlardır.

Bu yüzyılda kim olduğumuzun ve nasıl bir hayat sürdüğümüzün farkına varmaya başladığımız başlangıç noktalarından birinin bu olması bana doğru ve yerinde geliyor. Gıda ve beslenme krizleriyle karşı karşıya kaldığımız bu dönemde yanıtlarımız, toprağın ekosistemler ve ekonomiler açısından faydalarının incelenmesini içermelidir. Tüm bu analizlerin temelinde, zevkin ahlaki iyiliğin bir göstergesi olarak hizmet edebileceğini yeniden öğrenmek yatıyor - bu ister ürünün tazeliği, ister hayvanların yaşamı veya ölümü, ister toprağın canlılığı olsun. Dikkatsiz yemek çağımız sona ererken, onu özenle yetiştirmenin ve hazırlamanın yüce zevkini yeniden keşfediyoruz; bilginin, bilgeliğin ve lezzetin nasıl kesiştiğini keşfediyoruz. Dan Barber, enerjik bir insandır ve temel insan deneyimlerini gıda yoluyla yeniden birbirine bağlayan "tarladan sofraya" yaklaşımının tutkulu bir savunucusudur.

Yazar Dan Barber ve Dan Baker arasındaki bu tartışmayı dinleyin.

Annem ben henüz çok küçükken vefat etti ve babamı tek yiyecek hazırlama kaynağım olarak bıraktı. Çabaları yeteneklerinin çok gerisinde kalıyordu; çoğu zaman sert, yanmış ve az pişmiş çırpılmış yumurtalar yapıyordu; Ben 15 yaşımdayken bademcik iltihabıyla geçirdiğim bu hastalıklar sırasında, teyzem, uzman bir şef, çift kazanda çırpılmış pazardan alınan Fransız tereyağını taze pişmiş çırpılmış yumurta ile sevgiyle kullanarak yemek hazırlıyordu! Bu yemek benim en canlı çocukluk anım olmaya devam ediyor.

"Tanrım, bu yemek kişisel. Bu gerçek insanlar tarafından yapılan gerçek çırpılmış yumurta! Bu aşk." Babamı göz ardı ettiğimi iddia edebilirsiniz ama gerçekte onun yumurtaları, teyzemin yumurtalarını daha da çok takdir etmeme yardımcı oldu!

Dan Barber, yemek söz konusu olduğunda etik seçimlerin çoğu zaman zevkli seçeneklerle örtüştüğünü ileri sürüyor. Indianapolis'teki bir sinagogun yemek, ruh ve sanat festivali kapsamında onunla röportaj yaptım; Restoranlarından biri New York'un kuzeyindeki faal bir çiftlikte bulunuyor; burada Eve'e onun yerine kurtarıcı bir havuç sunuyor.

Dan Barber ile yazar arasındaki konuşmayı dinleyin.

Keyifli şeyler ve leziz tatlar çoğu zaman örtüşür; yaptığım işin zevki bu! Harika tatlar ararken lezzetli yemekler pişirmek her zaman benim tutkum olmuştur, dolayısıyla doğal olarak bunlar iyi ekolojik hususlarla el ele gider. Açık görünüyor, ancak çoğu zaman orada olduğunu unutuyoruz. Amerikalı tüketiciler, en bariz gerçeği bile unuttuğumuz uzun bir dönemden geçtiler: lezzetli havuç ve kuzu eti, mera ve tarlada hem etik açıdan bilinçli hem de çevre dostu kararlar alınmasını gerektirir. Etik olmayan şekilde yetiştirilmiş bir kuzu yemeğini, düşüncesizce yetiştirilmiş havuçlarla bir araya getiremezsiniz; en iyi şeflerimiz bile bunu yapmakta zorlanır.

Yakın zamanda gösterdiğimiz bir örnek: Şubat ayında Mokum havuçları yetiştirdik, onları hasat ettik ve doğrudan mutfağa getirdik ve burada bir refraktometre kullanarak milyarda bir şeker içeriğini ölçen bir Brix testi veya şeker testi yaptık. Refraktometre ölçümleri bu Mokum havucunu 13.8 olarak kaydetti. Merak olsun diye restoranımızda stok olarak kullanılan bir başka havuçta Brix ölçümü yaptık; Whole Foods'ta veya benzer, yüksek kaliteli organik havuçta bulabileceğiniz bir tane. Brix'te neyi ölçtü? 0,0: şekerle tespit edilemez! Bu açıklama beni tamamen şaşkına çevirdi çünkü bariz bir ayrım olacağını biliyordum; sonuçta farkı kendim tadabiliyorum. Peki bu beklenmedik derecede dramatik miydi?

"Sıra bitki fizyologunu seçme zamanı geldiğinde, hemen aşık olduğum biri ortaya çıktı: Kendisi aynı zamanda amatör bir şair! Bana söylediği şey oldukça şiirsel ama aynı zamanda doğrudan alakalıydı: Havuç, nişastasını şekere dönüştürüyor çünkü sert koşullar altında. donarsa ölümle sonuçlanacak buz kristalleşmesini istemez, tattığınız tatlılık aslında o kök sebzenin size bu zorlu koşullarda yok olmama isteğini bildiren bir göstergesi olabilir.
Bu arada, Brix seviyeleri ile besin yoğunluğu arasında ilginç bir korelasyon var (bunu dikkate aldığımızda ilginç bir olay), vücudumuzun çiftliklerde üretilenler gibi yüksek Brix seviyelerine sahip lezzetli gıdalara olan arzusu ve bunların besin yoğunluğu

arasında. Eğer birincil hedefimiz şekerli tatlı olan bir şeyi tercih edersek, onlar için ekolojik olarak doğru kararları da seçiyor olabiliriz!

Etik uzmanı olmadığınızı iddia ediyorsunuz ama tartışmanız etik değeri olan, hayat veren bir şeyle ilgili.

Haham olduğum anda ahlak önceliğim olacak.

Ancak bu eylemler Yahudi geleneğinde ahlaki değer taşır.

Gerçekten doğru. Felsefemin tamamının zevk etrafında dönmesini son derece şanslı buluyorum. Bu tür davaların savunucusu olmak son derece ödüllendirici bir deneyim sağlar, biliyor musunuz?
En iyi gıdalara karşı açgözlü olduğunuzda, bu tanım gereği çevremizin sorumlu bir şekilde kullanılmasına yönelik arzunuzu temsil eder; sürdürülebilirliği tanımlayan şey budur!

Büyükbabam vaaz vermekten, sığır yetiştirmekten, ağaçlardan ceviz toplamaktan ve sebze bahçesi dikmekten emekli olduktan sonra bir çiftlik satın aldı. Şimdi bile onun unutulmaz bir tat hissi olarak kalan muhteşem soğanlarını tattığımı hatırlıyorum; şu anda benim için çok büyük önem taşıyan ve anlamı itibariyle çok manevi olan birçok anıdan biri.

* Önceden var olmayan ancak ortaya çıkan, fizksellik ve kişilerarası deneyim yoluyla oluşan Yahudi ruh (nephesh) kavramına ilgi duyuyorum. Bu, bedenlerimizin ruhlarımıza sahip çıkması için onlara sahip çıkması gerektiğini gösteriyor; bedenlerimiz erdemin ya da kötülüğün kaynağıdır, gizeme erişim noktalarıdır; mantık dışı gibi görünse de bir şekilde son derece mantıklıdır: bizim ötemize ve yukarımıza ulaşmak.

Bedenlerimiz bize, aklımızın gösteremediği hayatın gerçeğini, yani her an metanet kadar yumuşaklığa da ihtiyaç duyduğumuz gerçeğini gösterir; her zaman başkalarının bakımına ve hassasiyetine ihtiyaç duyar. Hayat sürekli gelişiyor; hiçbir an durmuyor ya da nefes alınmıyor. Hiçbir zaman mükemmel olmamak, hayatta olmak her zaman düzensizliklerle ve süreç boyunca ortaya çıkan sürprizlerle uğraşmak demektir; Hiçbir zaman güvenliğe ulaşamayacağımız, kalıcı bir durağanlık gerçeğine kendimizi nasıl açacağımız veya kapatacağımız, bilgeliğin temel malzemesidir.
Aramızdaki pek çok bilge öğretmen, hayatın gerçeklerini, gerçeklerinin her zamankinden daha şeffaf hale geldiği bir hastalık veya kriz konumundan fark eder. İyileşmemiş ama eskisinden daha sağlam bir şekilde ortaya çıkıyorlar, yabancı görünen ama sağduyuya dönüşen mistik fikirleri bünyesinde barındırıyorlar. Yaşam özünde hem hafif hem de felaket niteliğindeki kayıplarla (kanser, araba kazaları) ilgilidir ama aynı

zamanda sevmek ve bir kayıp ya da ölüm meydana geldikten sonra yeniden ayağa kalkmakla da ilgilidir - yaşlanma, aşkın kaybı, sönen hayaller, çocukların evden ayrılması... Keder ve sevinç birbirinden ayrı geçitler olarak bir arada var olur; İkisi de birbirlerinden ayrı deneyim yolları olarak mevcut değil...
Attığımız her adım, tüm kusurları ve zarafetleriyle, kendimize daha derinden bağlanmamıza yardımcı olur.

Matthew Sanford gördüğüm en canlı vücutlardan birine sahip ve olağanüstü bir yoga öğretmeni. Missouri'de bir yolda meydana gelen bir trafik kazasında her iki ebeveyninin de ölmesinin ardından on dört yaşında belden aşağısı felç olduğundan beri otuz yıldır tekerlekli sandalyede. İlk başta, doktorların ve terapistlerin tavsiyelerine uyarak, bacaklar yerine vücut geliştirici kollar geliştirmeye çalıştı; bunun sonunda etkisiz olduğu ortaya çıktı. Yoga, bacakları iyileşemese de iyileşebileceği konusunda ısrar ederek vücudunun tüm yönlerini geri kazanmasına yardımcı oldu. O zamandan beri engelli insanlar, gaziler ve anoreksiya hastası genç kadınlar için uyarlanabilir yogaya öncülük ediyor. Ona göre, tüm yaşam biçimlerine karşı daha şefkatli olmadan kendi bedeninde bu kadar rahat olan biriyle hiç tanışmamıştı - şaşırtıcı bir ifade ama yine de bir şekilde mükemmel bir anlam ifade ediyor!

Matthew Sanford ve yazar Eric Rehberg arasındaki bu konuşmayı dinleyin.

Altı yaşındaki çocuğum ağlıyor ve sadece sevgiden dolayı değil, aynı zamanda deneyimi etrafında sınırlar oluşturmak için de sarılmama ihtiyaç duyuyor; herhangi bir rahatsızlığın tüm varlığını sınırlamayacağını bilmek ve böylece bir kucaklaşmanın onun yeniden kendine yerleşmesine ve her türlü kaygıyı hafifletmesine yardımcı olacağını bilmek ya da hissettiği gerginlik. Tek bir kucaklamayla hızla kendine geri döner.

Matthew yoga yapmaya başladığında, kazayla ilgili bilinçli anısının zamanla silinmiş olmasına rağmen vücudunun hâlâ olayın etkilerini hatırladığını fark etti; bu da stres ve travma biyolojisinde ortaya çıkan yeni bir sınıra denk geliyor: deneyimler bedenlerimize yerleşebilir ve orada ele alınabilir. Ona göre Matthew'un yolculuğu hepimizin kattığı bir yolculuktur; fiziksel sınırlara çoğundan daha erken ulaşması ve bu sınırların düşüşünü daha hızlı yaşaması açısından diğerlerinin hemen önünde.

Matthew Sanford ile yazar Paul Duguid arasındaki bu konuşmayı dinleyin.

Böylece, zamanla ve her türlü ameliyat ve yaralanmayı yaşadıktan sonra, hem ilk travmalar hem de daha sonraki travmalar da dahil olmak üzere, iyileşmenin, sadece tekrar yürümekten başka birçok biçimde nasıl gelebileceğini anlatıyorsunuz. Tüm bunlar sırasında bir noktada iyileşmenin fiziksel olmanın ötesinde birçok farklı biçimde olabileceğini fark etmeye başladınız. İnsanlar, kırklı yaşlarındaki tüm meslektaşlarınızın artık çok sık söylediği "Vücudum beni hayal kırıklığına uğratıyor" dediğinde - tanıdığım herkes benzer gözlemler yaptı - ister görme yetisini kaybetmiş olsun, ister dizleri çökmüş, sırt sorunları vs...

Bunu üzülerek söylüyorum çünkü 13 yaşında bir çocuk olarak bedenimi her türlü travmaya maruz bırakarak ondan faydalandım. O zamandan beri bende yankı uyandıran derslerden biri, beni hayatta tutan şeyin bedenim olduğu gerçeğiydi; hayat onun elinden gelenin en iyisini yaptığı bir şeydir.
Vücudum sert bir darbe almayı ve kırılmayı istemedi, omurgası parçalara ayrıldı ve birçok kemik kırıldı, ancak toparlandı ve dolu ve aktif bir hayat yaşamaya devam etmek için hızla yeniden toparlandı. Sadece bir parçam iyileşemedi - olaydan sonra omuriliğimin bir veya iki santimetresi yenilenemedi - yine de normal işleyişini sürdürmeyi başardı, gerektiğinde yeni hücreler üretti ve mümkün olduğu kadar uzun yaşamak için çalıştı.

Pranayama veya yoga nefesi, yoga pozlarında dengeyi, gücü ve esnekliği artırmaya yardımcı olabilir. Bu tür nefes egzersizini doğrudan hissetmediğiniz pozlarda uyguladığınızda, pranayama nefesinizin hissedemediğiniz boşlukları doldurmasına izin verir; gerçekten esnetebileceğiniz sadece pazı değil. Dengeniz artar, gücünüz güçlenir ve esnekliğiniz genişler; Bunu etik bir ders haline getirmeden bedeninizi onurlandırmaktan bahsetmiyorum bile - kişisel olarak ben "lütfu" tercih ederim.

Vücudunuzun Zarafetini Tanıyın
Veya zarif olarak tanımadığınız parçalarınızın bile kendi içlerinde zarif olduğunu fark edin; onları kaybolmuş veya yokmuş gibi göz ardı etmeyin; bunlar sizin gücünüzün, lifinizin ve dayanıklılığınızın bir parçasını oluştururlar; sadece bir türün değil, her iki türün de güç kattığı ahşap damarlılığına benzer; Katılım, kendinizden daha fazlasını buraya dahil ettiğinizde dünyayı daha hafif ve daha kolay hale getirir.

Bu iş zor olabilir. Sabır ve azim gereklidir. Keşke her şeyi kolaylaştıran sihirli bir içgörü olsaydı; ne yazık ki her şey gibi bu da iş. Düşüncelerim genellikle vücudumun hareketsiz yaşamaya doğru ilerleyişi etrafında dönüyor: Cildimin eski bası yaralarına veya eski yaralanmalara karşı mücadele ettiği ve "Ah, tutmuyor!" diye düşünmemeye çalıştığım, bunun yerine vücudumun bu çaba içinde çalışkan göründüğü yer. . Bunun yerine kendime "Dostum! Çok çalışıyor. Vücudum bırakmıyor" diyorum.
Bedenim o kadar etkili bir şekilde iyileşemeyebilir ama kendime ve başkalarına gösterebildiğim şefkat, fiziksel bedenimi başka şekillerde iyileştiriyor.

Teilhard de Chardin resmin önemli bir parçasını fark edemedi: Ruhsal evrim biyolojik önemi azaltmayacak, aksine artıracak, bedenlerimizde daha bilinçli ve saygılı bir şekilde yaşamamızı gerektirecektir. Bazılarımız koşarak, yürüyerek, dövüş sanatları eğitimi alarak, bahçe işleriyle uğraşarak, yemek pişirerek veya başka yollarla bu yolda ilerleme kaydediyoruz. Matthew Sanford'la tanışmadan önce hevesli bir yüzücüydüm; Daha sonra kelimenin tam anlamıyla hayatımı kurtaran yogaya başladım! Kökeni itibarıyla ince ama etkileri açısından derin. Avuç içlerimin ve ayak kavislerimin nerede olduğuna zorunluluktan odaklanmak anında bir rahatlama sağladı ve o zamandan beri sağlığıma paha biçilemez bir katkı sağladığı kanıtlandı. Orta yaşlara yaklaştığımda ilk kez yoga yapmaya başladım ve bu konuda uzman olmamanın ne kadar ödüllendirici olduğunu fark ettim; yoga pozları önemli olmasına rağmen, pozlar arasındaki geçişler de aynı derecede zarif; Bu fiziksel deneyimi günlük iş hayatımda çeşitli şekillerde uyguladığımı görüyorum.

Bir sürü kötü din olduğu gibi, bir sürü kötü yoga da var. Dolayısıyla, yirmili yaşlarındaki öğretmenler bana uygulamam için "niyet belirlememi" ve bunu dünyaya bir lütuf olarak göndermemi söylediğinde, onlara inanıp inanmayacağımı bilmiyorum; Kesin olarak bildiğim tek şey, bedeni, nefesi ve niyeti bir araya getirmeye özen göstermenin, anlara dikkat etme kapasitemi değiştirdiği ve dünyamda hareket etme şeklimi değiştirdiğidir.

Vücudumu tüm zarafeti ve kusurlarıyla benimsemek orta yaşta beklenmedik bir hediye oldu. Yaşlanma hepimiz için kaçınılmazdır ancak etkileri bizi hâlâ şaşırtmaktadır. Yaşlanma artık aşamalı olarak gerçekleşmiyor ve ne kadar yoga yaparsam yapayım, düzen ile kaos arasındaki orijinal dansın artık belirli semptomları örtbas ederek veya saklayarak örtbas edilemeyeceği bir noktaya geldim. Çocuklarımın ergenlik dönemindeki ilk dönüşümlerini izlerken, kendi dönüşümüme tepki olarak korku dolu tepkiler yerine onları benimsemeye karar verdim; Benzer şekilde bu kararın burada benim yaşlanma metamorfozum için de geçerli olmasını umuyorum.
Keder, korku ve inançsızlık yaşamın bir parçası olabilir; ancak bu meydan okumayı toplayabildiğim kadar kabulle kabul ettiğimde beklenmedik bir nimet ortaya çıkıyor: barış.
Memnuniyet her zaman yaşadığım, hatta ne kadar istediğimi bildiğim bir şey olmadı. Ancak fizyolojinin bu armağanı (saç dökülmesi ve cildimin yaşlanmasının yanı sıra) bana beynimizin gençken nasıl yeni deneyimler için tasarlandığını hatırlatıyor. Yaşamın bu aşamasında insanlar rutinden daha fazla memnuniyet duyarlar. Yavaşlamak gözlem için alan sağlar; Artık cildimin daha parlak olduğu zamanlarda gözümden kaçan bir farkındalığa sahibim; Hayatımın her anında güzelliğe önem vermek bana büyük keyif verdi. Her sabahın başlangıcında, o ilk fincan çayın tadını çıkarmanın verdiği hazzın yerini hiçbir şey tutamaz; oğlumun kucaklaması asla benimkini yenemez; ya da arka bahçemde her yıl güçlü bir şekilde ayakta kalan bir beyaz çamı görmenin güzelliği.

* * *

Güzelliği, duyusal ve ruhsal zevkler arasında hayat veren bir köprü olarak takdir etmek, beklenmedik ama hayatı değiştiren bir erdemdir ve beklediğimden daha geç rastladım. İlk başta süperstar erdemlerine giriş yolu olarak beni şaşırttı; Başlangıçta Oklahoma'nın yarı çöl manzarasında güzellik görmedim; ama şimdi çekiciliğini görüyorum. Kimse bana acıtan, zehirleyenlerin dışında isimlerini öğretmedi; dolayısıyla kimse bana hangi bitkilerin veya canlıların bizi soktuğunu veya zehirlediğini de öğretmedi! Bilim projeleri için kurbağalardan daha fazla kloroform yaparken çekirgeleri puro kutularına tuttururdum; Lady Bird Johnson'ın gelip hepimize durmamızı söylemesinden öncesini düşünmek şok edici!

Berlin'de yaşayan genç bir yetişkin olarak dikkatim hem iç hayatıma hem de çevremdeki jeopolitik entrikalara sıkı sıkıya odaklanmıştı. O zaman, anlamlı bir yaşamda güzelliğin yeri sorulsaydı, bunun iyi olduğunu ancak mutlaka konuyla alakalı ya da gerçekliğe dayalı olmayabileceğini söyleyebilirdim. O yıllara ait yazılarımla dolu kutular bunun kanıtıdır; A4 boyutlu, nokta vuruşlu kağıtlara yazılmış makaleler, öyküler ve yarım romanlar ile yoğun karalamalarla dolu defterler bunun kanıtıdır. Yazılarımda Almanya'nın yüksek gri gökyüzünün ötesinde çok az duyusal kanıt var; sadece kelimeler üstüne yığılmış kelimeler.
Yukarıya ve dışarıya bakmaya dair ilk anım, yirmi beş yaşında Berlin'den İskoçya'ya geldiğimde, Berlin'den şehirlerarası bir tren yolculuğuna çıktığımdaydı. Havaalanı servis otobüsünden indiğimde gözlerim önlerinde uzanan şeye kocaman açıldı: etrafımdaki dağlar, göller ve ormanlar.
İskoçya keskin açıları, yeşil ve fundanın çağlayan tonları ve olağanüstü ışığıyla hemen dikkatimi çekti. Köşeli köşelerden oluşan çarpıcı manzarası, yeşil ve fundanın basamaklı tonları ve olağanüstü parlaklığıyla beni şaşkına çevirdi; Orada onların varlığını önemsiz hale getirerek kafa karışıklığımdan ve huzursuzluğumdan teselli buldum; bu deneyim sadece ihtişamı değil aynı zamanda yüksek jeopolitik çalkantıları yatıştıran sağlam gerçekliği de tanımama yardımcı oldu; bu deneyim kişisel olarak benim için manevi yaşamın başlangıcı oldu.

Günlük konuşmalarımın bir parçası olarak güzellik sıklıkla gündeme geliyor: onun çeşitli tezahürleri ve politik söylemin olabileceği gerçeklik temelli doğası. Bu konu genellikle bilim insanlarıyla yapılan tartışmalarda gündeme gelir: Matematikle çalışan fizikçiler ve matematikçiler, güzelliği tanımlamak için zengin bir kelime dağarcığına sahiptir; Eğer bir denklem bu estetik standarda uymuyorsa, sıklıkla bunun muhtemelen yanlış olduğunu iddia edeceklerdir; öte yandan, geçmişten kalma teleskopları ve radyo dalgalarını kullanan gökbilimciler ve astrofizikçiler de kolektif hayal gücümüze güzellik tohumlarını ekebilirler.
Müslüman sohbet arkadaşlarım zamanla güzelliği tutkuyla manevi erdemle ilişkilendirdiler: güzelliğin temel bir ahlaki değer olması. Bu hediyeyi ilk kez 11 Eylül meydana gelir gelmez, Haham Harold Schulweis ile birlikte Los Angeles'ta halka açık

diyalog sırasında tanıştığım UCLA Hukuk Profesörü Khaled Abou el Fadl'dan aldım. Halid, İslam'ı aşırılıkçılara karşı savunmak için hayatını tehlikeye attı. Hem Mısır'da hem de Kuveyt'te doğup büyüyen gençliğinde radikalleşmeden kıl payı kurtuldu. İslam'ın geleceğinin anahtarının, onun temel ahlaki değeri olan güzelliğin yeniden keşfedilmesinde yattığını ileri sürüyor. Tanrı güzellikten hoşlanır; İslam öğretir ve güzelliktir. Güzellik, yıkım ve dengeden ziyade yaratmada yatar; bunun somutlaşmış hali insanlarda ve onların kutsal metinleri eğitici ve zenginleştirici yaratılış ve bilgiye uygulama yeteneklerinde yatmaktadır.

O akşam Los Angeles'taki etkinlikte Haham Schulweis, Yahudilerin Kutsal Kitap'ta geçen çağrıştırıcı bir ifadesini tekrarladı: "Kutsallığın güzelliği." Ona göre bu güzellik, sadece form ve şekilleri değil, ilişkileri de bütünlüğü temsil ediyor. Dinin parçalayıcı gücü, Tanrı'nın aksine, insanlar tarafından icat edildiğinden beri çürütülmüştür! Dinin paradoksal olarak neden bu tür şiddet ve savaşın merkezinde yer aldığı ve bizi beklenmedik yollara sürüklediği gibi hayatın en zorlu meselelerinden bazılarını birlikte araştırdık; bize içgörü sağlayan başka bir eleştiri türüne ve içgörü getiren perspektife doğru.

Hem Yahudi hem de Müslüman olan bu din adamları, din adına yapılan eylemlerin dinin yazarları hakkında neleri ortaya çıkarabileceğini tartıştılar: Güzel mi yoksa çirkin mi? Bu soru, onun bayrağı altında gerçekleştirilen herhangi bir eylemin, tüm bu güzelliği yaratmış olabilecek, her şeyi seven ve merhametli bir Tanrı'ya saygı gösterip göstermediğini değerlendirmek için bir turnusol testi görevi gördü.

Kültürel olarak güzellik, tanımlanması zor bir terim olabilir; dergi kapaklarında mükemmelliği güzellik anlayışımız olarak görmeye alışkınız; ancak John O'Donohue'nun muhteşem yazılarında ve güzellik felsefesinde vurguladığı gibi: gösteriş başka bir kelimedir. Onun tanımını, günlük deneyimimizdeki tüm nüansları tanımak için kendi amaçlarım için kullanıyorum: Güzellik, bizim için hayatı bir şekilde güzelleştiren şeydir ve John O'Donohue, felsefe eserlerini yaratırken ilham almak için Batı İrlanda'daki Connemara'dan ortaya çıkmıştır. , şiir ve güzelliğe dair şiirler onun yaratıcı çıktısı olan şiir, felsefe ve şiir eserlerini üretmek ve tanımımı almamı sağlamak: Güzellik bizi canlı hissettirir!

John O'Donohue ile yazar arasındaki konuşmayı dinleyin.

Kireçtaşından yapılmış Burren bölgesi sade ve güzel bir manzaradır. Çoğunlukla formlarının bir tür çılgın, gerçeküstü tanrı tarafından yaratıldığını hissediyorum; Çocukken o ortama çıkmak, hayal gücümün çılgına dönmesi için bir davet gibiydi! Üstelik okyanusa yakınlığı, deniz ile taş arasında çok eski bir diyalogun yaşandığı anlamına geliyor; Celtic hayal gücünün tanıdığı bir şey: manzara canlıydı! Manzara sizi dinginliğe, yalnızlığa ve sessizliğe çağırır, böylece onun zamanın armağanlarını gerçekten takdir edebilirsiniz ve dinginlik, yalnızlık ve sessizlik anlarının takdir edildiği şimdiki anları gerçekten takdir edebilirsiniz, böylece gerçekten zamanı alabilirsiniz!

John O'Donohue, zorlu ve tehlikeli ortamlar ve deneyimler arasında bile kendimizi canlı tutmak için kendi iç güzellik manzaralarımızı yaratma konusunda şiirsel bir yaklaşım sergiledi. İç huzur ile fiziksel refah arasındaki bu bağlantıyı dile getirdi. En sevdiği kelime eşiklerdi; gerçekliğin daha keskin ve belirgin hale geldiği hayatın bu kenarları.

John O'Donohue ile yazar arasındaki bu diyaloğu dinleyin.

Köklerinden de anlaşılabileceği gibi "eşik", tahılı kabuklardan ayırma işlemi olan "harmanlama" işleminden türemiştir. Bu nedenle eşik, kişinin hayatında daha büyük bir kritikliğe, meydan okumaya ve değerli doluluğa doğru ilerlediği bir yer olarak görülebilir. Baktığımız her yerde buna benzer pek çok eşik vardır; her yaşam, yolculuğu boyunca önemli engellerle karşılaşır. Gündeminizde 50 konu varken, yoğun bir akşam hayatının ortasındayken, sevdiğiniz birinin beklenmedik bir anda vefat ettiğini hayal edin; Bu bilgiyi etraftaki herkese iletmek için gereken tek şey, bir telefon görüşmesiyle sadece 10 saniyedir. Ancak telefon bırakıldığında farklı bir gerçeklik ortaya çıkıyor. Daha önce önemli görünen her şey gitti ve artık odak noktanız değişti; Artık her şey değiştiği için, sahip olduğunuz tüm bu endişeler birdenbire önemsiz görünüyor. Yani üzerinde durduğumuz sağlam ve sağlam bir zemin gibi görünen şey, ilk bakışta orada gibi görünse de gerçekte çok geçicidir; Eşikler, genellikle kimin onları başarıyla geçip geçmediğini belirleyen, ruhun iki bölgesini ayıran çizgileri temsil eder.

Güzellik bunun neresinde?

Güzelliğin yattığı yerde, güzellik derinin ötesindedir. Güzellik daha kapsamlı, esaslı bir oluşta yatar; yeni eşikleri zarafet ve zarafetle aştığımızda, bizi bir yerlere sıkıştıran kalıplardan kurtulur. Bu nedenle, güzelliğin, artan zarafet ve zarafetle birlikte ortaya çıkan bir dolgunlukla ilgili olduğunu düşünüyorum; bu, derinlik yaratmanın yanı sıra, gelişen hayatlarımıza dair anılarımıza eve dönüş sağlıyor.
Güzelliği cazibeyle ne kadar sıklıkla ilişkilendirdiğimizi belirttiğiniz için iddianız doğrudur. Sanırım, gündelik konuşmalarda güzellik kelimesini duyduğumuzda veya düşündüğümüzde, insanlar hemen akla gelen mükemmel bir yüz (veya belki de sadece "güzellik") imajını hayal edebilirler mi? Peki birisi güzellikten bahsettiğinde aklınıza hangi görüntüler geliyor?

Güzelliği düşündüğümde, değer verdiğim kişilerin bazı yüzleri hemen aklıma geliyor. Bazen aklıma bildiğim güzel manzaralar da geliyor. Kendimi çaresiz hissettiğimde veya sevgimin ve ilgimin desteğe ihtiyaç duyduğu zamanlarda benimle ilgilenen insanların bana gösterdiği nezaket deneyimlerimi düşündüğümde. Çoğu zaman başkaları tarafından görülmeyen, benim için isimsiz kahramanlar olarak kalan ama yine de gerçek isimsiz kahramanlar olan o isimsiz kahramanları düşünürüm: isimleri muhtemelen hiç anılmayacak olan, ancak korkunç koşullara karşı direnen, ancak özgürleşmenin ve hediyeler sunmanın yollarını bulan insanlar olasılık, hayal gücü ve görme. Güzellik denilince akla her zaman müzik gelir; müziğin kendisi benim kaynağımdır. Şiir de onu mükemmel bir şekilde temsil ederken; Ben de burada güzellik buluyorum; yine de müzik, şans verildiğinde dilin olmayı isteyeceği şeye daha yakın görünüyor.

John O'Donohue ile sohbetim iki saatten fazla sürdü ve çok heyecan vericiydi. Ne yazık ki, 52 yaşındayken röportajımızı gerçekleştirdikten iki ay sonra, arkasında şiirleri ve sayılacak nimetleri bırakarak aniden uykusunda vefat etti; hem anma hem de kutlama olarak yayınlanan röportajımız; hayat, içinde güzellikler olduğu kadar bir kayıplar döngüsüdür.

Güzelliği yaşamın ayrılmaz bir bileşeni olarak gördüğümde, kendimi karbon ve klorofil kadar onun doğasını da sorgularken buluyorum; eğer güzellik gerçekten yaşamın temel unsurlarından biri olarak kabul edilebilirse? Güzellik, doğal dünyamıza ve din/din dışı ilişkilerimize hayat, umut ve hatta aşkınlık sağlayabilir. Güzellik birbirimize bağlanmak için ara sıra geçebileceğimiz bir köprü görevi görebilir mi? Öğrendiğimiz, oynadığımız, çalıştığımız ve iyileştiğimiz fiziksel alanlarda güzellikte ısrar etmek artık açıkça ortaya çıkıyor: daha tatmin edici ve yaşamı onaylayan uğraşlarda güzellikte ısrar etmek; Başkalarındaki güzelliğe katılmak, "hayırseverlik/gelişme"/gelişmeye kapılmış olanları kendi güzellikleriyle ilgilenmeye yönlendirmeye yardımcı olur - onların yörüngesini hayırseverlik/gelişmeden kendi güzelliklerine katılmaya yönlendirerek, böylece hayırseverlik/gelişmeden başkalarındaki güzelliğe katılmaya yönlendirir. ve bunun yerine başkalarının güzelliğine katılarak hayırseverlik/kalkınmadan uzaklaşma; hayırseverlikten/kalkınmaktan uzaklaşıp her bireye katılmak yerine onun güzelliğine daha fazla önem vermek, siyasi partiler/vb. arasında saygı/uzlaşma köprüleri kurmaya yardımcı olabilir... Bu ölçüde fiziksel mekanlarda güzelliğin ısrarla talep edilmesi insanların öğrendiği/oynadığı/çalıştığı/iyileştiği yer, tüm bu arayışları daha verimli hale getirerek onları alçakgönüllü hale getirmeye veya kurtarmaya yardımcı olabilir/suçlara katılarak/yardım ederek suçları kurtarabilir - geri dönüşle ilgili "hayırseverlik/kalkınma"ya doğru. Başkalarının güzelliğini önemsemek, basitçe yeniden yönlendirmedir - geriye dönmektir - ve dolayısıyla bunun yerine birbirlerinin güzelliğine yardım etmektir - dolayısıyla bunun yerine "hayırseverlik/devon ve bunun yerine bizi kurtarın - her şeyi koyarak - bu yüzyılda--- bakıma yönlendirmedir böylece daha çok kullanılmak - hayırseverlik/şifa yerine şifa vermek için daha fazla ödüllendirici ya da iyileştirici daha güzel bu yüzyılda hayat vermek - "hayırseverliğe karşı daha çok hayat vermek yerine daha fazla hayata katılmak - daha fazla hayat veren

yol bundan böyle- '. "gelişim". Birbirinize katılmak, ihtiyaç duyduğunuzdan çok daha fazla tasarruf etmenize yardımcı olabilir." Hayırseverlik/gelişme yerine başkasının güzelliğine katılmak".
İnsanoğlu, başkalarını çözülmesi ve yardım edilmesi gereken sorunlar olarak tanımlama kapasitesini kaybetmiştir. Dünyanın en fakir yerlerinden bazılarında çalışan Jacqueline Novogratz, içsel bolluğu ortaya çıkarmak için sıklıkla şu soruyu soruyor: Kendinizi en güzel hissettiğinizde ne yapıyorsunuz?

Bu günlerde, kendimi giderek daha fazla nezaket ve iyilik eylemlerine, güzelliği var eden, onun ete, kana, zamana ve mekana gölge düşüren eylemlere çekildiğini görüyorum. Güzellik, insanların hümanizmle birbirine dokunmak için uzandığı anlarda görünür, elle tutulur hale gelir. Dünyanın önde gelen sosyologlarından biri olan Robert Bellah, 2013'teki ölümünden önce bize bakış açısının özellikle bir şeyin farkına varılmasıyla değiştiğini söylemişti: Memeliler kendi içlerinden doğum yapmaya başladıklarında ruhsal yaşam mümkün hale geldi. Hem insanlar hem de maymunlar, yavruların hayatta kalabilmesi için ebeveyn bakımına ihtiyaç duyar; Bu dönem uzadıkça, çocukların çaresizliği, kendini anlama ve ortak yaşamda yumuşama, deneyimleme ve yaratıcılık için bir alan yaratır - korkudan kişinin kendisinin ötesindeki kaygıya doğru eksenel bir hareket - bu gerçek, onu kendi dillerine çeviren dinler tarafından uzun süredir kabul edilmiştir - şefkat kelimesi İbranice ve Arapça "rahim" anlamına gelen kelimelerden alınmıştır.

* O yıllar önce Berlin'den ayrıldığımda, çocukluğum boyunca maruz kaldığım güç ve başarı dolu hayatları sorgulamaya başladım. Her ne kadar teoloji okumak beni papaz olmaya yönlendirmese de; daha ziyade genel olarak hayat üzerine düşünmek için bir katalizör sağladı. İnsan yaşamındaki güç ve otorite gibi kavramların anlamını ve gerekli nüanslarını keşfetmenin yanı sıra ahlaki hayal gücümü ve potansiyelimi geliştirmek için maneviyat üzerinde çalıştım. Şaşırtıcı bir şekilde, manevi yaşam çok geçmeden temel ilgi alanlarımdan biri haline geldi. Ve deneyimlediğim gerçekliğin karmaşıklığına hitap edebileceğinden emin olmak istedim. Dolayısıyla, bedenlenmiş aşkınlığı araştıran mistikleri keşfetmenin yanı sıra, ruhsal içgörülerin, insanın günlük varoluşunda bulunan sert somutlaşmış çelişkilerle bağlantılı olduğu yerlere özellikle dikkat ettim. L'Arche, fiziksel ve zihinsel engelli kişiler arasında yaşayan topluluk aracılığıyla güç ve normallik kavramlarına meydan okuyarak her zaman ilgimi çekmiştir. Kendi toplulukları içinde yabancılar, doğumda kurulan bağlar kadar sert ve hassas bir bakım uygular ve daha "çaresiz" olanlara çok ihtiyaç duyulan yardımı sağlar.
Bir kuruluştaki engelli bireyler tanınır ve çekirdek üyeler olarak kabul edilir; sağlıklı katılımcılar destek görevi görür.

Henri Nouwen, onun kitaplarından birini okurken beni L'Arche'la tanıştırdı; o zamanlar Notre Dame, Yale ve Harvard üniversitelerinde ders vermesiyle tanınan

saygın bir ruhani öğretmen ve yazardı; daha önce kendisini kamuoyu önünde "tükenmiş" olarak ilan etmişti. Yaşamının son yıllarını Toronto'daki L'Arche Daybreak topluluğunda asistan asistan olarak hizmet ederek geçirdi. "Yani," diye açıkladı, "en parlak ve en iyilere yönelik bir kurumdan, zihinsel engelli insanlar ve onların yardımcılarının, Mutluluk ilkelerine göre bir arada yaşamaya çalıştığı bir topluluğa taşındım. Artık evimde her biri farklı türden 10 kişi yaşıyor ailemin bir parçası; yavaş yavaş kimin engelli olup olmadığını unutuyorum; biz sadece John, Bill, Trevor, Raymond Rose Steve Jane Naomi Henri Adam'ız."
Radyo serüvenimin başlangıcında kendim için L'Arche'a bir hac yolculuğu yaptım. Mississippi'nin cennet gibi bir bölümünde Iowa'da seyahat ederken, konutların bulunduğu bir caddedeki pastel boyalı evlerin arasında devrimci bir topluluk keşfettim: L'Arche! İlk başta gözlerimin ve içe dönük ruhumun, en paradoksal ruhsal öğretilerden birini test eden, insanlığın bu alışılmadık kesitine uyum sağlaması biraz zaman aldı: Karanlıkta ışık, zayıflıkta güç ve insan varoluşunun kırıklıklarında bile güzellik olabilir. . Ama onların cesareti teoloji yapmak değil; daha ziyade günlük yaşamın verili, kusurlu hammaddelerinde canlı bir şekilde yaşamayı gerektirir. "Hayatın Basit Zevkleri" hiç bu kadar kahkaha ve keyif getirmemişti: birlikte yemek pişirmek, birlikte yemek yemek ve bulaşık yıkamak; işten sabah erken çıkıp gece geç saatlerde dönmek; mahallelerde dolaşmak veya kütüphanelere gitmek; müzik yapmak ya da sadece şakalaşmak ve birlikte oyun oynamak - bunların hepsi burada günlük yaşamın bir parçasını oluşturuyor. Yabancılardan bu kadar cömert kucaklaşmaları çok nadir görüyorum ve bunu bu kadar takdir ediyorum, oysa aynı zamanda ve bununla çelişmeyecek şekilde acı gerçeği, kusurluluk ve insan olma mücadelesi her an daha net bir şekilde ele alınıyordu. L'Arche kendi ailenize sahip olmak gibidir. Yol boyunca pek çok hayata dokunan seçilmiş biri. L'Arche'ın çekirdek üyeleriyle günlük karşılaşmalarımda gezinirken, onların varlığının tanıştıkları kişileri nasıl biraz rahatsız ettiğine tanık oldum; onları daha neşeli ve zarif bırakıyorum: otobüs şoförleri, kütüphaneciler, işyerindeki amirler - ben de dahil! Gerçekten inanılmazdı. Bedenlerin yaydığı neşe ve zarafet bende iz bıraktı; yıllar sonra bugün hala varlığını sürdürüyor.

L'Arche'ı kuran filozof ve Katolik yardımsever Jean Vanier, Rahibe Teresa'dan sık sık alıntı yapıyor: "Katlanmamız istenen gerçekliklerden biri, tiksintiden şefkate ve şefkatten hayrete geçmektir." Yıllarca çalışmalarını takip ettikten sonra onunla uzun bir tartışma için oturduğumda, gerçekliği gerçek anlamıyla kullanma konusundaki ısrarını takdir ediyorum: ne olabileceğine ya da olması gerektiğine dair yanıltıcı arzular olmadan gerçekliği sevmek. Gerçeği tüm kusurlarıyla sevmek, Jean Vanier'in Tanrı'nın kendi içinde ve yaşadığı dünyada mevcut ve canlı olduğunu keşfetmesine olanak tanır. Bir başkasının yüzüne hayret etmek, basit hoşgörünün ötesine geçmenin çok zarif bir yoludur.

Jean Vanier'in erken yaşamı onun siyasete veya liderliğe doğru gideceği yolun habercisi değildi; bunun yerine nüfuzlu bir Fransız-Kanadalı aileden geliyordu, 16 yaşında Kraliyet Donanma Koleji'ne katıldı ve sonunda henüz gençken bir uçak gemisinin komutasını aldı. Ancak aklı anlam ve güç sorularıyla doluydu. Bu yüzden bir yılını yoksullarla çalışmaya, dua etmeye ve metafizik çalışmaya adanmış düşünceli bir toplulukta geçirdi. Jean Vanier, Aristoteles'in "arzu etiği" kavramını araştırdı ve Toronto'daki St Michael's College'da felsefe profesörü oldu. Ancak 1963 Noel zamanında Jean Vanier, zihinsel engelli erkekler için papaz olarak çalışan bir arkadaşını ziyaret etmek için Fransa'ya gitti. Özellikle Paris'in güneyinde, seksen yetişkin adamın bütün gün boyunca daire çizerek dolaşmaktan ve genellikle günde iki kez olmak üzere iki saat kestirmek dışında hiçbir şey yapmadığı geniş bir akıl hastanesinden etkilenmişti. Bu sahneden ilham alarak sonunda yakınlarda küçük bir ev satın aldı ve bu akıl hastanesinden iki kişiyi hayatı kendisiyle paylaşmaya davet etti. L'Arche uluslararası bir başarıya ulaştı ve bugün 35 ülkeye yayılmış, her tür insan için hac yerleri olarak hizmet veren ve şefkatin yanı sıra ayrılmaz bir bileşen olarak konukseverlik sunan 147 L'Arche topluluğu bulunmaktadır. Jean Vanier, Maryland'de Amerika Birleşik Devletleri'nin dört bir yanından gelen üniversite öğrencileri için bir inziva düzenliyordu. Bu deneyimin bir parçası olarak onunla röportaj yaptım. Bazılarıyla tanıştım ve parladılar. Tıpkı Clinton'un yıllar önce benim için yaptığı gibi. Daha da güzeldi bu beyefendi, muazzam sıcaklığı ve bir zamanlar bir deniz komutanının zarif duruşuyla. Dan Barber'a benzer şekilde o da zevk odaklı davranış ile etik düşünceler arasında bir ilişki kuruyor.
Jean Vanier ile yazar arasındaki bu konuşmayı dinleyin.

Yorumlarınız Aristoteles'in arzu etiğinin bugün de geçerli olduğunu gösteriyor: İnsanlar hayatlarında anlam arzuluyorlar, bu Aristoteles'in fark ettiği bir şey ve eğer Aristoteles bugün hayatta olmasaydı heyecan verici bulacaklardı! Yazınıza göre "Hukuk etiğine alerjimiz olduğu bir dönemde arzu etiği iyi bir haberdir". Bazıları hayatınızı ve işinizi zevk peşinde koşan, eğlenceye dayalı toplumumuzla karşılaştırabilir; ancak Aristoteles'i tartışırken, sizinle onun hakkında konuşurken duyduğum şey, Aristoteles'in temel zevk içgüdümüzü kınamadığı, bunun yerine bu dürtüyü daha derine almayı ve her zamankinden daha ileri götürmeyi önerdiğidir - Aristoteles'in önerdiği gibi.

Hangi aktivitelerin en büyük zevki getirdiğini bulmak çok önemlidir. Bazı insanlar için bu viski içmek anlamına gelse de benim için hayatımda bu doyum ve zevk duygusunu sağlayan her zaman felsefe, İsa, adalet ve mücadele olmuştur. Ve mutluluğa yolculuğum boyunca zorluklar ve çatışmalar olsa da, temelde her zaman zevkli ve keyifli oldu!

Yine de bana, zevkin, aradığınızı bulduğunuzu veya sizin için neyin anlamlı olduğunu anladığınız yeri hissettiğim yerle nasıl bağlantılı olduğu hakkında konuşun. Fransa'ya döndükten ve akıl hastanesindeki erkeklerle tanıştıktan sonra, bir şey ilginizi çekti ve o zamandan bu yana hayatınızın gidişatını belirledi.

Evet, zevke ve hem kendi arzularıma, hem de seninkilere, en derinlerime ve seninkilere geri dönüyorum. Nihai isteğimiz takdir edilmeli; hepimizi ileriye iten şey bu olmalı. Aristoteles sevilmek ile beğenilmek arasında önemli bir ayrım yapar; insanlar birine hayran olduklarında onu kaidelere koyarlar; ama insanlar birini sevdiğinde onu birlikte isterler. Dolayısıyla engelli insanlarla ilk tanıştığımda onların ilişki çığlıkları beni gerçekten etkiledi; bazıları psikiyatri hastanelerindeydi ve hepsi şu ya da bu şekilde incinmiş ve reddedilmişti. İsa Petrus'a sordu: Beni Seviyor musun? yaralananlar ya da terkedilenler de aynı soruyu hissettiler: Hepsi tek bir çığlıkta birleşiyor: Beni sevme.

Sadece engellilikle ilgili değil, aynı zamanda şu genel sorunun da altını çizdiniz: İnsanlar olarak acıyla nasıl yüzleşebiliriz? Her türlü ıstırap ve zayıflık, bireyler olarak bizi rahatsız ediyor ve bunun neden toplum için bu kadar dayanılmaz bir yük haline geldiğini, buna rağmen bu kadar kötü bir şekilde ele alındığını açıklıyor.

Burada çok sayıda unsur yer alıyor. Birincisi, kendi acımızla nasıl başa çıkacağımızı bilmiyoruz; peki başkaları acı çektiğinde bizim nasıl tepki vermemiz bekleniyor? Ek olarak, zayıf yönler söz konusu olduğunda, onları en iyi nasıl saklayacağımızı veya gizleyeceğimizi bilmiyoruz ve bu nedenle, onlar yokmuş gibi davranmaktan başka seçeneğimiz olmadığını görüyoruz. Kendi zayıflığımızı kabul etmediğimiz halde, başkalarının zayıflığını nasıl tamamen kabul edebiliriz? Martin Luther King bu tür uygulamalara şiddetle karşı çıktı; Soruları genellikle beyazlar gibi bir grubun siyahlar gibi diğer bir grubu neden küçümseyebileceğine odaklanıyordu. Ve bu hep böyle mi kalacak? Her zaman elitlerin değersiz gördüklerini kınayan ya da reddeden elitlerle mi karşılaşacağız? Ve inanılmaz ve güçlü bir duygu ortaya koyuyor: Kendi içimizdeki aşağılık şeyleri fark eden, seven ve kabul eden kadar başkalarını da küçümseyeceğiz; içimizde hoş olmayan ama ölümlü varlıklar olarak kim olduğumuzun bir parçasını oluşturan unsurlar olabilir.
Sık sık belirttiğiniz gibi, hepimizin her zaman bedensel yüzeyimizde tezahür etmeyen zayıflıklarımız, sınırlamalarımız ve şekil bozukluklarımız var. Ancak ortaya çıktıklarında şokla geri çekiliyoruz. Marjinalleştirilmiş ve dikkate alınan başarısızlıkların dünyamıza dengeyi geri getirmeye yardımcı olabileceğini manevi bir bakış açısıyla yazdınız - bunu bana açıklayabilir misiniz?

Güç çoğu zaman dünyamızdaki dengeyi belirleyebilir; Daha fazla bilgiye, kapasiteye veya güce sahip olmak kişinin daha fazlasını yapmasına olanak tanırken, böyle bir kontrolü elinde tutmak insanları hızla çökertebilir. Biliyorum ve sen bilmiyorsun. Ve insanlık tarihi böyle gelişiyor. Bu aynı zamanda eğitimin, bireyleri yetenekli hale getirecek ve toplum içinde hak ettikleri yeri alabilecek şekilde donatma misyonudur ve tartışmasız çok büyük bir değere sahiptir. Ancak bu, insanları ilişki kurma, dinleme ve kendileri olma konusunda eğitmekle karşılaştırılamaz; bunun yerine kalbin dengesini sağlar. Bir ebeveynin diğer bir babaya göre çok güçlü olmadığı durumlarda ailelerde veya çocuklarda neler olduğunu düşünün. Ancak eve döndüğünde elleri ve dizleri üzerine çökerek çocuklarla oynuyor; çocukların ona şefkat, sevgi, bir ebeveyn olarak onların ihtiyaçlarını gözetme ve karşılık verme hakkında öğrettiği şeyler. Çocuklar olağanüstü varlıklardır çünkü bedenleri bir arada kalabilirken biz bir duyguyu ifade ederken diğerini tamamen deneyimleyebiliriz.

Çocuklar bize birliği, sadakati ve sevgiyi öğretiyor; engelli insanlar da bunu öğretebilir. Bazıları o kadar muhteşem bir güzellik ve saflık sergiliyor ki, bu olağanüstü bir şey; bize hayatın sadece en zayıf ve en güçlü bireyler arasındaki rekabetten ibaret olmadığını, herkesin kendi yerini hak ettiğini hatırlatıyor.
Jean Vanier, L'Arche'yi bir çözüm olarak değil, vizyonları ve kültürleri aktaran bir işaret olarak tanımlıyor; her ne kadar gerçek etkisini anbean ya da yaşamı yaşamdan ölçmek zor olsa da; yine de varlığı inkar edilemez; Bu sözü Jean Vanier gibi iddia etmek samimiyetsiz olur.

İnsanlar bana sık sık tanıştığım en bilge insanların özelliklerinin neler olduğunu soruyor. Bilgeliği destekleyen ve demirleyen tüm erdemlerinin yanı sıra, Jean Vanier benim deneyimlerim arasında bu özelliği örnekleyen biri olarak öne çıkıyor; Desmond Tutu, Wangari Maathai ve Thich Nhat Hanh gibi tanıştığım diğer kişilerin de benzer fiziksel görünümleri var. Nasıl bir duygu ve anlatabileceklerim: güç ve hassasiyeti, elle tutulur, canlandırıcı ve tespit edilmesi zor, beklenmedik, yaratıcı bir etkileşimde bir arada tutmaya yönelik somutlaşmış bir kapasite. Farkındalık temelli eğitim deneyimim, güç ve amacı hakkındaki anlayışımı değiştirirken aynı zamanda hem fiziksel olarak hem de bilinçli olarak ruhen enkarne olan bilgelik duygumu genişletti.

NOTLAR/SON NOTLAR/Son Açıklamalar.

Bessel van der Kolk, ezici deneyimlerin bireyler ve toplum üzerindeki etkilerini tedavi etme konusunda yenilikçidir. Hayatta veya haberlerde bunlarla karşılaştığımızda, bu olaylara genellikle travma denir, ancak çoğu zaman insanlar çözüm olarak yalnızca konuşma terapisini kullanır. Bazı deneyimlerin içimizde kelimelerle ifade edilemeyecek kadar kalıcı izlenimler bıraktığını ve sonrasında beynimizin kendimizi fiziksel olarak onarmaya çalıştığını biliyor.

Charles Darwin ile Bessel van der Kolk'un 1872'ye kadar uzanan bu diyaloğunu dinleyin! Charles Darwin, kalp ağrısı veya karın ağrısı gibi duyguların kendilerini fiziksel olarak nasıl gösterdiğini tartışan Duygular adlı bir kitap yazdı.
Deneyim fiziksel olarak hissedilir. Ancak insanlar kendilerini sürekli üzgün ve sıkıntılı hissettiklerinde çoğu zaman duygularını kendilerinden saklama ve bedenleriyle olan tüm bağlarını kesme girişimlerine başvururlar.

Bunu yapmanın bir yolu uyuşturucu ve alkol kullanımıdır; diğer bir yöntem ise vücudunuza dair duygusal farkındalığı kapatmaktır. Travma merkezimizde ve muayenehanemde gördüğümüz travma geçirmiş hastaların büyük bir yüzdesi, yaklaşık %70'inin bedenleriyle ilişkileri kopmuş durumda; içlerinde neler olup bittiğini hissetmiyorlar veya bir şeyler değiştiğinde bunu fark etmiyorlar; bu nedenle, insanların vücutlarındaki hisleri güvenli bir şekilde hissetmelerine, genellikle adlandırıldığı gibi organizmalarındaki yaşamla bir uyum kurmalarına yardımcı olmamız gerektiği çok açık hale geldi.

Matthew Sanford uluslararası üne sahip bir yoga öğretmenidir. Gençliğinde omurilik yaralanması geçirdikten sonra, kendisini belden aşağısı felçli hale getiren kazayı hatırlamıyordu; yine de bedeni hatırladı. Bu olguya "beden hafızası" adı verildi; tıpkı sizin travmanın sadece zihinlerimizde iz bırakmadığı fikrine benzer şekilde. Son zamanlarda anoreksiya çeken kadınların yanı sıra gazilerle de çalışmaya başladı; onların vücut sorunlarına olan takıntılarının aslında bir şekilde kendi başlarına travma geçirmelerinden kaynaklanabileceğini anlıyor.

Vücudunuzun nasıl hareket ettiğini ve içinizdeki yaşamın nasıl olduğunu anlamak çok önemlidir. Batı kültürü derinden bedensizdir; Alkoliklik sonrası bir kültürden geldiğimizi söylemek hoşuma gidiyor; Kuzey Avrupa kökenli insanların herhangi bir sıkıntıyla başa çıkmanın tek yolu vardı: alkol.

Kuzey Amerika kültürü, herhangi bir sefalet duygusunu hafifletmek için bir şeyler almanın içinizdeki dengeyi yeniden sağlayacağı varsayımını hâlâ sürdürüyor. Ancak ne yazık ki bu inanç doğru değil! İçsel varlığınızın ne kadar uyumlu hissettiğini değiştirmek için yapabileceğiniz hiçbir şey yok.
Dinle ilgili eğitim hem okullarda hem de kültürümüzde, kiliselerimizde ve dini uygulamalarımızda bulunabilir; ancak dünyaya baktığımızda çoğu dini uygulamanın dans etmek, hareket etmek, şarkı söylemek veya fiziksel deneyimlerle başladığını, ancak daha "saygı duyulan" olduğunu görürüz. bireyler oluyor, hareketleri bir şekilde sertleşiyor.

TSSB'nin insanların çektiği acılara ilişkin bilimsel araştırmalara nasıl bir kapı açtığına dair alıntınız çarpıcı ve anlamlıydı; kişisel olarak konuşursam, bu alanla ilgili derin bir manevi anlayışı temsil ediyor.

Bu alan iki yönde gelişmiştir. Biri travma, hayatta kalma ve acı çekme; ikincisi, insanlar insani bağlantıları hem akademik hem de bilimsel açıdan inceliyorlar. Başlangıçta insanların ilgisini çeken şey travma olabilir, ancak o zamandan bu yana, bir sanat formu ve bilim alanı olarak insan bağlantılarını daha iyi anlama konusunda uzun bir yol kat ettiğimize inanıyorum.

Bilim ayrıca, özellikle iki kişi etkileşime girdiğinde, insan bağlantılarının bilimsel olarak araştırılması yoluyla güçlü bir keşif aracı haline geldi. Bilim insanları, iki kişi birbirini gördüğünde, birbirine tepki verdiğinde, birbirini yansıttığında veya birlikte hareket ettiğinde tam olarak ne olduğunu araştırıyor; dans etmek, gülümsemek veya sohbet etmek, iki bedenin bağlantı halinde fiziksel olarak bir araya gelmesinin örnekleridir. Kişilerarası Nörobiyoloji adı verilen bir alan, birbirimizle nasıl bağlantı kurduğumuzu, özellikle de erken etkileşimlerin beyin gelişimini nasıl etkilediğini inceliyor.

Çalışmanız aslında, onların bedenlerinde yaşamayı öğrenmenin ve daha fazla öz-farkındalığa sahip olmayı öğrenmenin, travma vurduğunda dayanıklılığı artırabileceğini gösteriyor.

Kesinlikle. Burada iki unsur iş başındadır. Birincisi, sürüngen beyniniz sorumlu olsa bile, vücudunuza sessizce nefes almak, stresli durumların gerçekleştiğini fark etmenize ve sıra dışı bir şeyin iş başında olabileceğini hissetmenize yardımcı olabilir.
Bir kez daha travmatize olmuş insanlar genellikle başlarına hoş olmayan bir şeyin geldiğinin farkına varmazlar ve bu deneyimlerin onlara hakim olmasına izin vermezler; Travma yaşayan insanlar artık kendilerine sahip olduklarına inanmama ve bunun yerine başka şeylerin kendilerini kontrol etmesine izin verme eğilimindedirler. Öğrendiğimiz gibi, travmaya karşı dayanıklılık, kişinin kendine tamamen sahip çıkmasında ve kararlarının ve eylemlerinin sorumluluğunu üstlenmesinde yatmaktadır. Bu nedenle kendinize karşı dürüst olmak ve kim olduğunuzu tam olarak kabul etmek travmaya karşı dayanıklılığınızı geliştirebilir. Dolayısıyla biri incitici veya aşağılayıcı şeyler söylediğinde tepki vermek yerine şu yaklaşımı benimseyin: gözlemleyin ve tepkinize buna göre karar verin. İnsanların tepki yerine gözlem becerisini nasıl öğrenebileceğini gerçekten anlamaya başlıyoruz.

Şu noktayı vurgulamak isterim ki özünde her şey güvende hissetmeye dayanır; entelektüel bilgiden ziyade fiziksel bir duygudur. Her şey bir şekilde buraya bağlanıyor.

Travma tedavisinin bir parçası olarak içinizde neler olup bittiğini tam olarak hissetmeniz ve bilmeniz gerekir; bu, içeride neler olduğunu hissetmek, her ayak parmağının ve serçe parmağın vücudun diğer bölgelerine göre nerede bulunduğunu bilmek, yemeğin ne zaman rahatsızlık verici hale geldiğini, işemenin ne zaman olması gerektiği yere gitmediğini, nefes alma sorunlarının ortaya çıktığını vb. bilmek anlamına gelir. Tüm bu unsurlar işlevsiz hale gelir. travma meydana geldiğinde ve tüm temel vücut fonksiyonları tehlikeye girdiğinde; Uyumanın, dinlenmenin ve hareket etmenin gerçekleşebileceği güvenli bir alan yaratmak için travma tedavisi içeriden başlamalıdır; Ann Hamilton, travma tedavisinin başarısını sağlamak için böyle bir yaklaşım sunuyor: uyku, dinlenme, güvenlik ve travmanın vücut fonksiyonları üzerindeki etkilerinden arınma, travma meydana geldiğinde bilinçli olarak; Tedavi bu temel noktada başlamalıdır, dolayısıyla tedavi içeriden başlamalıdır; içeriden başlayan herhangi bir tedaviye başlamadan önce kendi içinizden başlamalıdır; tüm bunlar travma tedavisinin kendi içinizden başlamasına neden olur, bu nedenle başarılı bir dönüşümün gerçekleşmesi için travma tedavisi bu düzeyde gerekiyorsa beden-zihin bağlantılarıyla başlamalıdır, eğer travma tedavisi bu uyku-dinlenme-rahatlama sistemik çerçevesinde başlarsa güvenli hareket hissedilebilir mevcut stres-sodyum-afrika-bir diğeri burada başlıyor Ann Hamilton'da vücut-bedeni burada başlıyor, yaklaşımında eşsiz bedeniyle yaklaşımında yer alıyor, böylece ayak parmağının tam olarak nerede başladığını biliyor. Tedaviye bu kadar hızlı başlayan vücudun, uykuyu sağlamaya başlaması, dinlenmeyi sağlaması açısından temel, temel bileşenlerinin tamamının sağlanmasıdır.
Ann Hamilton ile yazar Steve Martin arasındaki bu konuşmayı dinleyin.

Büyükannem benim için çok değerliydi ve ben küçükken kanepede onun yanında oturduğuma dair canlı bedensel anılarım var, özellikle de dolu olan kolunun altı. Beraber örgü örerdik ya da oya yapardık, ellerimiz meşgulken o ikimize de yüksek sesle kitap okurdu, aynı zamanda bedenimiz hem uzaydaki sesi, hem de elinizin altında farklı hızlarda biriken malzemeyi absorbe etmek ve konsantre olmak için açılıyordu; her iki konsantrasyon da benzersiz zevkler sağlar; her seansta bunun giderek büyüdüğünü, her deneyimden farklı tatminler yarattığını ve her ikisinin de gerçekten tatmin edici olduğunu görebiliyordunuz.

Ve kazak örüyordu...

Kazaklar bizim uzmanlık alanımızdı; oya, kapitone, örgü... tüm bu kucak projeleri, boş zamanlarımızda birlikte yapabileceğimiz çok rahatlatıcı aktiviteler sağladı.

Çok aydınlatıcı bir noktaya değindiniz: Tekstil gerçekten de vücudumuzun yaşadığı ilk evdir; "Tekstil onun ilk mimarisi olarak hizmet ediyor."

Evet. Bir şeyleri nasıl öğreniriz? Doğrudan isimlendirebileceğimiz veya açıklayabileceğimiz şeylere önem veren bir ortamda çocuklar veya eğitim öğrencileri olarak, ancak vücudumuzun en büyük organı olan cildimiz aracılığıyla bilgi edinmenin başka birçok yolu da vardır. Tekstil elim her zaman bir şeyleri keşfetmek için birincil aracım olmuştur; Dokuma söz konusu olduğunda hem metin hem de tekstil benim için deneyimle canlanıyor; İlk kez kumaştan bir şeyler yaratmaya başladığımda hem kaplayan hem de kendini gösteren başka bir deri gibi hissettim.
Ayrıca şu iplik kavramını da gündeme getiriyorsunuz: dikiş için kullanılanların yanı sıra fikirleri veya konuşma satırlarını temsil edenler - bu dokuma işlemlerinin hem kelimelerle hem de maddelerle nasıl gerçekleştiğini tartışıyorsunuz.

Kitap okumak kadim ve evrensel bir eylemdir. Okumak bizi bu sayfaların çok ötesine taşıyabilir; kendinizi bir sayfanın içine ne kadar kaptırırsanız, zaman ve mekanda kendinizden ve yazarın gerçeklik vizyonlarından o kadar uzaklaşırsınız.

Büyükannenizin iğne oyası ve örgü kazaklar yaptığı resimleri gördüğünüzde hatırlayacağınız gibi, bu uygulamalar uzak ve çoktan kaybolmuş gibi görünebilir; ancak bu becerileri yeniden keşfettiğimizde, bu bize insanileştirici ve toplumla ilişkilendirilebilir bir şeyler kazandırır.

Bir üniversitede ders verirken, bir eğitimci olarak somutlaşmış bilginin böyle bir eğitim kurumunda nereye uyduğunu, onu nasıl yetiştirdiğimizi ve ona nasıl güvendiğimizi düşünmek benim için ilginç.

Ancak bilim, anlatmaya çalıştığımız tüm bu duyguların aslında ilk önce bedenimizde başladığını göstermiştir. Travma ayrılmaz bir rol oynayabilir, ancak dünya deneyimimiz basit sözlü veya zihinsel süreçlerin çok ötesine geçer; aynı zamanda etrafımızdaki tüm insanlarla olan bağlantımızı oluşturan, kıyafetlere, hikayelerin veya kitapların sözlerine dokunmuş bu sosyal yön de vardır.

Bir saniyeliğine örgüye geri dönecek olursak: örgü, yapısı itibariyle, her bir ilmeği birbirinin içinden geçerken yukarı ve aşağı doğru görmemizi sağlar; Parker Palmer'ın da gözlemlediği gibi, onu oluşturan tüm parçaların izini asla kaybetmeyiz; bütüne baksanız bile, yine de onun tüm parçalarını görürsünüz.
Parker Palmer, maneviyat, profesyonel yaşam ve sosyal değişimin kesiştiği noktada her kökenden insanı bir araya getiriyor. Let Your Life Speak adlı kitabını özellikle etkileyici buluyorum çünkü kırklı yaşlarında benim ve birçok başkasının hayatını kurtaran iki sakatlayıcı depresyon nöbetini ortaya koyuyor - yine de tavsiyesi depresyonun karanlık sınırlarının çok ötesinde bilgelik sunmaya devam ediyor.

Yazar ile Parker Palmer arasındaki ilgi çekici diyaloğu dinleyin.

Kitabınız klinik depresyonun bir anlatımını içeriyor. Bir cümle şu şekildedir: "Her Şeye Gücü Yeten'in doğrudan deneyiminden ziyade, Tanrı hakkındaki soyut kavramlara daha fazla bağlı olan bir Hıristiyan inancını benimsedim: Nasıl oldu da bu kadar çok bedensiz kavram, temel inancı 'Kelimenin Oluşu' olan bir gelenekten ortaya çıktı? Et mi?'".

Deneyimlerimi sorgulamak, özellikle de depresyonun bu kadar sürükleyici ve tam vücut deneyimi olabileceği göz önüne alındığında, çok ciddiye aldığım bir şey; Depresyon, kendimizi hayatın parlak ve havadar olduğu zamana göre daha derinlemesine değerlendirmemiz için bir davet olarak karşımıza çıkıyor.

Burada bir saniye duralım. Acı çekmenin kendisi bazen yüceltilebildiğinden, Hıristiyan geleneğinin depresyon gibi bir durumdan mustarip insanlara rahatlama sağlamadığı yönünde uzun süredir eleştiri yapılıyor. Ancak bu özel durumda uyguladığınız yöntemle bu imajı tersine çeviriyorsunuz.

Kabul ediyorum. Ne yazık ki, Hristiyan geleneğinde, yaşamın bu yönünün anlamlı veya anlamlı olarak yanlış sunulmasıyla ilgili olarak, acı çekmeyle ilgili çok fazla kafa karışıklığı vardır. Hayatta bunu ayırt etmek son derece önemlidir.
Kendi çocukluk deneyimim bu ayrımı anlamama tam olarak yardımcı olmadı: İçinde acı olsa bile haç her zaman olumlu bir şey anlamına geliyordu.

"Hayata bakış açım şu ki, onu bana veren Tanrı, onun en dolu, en zengin anlamını yaşamamı istiyor; erken ve acı verici bir ölüm değil." Hayatı dolu dolu ve iyi yaşamak. Bu beni, inandığım bir şeyi savunmak ve sonra bu fikrin toplum tarafından reddedilmesi gibi rahatsızlık veren yerlere götürse bile, bu tür acıyı deneyimleyenler bunun hayat verici olabileceğini biliyor; Gerçeğinizin ne olduğunu bilmek, direnilen toplumlarda ayakta kalmanıza yardımcı olur. Ancak hayattaki ölümle daha doğrudan ilişkilendirilen başka bir acı biçimi daha var; diğer taraftan ışık gelene kadar üzerinde çalışmamız gereken bir şey var.

Quaker geleneği sessizliği vurgular. Büyük duygusal gerginlik zamanlarında en çok desteği sağlayan arkadaşınızla ilgili hikayeniz bana hatırlatıldı; sadece fiziksel olarak yanınızda olmak ve sizi dinlemek için gelecek biri.

"Tanrım, Parker!" insanlar gelip bana yardım etmeye çalışırlardı; ne yazık ki çoğu hiç yardımcı olmadı. Örneğin, bazıları şuna benzer bir şeyler söyleyebilir: "Dışarıda bu kadar güzel bir gün varken neden burada oturup depresif hissediyorsun - git keyfini çıkar, güneşi teninde hisset ve o çiçekleri kokla!" Ne yazık ki bu, işleri daha da kötüleştirmekten başka işe yaramadı; bu beni daha çok depresyona soktu çünkü

entelektüel olarak güneş ışığı ve çiçekler gibi şeylerin var olduğunu bilmeme rağmen (koku gibi duyusal uyaranlar vücudumda algılanamadı) depresyonu daha da artırdı; diğer insanlar gelip şöyle diyorlardı: "Tanrım Parker! Neden depresyondasın? Dışarı çık, güneşi hisset ve o çiçekleri kokla". Ve diğer insanlar gelip şöyle şeyler söylüyorlardı: "Tanrım Parker! Neden hayattan keyif almıyorsun!" Diğerleri gelip benzer bir şey söylerdi: "Tanrım Parker, neden hayattan daha fazla keyif almıyorsun!" Başkaları da gelip benzer şeyler söylerdi:
Depresyonda mı hissediyorsunuz? | Delirmekten Korkuyor musun? >> "Başkalarına yardım ederek ve yazarak çok iyilik yaptın."

"Çok başarılısın!"
Bu yalnızca sefaletimi daha da artırmaya hizmet ederdi; çünkü "Başka bir insanı kendi çıkarları için kullanmıştım, ama eğer övgülerinin ardındaki kişiyi gerçekten tanısalardı, beni bulunduğum yerden daha da karanlığa mahkum ederlerdi" diye düşünmeme neden olurdu.

Her öğleden sonra saat 4 civarında bir arkadaşım izin isteyerek yanıma gelip beni oturma odamdaki sandalyeye oturtuyor, ayakkabılarımı ve çoraplarımı çıkarıyor, ayaklarıma masaj yapıyor, sonra tek kelime etmeden geri veriyordu; o Quaker'ların yaşlılarından biriydi. Sezgisel anlayışıyla bazen "Bugünkü mücadelenizi hissediyorum" veya daha sonra "Şu anda kendimi daha güçlü hissediyorum; bu beni sevindiriyor" gibi kısa yorumlarda bulunurdu. Ancak bu kısa gözlemlerin dışında çoğu zaman sessiz kalıyordu; hiçbir tavsiye ona gelmeyecekti. Vücudumda, özellikle ayak tabanlarımda, başka bir insanla bir tür bağlantı hissettiğim bir nokta bulmayı başardı ve masaj beni beklenmedik ve son derece rahatlatıcı bir şekilde insanlığa bağlı tuttu.
Arkadaşımın benim için yaptığı en çok şey, birine ihtiyaç duyduğumda, acılarımda sessizce ama rahat ve dokunsal bir şekilde yanımda olmaktı. Bu eyleme olan minnettarlığımı tam olarak ifade etmek benim için hiçbir zaman kolay olmasa da, kişisel olarak benim için önemli bir fark yarattığını biliyorum. Bu tür zorluklar yaşayan insanların etrafında yaratmamız gereken topluluk türünün güçlü bir sembolü haline geldi: ne onların gizemini istila eden ne de onları terk eden; daha ziyade insanları bir şekilde iyileşmenin gerçekleşebileceği uygun, kutsal bir ilişki alanı içinde tutar. Karanlık taraftaki insanlar aydınlık tarafa geçebileceklerine dair umut kazanabilirler.

Eve Ensler, kadınlara ve kız çocuklarına yönelik şiddete tepki olarak dünya çapında bir hit olan Vajina Monologları adlı oyunuyla büyük saygı görüyor. Ancak Ensler çocukluğunda şiddete maruz kalmıştı; ve kanser teşhisi yoluyla kadın fizikselliğini anlamak için ömür boyu süren mücadelesi, bu mücadeleye yeni bir rahatlama getirdi.

Eve Ensler ile yazar Eve Ensler arasındaki bu konuşmayı dinleyin.

2010 yılında, Kongo'da Sevinç Şehri olarak bilinen yerin kurulmasına yardım ederken, rahminizde devasa bir kötü huylu tümör keşfettiniz; bunu Kongo'nun kendi "dünya bedenini" getirmesiyle karşılaştırdınız. Hikayeniz modern kadınların, özellikle de çoğu Batılı kadının ikonik haline geldi. Bir yandan bedenlerimize o kadar dikkat ederiz ki diğer zamanlarda sanki onları tam olarak yaşamıyormuşuz ya da oraya ait olmadığımızı biliyormuşuz gibi görünebiliriz.

Doğru. Ve dünya çapındaki kadın bedenlerinin savunucusu olarak onları keşfetme konusundaki kararlılığınız gerçekten ilham verici.

Her şey yavaş yavaş ve adım adım gerçekleşir. Tüm hayatım boyunca yazdıklarım bedenime geri dönme çabasıydı; Her oyun bu yolculuğu temsil ediyor ve bir düzeyde yeniden keşfetme girişimini temsil ediyor. Kanser ortaya çıkana kadar kendinizi tanıdığınızı sanıyorsunuz ve sonra birden her şey yeniden değişiyor.
Dokuz saatlik ameliyattan ve içindeki tüm tüpler ve kateterler çıktıktan sonra, hayatınızda ilk kez vücudunuzda gerçekten canlı hissettiğinizi fark ediyorsunuz. Bu deneyim kesinlikle şaşırtıcıydı: Bedenimden herhangi bir şekilde ayrılmak yerine onun bir parçası olmak inanılmazdı.

Son zamanlarda Descartes'ın günümüz kültürümüz açısından pek çok suçlamayı hak ettiğini düşünüyorum; onun "Düşünüyorum, öyleyse varım" kavramı. Batı medeniyeti, kurumları yaratırken benimsediğimiz bu fazlasıyla beyinsel bedensiz yöntem üzerine inşa edilmiştir; sonuç olarak bu konuda çok daha fakiriz ve kurumlarımız toplumun geri kalanı için daha az somut hissettiriyor. Sonuç olarak çok daha küçüğüz.

Bunu söylemen o kadar komikti ki! Kanserle mücadele ederken "Hissediyorum Öyleyse Varım" sözünü sürekli tekrarlıyordum. Fiziksel olarak orada olmak, varlığımın ve nefesimin insanlığımın somut deneyimleri haline gelmesini sağlıyor. Ne yazık ki, bu nesnellik kavramı (sanki beyin sizin öznel benliğinizi gerçekten ayırabilecekmiş gibi) dünyada bir düzeyde ayrışma yarattı; kendinizi kalbinizi tam olarak açmanızı engelleyen düşünce sistemlerine hapsolmuş halde bulabilirsiniz.

Geçtiğimiz günlerde Sierra Leone ve Kuzey Uganda'dan nörobilimcilerin, sanatçıların, şairlerin ve düşünceli kişilerin katıldığı bir etkinliğe katıldım. Budist "kalp-zihin"den, yani hem kalbin hem de aklın bir olduğundan bahsetmiştik. Ek olarak, Batılı sinirbilimciler ilk olarak Tibetli Budist rahipleri meditasyon yaparken incelemeye başladılar; Rahipler bunu o kadar eğlenceli buldular ki elektrotları doğrudan başlarına yerleştirmeye başladılar...

Bilim, beynimizin bir organ olduğunu ve duygu olarak deneyimlediğimiz şeylerin vücudumuzun bir yerinde depolandığını anlamamıza yardımcı olur.

Hiçbir şey ayrı değil. Zamanın bir noktasında her şey izole edilmiş gibi görünse de, artık her şey doğrudan kendisiyle bağlantılı; şu anda hayatta olmanın beni en çok heyecanlandıran yanı da bu: kendi dışımızdaki her şeyin de birbiriyle bağlantılı olduğunu anlamak. İnsanlar önce kendilerinden ve birbirlerinden ayrılmadan kontrol edilemez veya hükmedilemez. İnsanlar kendilerine ve birbirlerine daha derinden bağlandıkça, kontrol edilmeye ve işgal edilmeye karşı daha dirençli hale geleceğiz. Tarihin bu noktasında bağlantı kurmak çok önemlidir. Bunu kibirli ya da benmerkezci bir anlamda kastetmiyorum - daha ziyade aşkınlığı ve gerçek dönüşümsel enerjisel değişimi teşvik etmek için günlük hayatlarımızı her yönüyle kendimizle ve çevremizdeki her şeyle nasıl yaşadığımızı kastediyorum.

Kanserle ilgili kitabınız, bizim "ikinci rüzgardan gelen insanlar" olduğumuz fikriyle bitiyordu, sizin de şu anda işaret ettiğiniz şey bu.

Çok uzun süre koşmaktan yorulduğunuzda aniden ekstra yakıt bulup yola devam edebileceğiniz ikinci rüzgarı bulma konseptini seviyorum. Bu fenomen her zaman ilgimi çekmiştir. Bu ikinci rüzgar alanının içinde ne yatıyor; ruhsal veya fiziksel olarak hangi parçamızı kapsıyor veya kapsıyor? O başınıza gelmeden önce onun hakkında fazla düşünmüyorsunuz!

Deneyim daha bütünsel bir deneyimdir.

Toplam vücut çalışması. İnsanlığın ikinci rüzgarına giriyor olabileceğimizi hissediyorum; ya da belki de bu, insanlığın kendisinin radikal bir şekilde yeniden yapılandırılmasını ve yeniden kavramsallaştırılmasını gerektiriyor.
Burada nasıl ilerleyeceğiz? Bu çabanın mümkün olduğuna inanıyorum; yeteri kadar insanın da buna inanması ve güçlerini birleştirmeye istekli olması ve şu anda bize doğru esen bu rüzgarları kucaklaması gerekiyor.

Joanna Macy, Budist öğretmen ve akademisyen olarak tanınıyor, ancak onun yeteneğini ilk kez geçen yüzyılın başında Rainer Maria Rilke'nin şiirlerini çevirmen olarak takdir etmeye başladım. Orada anlam ararken Joanna Macy, 20. yüzyılda tahmin edemediği olaylara tepki olarak şekillendi; Bu terimin dünya diline girmesinden çok önce bir çevre aktivisti haline gelmiştim.

Joanna Macy ile yazar Brian Kelly arasındaki konuşmayı dinleyin.

Sizi ve uzun yıllardır bir çevreci olarak tutkunuzu okuduğumda, özellikle dikkatimi çeken bir husus, haber alma konusundaki kolektif acımızı fark etmenizdi; Bunu kabul etmek ve yaslarını ciddiye almak için insanlarla yakın işbirliği içinde çalıştınız.

Keder korkutucu olabilir, bu yüzden anahtar ondan korkmamak ve onunla elimizden gelen en iyi şekilde başa çıkmaktır. Onu kapatmak yalnızca kişinin kendine daha fazla zarar vermesine hizmet eder; ve dünyamıza ne yaptığımızı görmekteki zorluğumuz duygusuz kayıtsızlık veya cehaletten değil, acı korkusundan kaynaklanıyor - Three Mile Adası ve Çernobil felaketleri sırasında ve sonrasında nükleer enerji etrafında örgütlenirken öğrendiğim bir şey.

Bu olay belki de hayatımın belirleyici anlarından biriydi; Tanrı'yla yaptığım o dans. Rahatsızlık ve umutsuzluk zamanlarında, rahatsızlıktan, kederden, öfke veya korku duygularından kaçmamamız istenir. Bunun yerine, acımızla doğrudan yüzleşmek için yeterince korkusuz olabilirsek, onu hep birlikte inkar ya da kaçınma yoluna gitmeden, o zaman onun yolu yön değiştirir; aksi takdirde statik kalır; doğrudan yüzleştiğinde ve onu ele geçirerek ve onunla nefes alarak nedeni üzerinde düşünmek için zaman tanındığında, yüzü de değişir - diğer yüzü kendini ortaya çıkarırken hayata olan sevgimizi ve bağımızı gösterir - bu kaçınılmazlığı gösterir!

Şiirsel düşünme, ekolojik sorunlara yaklaşmada, benzer yaklaşımlarda bile, tipik gerçeklere dayalı veya tartışmaya dayalı yaklaşımlarımızdan daha yararlı olabilir.

Bu, insanların üzgün olduklarını kabul etmelerini bile engelliyor çünkü onlar, bir sorunu etkili bir şekilde yönetmek için entelektüel üstünlüğü göstermek için gerekli tüm gerçeklere ve rakamlara sahip olmanın gerekli olduğuna inanıyorlar.

Ancak gerçekler, rakamlar ve görüntüler bizi bunaltıyor; zayıflatıcı ve felç edici olabilirler. Belki de bunun nedeni kederle üretken yollarla başa çıkmak ve onu yapıcı bir şeye dönüştürmek için gereken beceri setinden yoksun olmamızdır; Bir gazeteci ve medya çalışanı olarak sıklıkla düşündüğüm bir şey bu.

Bu doğru; aşık olarak dünya ve benlik bir ve aynı şeydir ve bu güzel ama zalim dünya için kalplerimizin kırılması son derece anlaşılır bir durumdur. Burada büyük bir zeka var: İnsanlar gezegene sanki başka bir malzeme deposu ya da kanalizasyonmuş gibi davrandı, kaynakları arabalara ve saç kurutma makinelerine ayırdı, atıklarımızı ise kapasitesini aşıncaya kadar sularına boşalttı; ama dünyamız yalnızca faydalanılacak başka bir kaynak değil, çünkü ona daha büyük bedenimizmiş gibi davranıyoruz: onu nefes alıyoruz, lezzetli tatlarını tadırken kendimizin her parçasını içimizde somutlaştırıyoruz. Şimdi kendimizin her yönünü kucaklayan hayatın bu mucizevi çiçek açmasına saygı duymamızın zamanıdır.

Şimdi sohbet ederken elime bakıyorum; 81 yaşında olmasından dolayı pek çok kırışıkları var ama tarih boyunca benimki gibi ellerle bağlantılı. Bu eller günlük yaşamlarının bir parçası olarak kavramayı, tırmanmayı, kara yüzeylerini itmeyi ve kamıştan sepet örmeyi öğrendi; başlangıcına kadar uzanan, insan olarak parçası olduğumuz muhteşem bir geçmişi var!

Sık sık esnemeye zorlandığımız için, gelecek yıllarda sağlığı iyileşsin ya da iyileşmesin ya da hayatta kalmasının güvence altına alındığını düşünsek de, bu dünyaya olan sevgimizin yoğunluğunu artırma konusunda kendimizi baskı altında hissetmekten alıkoyacak hiçbir şey yok. Şu an senin anın! Sevişmeyi, değer verdiklerinizin hayatının ne kadar süre bozulmadan kalabileceğine bağlamayın; sadece bugün hayatta olmanızın önemli olduğunu unutmayın.

Daha akıllı hayatlar yerine daha akıllı hayatlar yaşamaya çabalıyorsak, aşkın neleri gerektirdiğini anlamaya çalışmalıyız: onun kökenleri ve derinliklerinin yanı sıra ne zaman ve neden kaybolup gittiğini.

Hem özel hem de kamusal fayda olarak sevginin canlandırıcısı. Amacım bu kavramı kalplerde ve kulaklarda farklı şekilde uyandırmak; daha az karmaşık değil, ama farklı şekilde. Kas gibi seviyorum. Direnç olarak sevgi. Ve sosyal olarak Aşk: sadece samimi değil, aynı zamanda halka açık! Amacım bedensel pratik aşka doğru çabalamak: tutkuyla tatmin edici kalırken cinsel çekiciliği aşan bir eros. Sevmede niyetlilik sürekli pratik yapmayı gerektirir; aşk yalnızca karşılaşıldığında karşılanmamalı, aynı zamanda anlarda doruk noktasında ustalaşılmalıdır. Yaratıcı ifade, aramızdaki uçurumları kapatmanın yanı sıra onları hafifletir. Şiir herhangi bir girişimde olduğu gibi doğrudan insan varoluşuna hitap eder. Çoğu insan, çok az zorlukla basit çözümlere yönelme eğilimindedir; ama Rilke genç şairine şunu hatırlattı: Zor olana güvenmeliyiz.

Doğa, hayatta kalması ve genişlemesi söz konusu olduğunda hiçbir sınır veya engel tanımaz, kendini mümkün olan her şekilde savunur ve muhalefete rağmen kendine karşı dürüst olmaya çalışır. Bunun nasıl çalıştığını çok az anlasak da, kesin olan bir şey var: Engeller ne olursa olsun her şey hayatta kalmalı. Çok az şey biliyor olabiliriz ama kesin olan bir şey var: Doğa, yolundaki müdahaleler ve engeller olmadan gelişmelidir. Zor olana güvenmek vazgeçemeyeceğimiz bir kesinliktir; yalnızlık zordur; bir şeyin zor olması yalnızca bizi onunla mücadele etmeye teşvik etmelidir; sevmek bir başka büyük meydan okumadır - belki de tüm yaşamdaki en zor görev, şu anda yaşadığımız aşk hikayesinin hazırlanmasında yapılan diğer tüm çalışmaların son kanıtı ve metni.

Aşk, hem erdemlerin süperstar erdemidir hem de İngilizce'de en çok yanlış kullanılan kelimelerden biridir: Bu havayı seviyorum ve elbisen buna iki örnek. Sevgiyle yaptığımız şey - bir olasılık, temel bir bağ, eylem - onu gündelik bir metaya dönüştürmektir: Gücü kabile sınırlarını aşmaktan geldiğinde aileler içindeki özel ilişkiler; gerçek ölçüsünün sürdürülmesi gerektiğinde romantizmi romantikleştirmek, pratik bakım; bunu günlük hayatlarımızı tanımlaması gereken bir deneyim olarak değil, duygu olarak yaşamak: sevgiyi paylaşmak veya almak herkesin her gün şu veya bu şekilde aradığı bir şeydir!

Yunan filozofları eros'u arzularımızı harekete geçiren, hayal gücümüzü zevk ve umutsuzluk üzerine yoğunlaştıran ve tamamlanma duygumuzun çoğunu tanımlayan aşkın gücü olarak tanımladılar. Filia - arkadaşlık sevgisi - ve agape - kişinin komşusuna veya yabancılara karşı nezaket eylemleri olarak ifade edilen şefkat vardır. Pali kültüründe Metta sevgi dolu nezaket anlamına gelir; hem bilinen hem de bilinmeyen insanlara yardım etmekle ilgilenmek ve bunu "sevgi dolu nezaket"in bir parçası olarak kendiniz için geliştirmek.

"Rahim" gibi "merhamet" gibi dinsel metaforlar aynı ölçüde hem güzel hem de kafa karıştırıcı olabilir. Doğum yapma gerçeği göz önüne alındığında, aşkın bütünlüğünü -zevk ve risk almaktan fedakarlığa kadar- dürüst bir tasvir olarak aşkın karmaşıklığını ortaya koyuyorlar; Hata yoluyla öğrenmeden sonsuz neşeye uzanan sonsuz bir döngü ve sonuçta her gün bakım alma.

Aşk nedir? Bunu açıklamak için hayatınızın anlatımında bir yolculuğa çıkın.

Bana aşk hakkındaki gerçeği söylememem söylenerek büyüdüm. Komşunuzu sevmeyi Pazar Okulu'nda öğrenmiş olmama rağmen, bu fikir yaşam koşulları ve deneyimler açısından mutlaka gerçeğe dönüştürülmedi.

Konu dinin günlük yaşamda pratik olarak uygulanmasına gelince, ailem büyükbabamın izinden gitmedi. Onların kilisesi de onun örneğini takip etmedi: "İlahi Aşk, Her Şey Mükemmelliği Sever" ilahisi bizimle değil Tanrıyla ilgiliydi; kişinin kendini feda edebileceği kadar tutkuyla sevmesi arzu edilen bir şey değildi; ancak Kutsal Yazılarda bulunan şaşırtıcı hikayeler bunun derinliğini gösteriyordu. Bu arada, pazar günlerini ve çarşamba gecelerini içinde kutsal metinleri okuyarak geçirdiğim 20. yüzyıl ortası Protestanlığı, modern ilgiye yönelik bir bakış açısıyla kutsal metinleri okudum: bu, kendi kendini yetiştirmiş erkeklerin ve ailelerin, bir yandan kendilerini beslerken, bir yandan da doğru ve yanlışlar hakkında şükranlarını sunabilecekleri ve hatırlatabilecekleri bir ortam sağladı. kendi içlerinde ve dolayısıyla toplumsal ölçekte fiziksel fayda veya sosyal etki olmadan beslenmeyi sağlarlar.

Annemle babam evliliklerini rol oyunu olarak yaşadılar. İkisi de birbirini yeterince iyi tanıyamayacağı için tam anlamıyla ilişki kurabilecekleri tek kişi birbirleriydi. Annem kendi içindeki şeytanlarla mücadele ederken, kocasının doyuma ulaşması için ona bakması öğretilmişti; annem bunu kocasında başka bir yerde aramaya bırakmıştı. Babam elinden geldiğince ailesiyle ilgileniyordu. Bunu çok çalışarak ve onların ihtiyaçlarını karşılayarak takdire şayan bir şekilde yaptı; bunun için her zaman son derece minnettar olacağım. Ayrıca hem eğitimimi hem de ilk maceralarımı destekledi, bunun için kendisine sonsuz teşekkür ederim.

Babam sevme niyetiyle gösterişli görünüyordu ama yine de aşkın hayatına girebileceğine dair herhangi bir işaretten -kendi içinden gelenler de dahil- korkuyor görünüyordu. Korku onun yaşam gücünün serbestçe akmasını engelliyordu. Görünüşte gösterişli olmasına rağmen, aşka dair niyetinin içi boş görünüyordu; kendisi de dahil olmak üzere, en ufak bir şefkatten bile korkmuş görünüyordu. Şimdi, onlarca yıl sonra, yaralı hayvan yerinin her zaman tetikte olduğunu anlıyorum; artık ancak onlarca yıl geç fark edebildiğim bir iç vücut hafızası. Her an zalimce bir hal alabilecek hoşnutsuzluğunun önüne geçmek için, gazeteciliği ve diplomasiyi etkileyerek zekam ve hırsımla onu etkiledim; kendisine dair duygusu son derece tatmin edici yollarla genişletildi. Bunu yapmaya devam etmemeye ya da gazetecilik ya da diplomasi peşinde koşmamaya, bunun yerine onu politik olarak etkilemek yerine evlilik yoluyla anlam ve teoloji sorularını takip etmeye karar verdiğimde, o beni asla anlamadı, davranışlarımdan dolayı affetmedi ve bu yüzden de beni asla affetmedi.

Ancak yıllar boyunca aile mantramız haline gelen şeye sıkı sıkıya bağlı kaldım: mutlu evimiz; iki sevgi dolu ebeveyn; onların mükemmel evliliği. Bu zirve benim hedefim oldu; yanlış olabilir, ancak bana her türlü makul ölçüyü aşan bir güven verdi - Matthew Sanford bu tür anlatılara "iyileştirici hikayeler" derdi.

Kendini sakinleştirmek çok önemlidir, ancak kendimize anlattığımız hikayeler her zaman en faydalı veya kalıcı çözüm olmayabilir. 30'lu yaşlarımın ortasındaki depresyonumun gerçeğini kabul edecek ve onunla yaşayacak kadar güçlendikten sonra, bilge bir terapistin yardımıyla gerçeği daha bütünüyle ortaya çıkarma ve kabul etme yönündeki uzun sürece başladım; sonunda bu, hayatıma yenilenmiş bir umut ve amaç kazandırdı.

Kendimi şimdiye kadarki en şiddetli aşkımı yaşarken bulmadan önce vahşi bir aşk ve evlilik mutluluğu yaşadım: annelik sevgisini. Herkes gibi bu ilişkilerin de inişleri ve çıkışları oldu; bazen başarılı olurken bazen de başarısız oldum - işler tam olarak planladığım gibi gitmediğinde kendimi affetmeyi öğrendim; tıpkı sevgi dolu/sevgili çocuklarımın kusurlu ebeveynler veya sevgi dolu/sevilen kızlar olmamdan dolayı bana birden fazla kez ihtiyaç duyması gibi.

Çocuklarımın babası Michael ve ben İskoçya'da romantik ve cennet gibi koşullar altında tanıştık - nefes kesen güzellikteki arazisi büyüledi - açıklanamaz çekicilik beni ilk görüşte büyüledi. Hayatımın o noktasında zaten kıtaları dolaşmış, erken yaşta anlamlı bir şeyler başarmış ve ilginç ilişkiler deneyimlemiştim. Hayatımın bu önemli kararını verirken, izlediğim her güzel sonlu romantik komediye, gözlerimi yaşartan her aşk şarkısına kendimi teslim ettim. Gerçekliğiyle uğraşmak yerine ailemin evliliğinin idealize edilmiş versiyonuna sıkı sıkıya sarıldım; Michael ve ben birbirimizi çok seviyorduk. İskoçya'daki düğünümüze dünyanın her yerinden arkadaşlar geldi ve bu olağanüstü bir partiydi, şimdiye kadar düzenlediğim en görkemli partiydi. Ancak aramızda geçmişler veya yaşamlar açısından çok az şey paylaşıyorduk; Bir ortağımız artık orada olamayınca hiçbir şey bizi kendimizden öteye bağlayamadı.

Modern evliliklerde sıklıkla olduğu gibi, evliliğimizin sonunda yalnız kaldık. Yeminlerimize tanık olmak için seyahat eden arkadaşlar gibi bizi iyi tanıyan ve sevenlerden uzaklaşan çekirdek aile, hem yeni hem de aşk açısından öldürücüdür: tarihin tekerrür ettiği katmanda, çiftlerden birbirlerinin her şeyi olmaları yönünde benzeri görülmemiş bir talep ev denilen yankı odasının içindeki katmandan sonra. Hiçbir erdem tek başına var olamaz; bu bile.

Evliliğim sona erdikten sonra başından beri orada olan paralel bir evrene girdim; Uzun süreli aşkın yanlış giden birçok modern kurbanından biri. İdealleştirme ve tamamlama olarak romantik aşka duyduğumuz evrensel özlem hâlâ yabancıdır; aşk şarkıları ve filmler popüler eğlence biçimleri olmaya devam ediyor. Boşanmamdan sonra, sıcak bir yuva yarattım ve eski ve yeni arkadaşlarıma akşam yemeği pişirirken ve çok uzaklardaki güzel mülklere yatırım yaparken çocuklarımı büyütmekten büyük keyif aldım.
Destek için büyük ölçüde arkadaşlıklarıma ve çalışma ağlarıma güvendiğim yıllar geçti; yine de yıllardır bir şeylerin eksik olduğuna inandım; belki aşk?

Bu hikaye iyileşmenin tam tersidir: normalde bol olan bir varoluştaki kıtlığı tasvir eder. Hayatımda her türlü sevgi var. Bekarlığa alıştıktan sonra sevgim daha teatral olmayan gündelik yollarla daha da istikrarlı hale geldi. Bundan kısa bir süre sonra bir gün, sevgi eksikliğimin gerçek olmadığını, daha ziyade hayal gücü eksikliğinden ya da önemli bir kelimenin çok dar yorumlanmasından kaynaklandığını anladım.
Bazen dikkatsizliğimin kendi kendimi yenilgiye uğrattığını düşünüyorum: Aşkı ararken çoğu zaman sadece karşılığında sevilmek istedim - bu beni hayatta gereksiz bir yola sürükleyen bir şeydi. Ancak şimdi amacım değişti ve aşk hakkında bilinmesi gereken her şeyi öğreniyorum; maceraya yeni başlayan biriyim.
İlişkiler ve etkileşimler arasında sevgiyi uygulayarak yaşam boyunca yürüme niyeti inanılmaz bir macera gibi geliyor.

* * *

Ancak benim ve bu hamleyi birlikte yapma yeteneğimizin geleceği belirsizliğini koruyor. Ancak cömertçe sorulan ve ciddiye alınan iyi sorular güçlü araçlardır. Son zamanlarda kamusal yaşamda nefreti, onun varlığını işaretlemek için yeni suçlar yaratarak tartışmaya başladık - özellikle hoşgörünün tükendiği ve insan doğasının en kötü haliyle patlak verdiği yasal kategoriler yaratarak - biliyorum, her fırsatta aşk gibi kelimelerin su yüzüne çıktığını duyuyorum. ortak yaşam özlemleri - çoğu zaman beklenmedik köşelerden.

Amerikalılar bu yüzyıl için ortak yaşam inşa etmeye çalışırken, kendimizi inanılmaz, rahatsız edici bir noktada buluyoruz. Bu çağ için ortak yaşam yaratmanın göz korkutucu mücadelesini üstlenirken, kendimizi uzun zamandır var olan ancak şimdi her zamankinden daha keskin bir şekilde ortaya çıkan ırk, gelir ve sınıfa dayalı ayrımlarla boğuşurken buluyoruz. Ayrıca yeni olan, kolektif olarak kendimize anlattığımız iyileştirici hikayelerin ne kadar yetersiz kaldığına dair yaygın bir keder duygusudur. Amerika'nın her yerinde, onların refahına fayda sağlayabilecek ya da zarar verebilecek komşularla ilişkileri değiştirmeye nereden başlanacağı konusunda bir şaşkınlık var; ancak birbirimizin refahını etkileyebileceğimiz yabancılarla ilişkileri değiştirmeye en iyi nerede ve nasıl yaklaşacağımızı veya onların refahının onların refahını nasıl etkileyebileceğini veya tam tersini bilmiyoruz; her iki taraf için de yanıtlar

kolay gelmiyor; Bu şaşkınlık aynı anda hem sinir bozucu hem de canlandırıcı geliyor: İlişkileri iyileştirecek ilişkileri nerede değiştireceğiz veya kendi refahımızın potansiyel olarak onlarınkini etkileyebileceği veya onlara doğrudan zarar verebileceği yolları ele alacağız - değişmeye en iyi nereden ve nasıl başlayacağımızı bilmiyoruz. henüz bilmediğimiz yabancılarla ilişkiler, aramızdaki ilişkileri nerede ve nasıl değiştiriyor ya da komşumuz olan yabancılara davranış şeklimizi değiştirmeye başlayan değişiklikler - herhangi bir değişikliğin etkili bir şekilde uzaklaşmaya başlayacağı ve onlarınkine zarar vereceği ilişkileri değiştirmek için? Her iki taraf da bu ilişkileri değiştirmenin nerede veya - nerede/kim/n/kimin başlayacağına dair hiçbir fikri yok; her iki tarafın da refahı birbirini olumsuz yönde etkilemediği sürece, farklılıklar birbirimizi tanımadığımız değişiklikleri başlatabilir. sahip olmak. İkisi de nerede olduğunu bilmiyor ve/birbirlerini tanımıyorlar çünkü bilmiyorlar. Bilmiyoruz. Komşularımızın kime zarar verebileceğini, kendilerini değiştirebileceğini bilmiyoruz ama biliyoruz ki komşularımız zarar verebilir/zarar verebilir veya onlara zarar verebilir veya değişim başlayabilir veya bu süreç başlayacak mı, değişim başlayacak mı! bilmiyorum.. Bu bilmiyor. Bu zaten bilmiyor biz ilişkimizi değiştirirken bilmiyoruz ya da bilmiyoruz... Bilmiyoruz.. Onlar da bilmiyor! ikisi de
Ama biz bu şekilde yaşamak istemiyoruz, ben bu şekilde yaşamak istemiyorum.

Hoşgörü bize ahlaki ve manevi gözlemlerimizi kendimize saklamayı, bunları evde tutmayı ya da iş ya da çalışma yerlerinin kapılarında kontrol etmeyi öğretti. Bunun yerine, etkileşimli bir diyalog içinde birbirleriyle ortaklaşa keşfedilebilecek soruların yanı sıra yanıtları da harekete geçirebilecek oksijeni onlara sağlamadan, bu duyguları yakın tuttuk. Bu arada, çoğu zaman ekonomik argümanlar, işgücü, eğitim, göç, mülteciler, hapishanelerdeki yoksulluk, sağlık hizmetleri vb. gibi insan yaşamını etkileyen konularda tek ifade aracımız haline geldi.
Bu "sorunları" insan yaşamının karşı karşıya olduğu zorluklar olarak yeniden çerçevelendirin ve bu "sorunları" değerlendirirken, etkili bir mücadele için sıralanması gereken uygulamalı erdem ve politik/ekonomik bilgeliğin sorgulanması da dahil olmak üzere, insanlar için neyin tehlikede olduğunu düşünün: insan mesleğinin geleceği; kefaret için alanlar yaratırken suçluları cezalandırmak, dışlanmışlara, yabancılara ve açlığa karşı giderek uzayan bir yaşam süresinde etkili bir şekilde tedavi etmek, çocukların zihinlerini beslemek ve böylece yaşayacakları dünyayı yönlendirmeye ve yaratmaya iyi hazırlanmalarını sağlamak; çocuklarımızı geleceğin liderleri olarak yetiştirmek - çünkü derinlerde bir yerde biliyoruz ki, insanlar herhangi bir ekonomik sonucun veya siyasi reçetenin temsil edebileceğinden çok daha büyük, daha vahşi ve değerlidir; içlerinde yalnızca kendilerinin tam olarak ifade edebileceğini bildikleri sırlar barındırdıklarını.
Peki ya Elizabeth Alexander'ın 2009'da Washington Mall'daki açılış gününde sorduğu gibi, "aşk en güçlü kelimedir?" Konuşmalarımızda ve etkileşimlerimizde özgürce kullanıldığında, bu kelime daha sonraki hesaplamalar ve stratejiler için gerekli

içgörüleri sağlarken onu nasıl yeniden çerçevelendirebilir ve ona meydan okuyabilir? Şairler ve politikacılar bu soruyu tek başına omuzlayamazlar, sorunun kendisi de omuzlayamaz. Bunun yerine, her birimizi yalnızlıktan çıkıp, kimliklerimizin farkına varmaya, onurlandırmaya ve tam anlamıyla mücadele etmeye yönelik sevginin canlı arzusu aracılığıyla birbirimizle buluşmaya davet ediyor. Ancak bizi insan kimliğinin enginliğiyle yeniden karşılaşmaya ikna ediyor. Manevi dehalar ve azizler uzun zamandır insanlığı sevmeye çağırmışlardır; sosyal reformcular da hayatları değiştirdi. Sivil haklar liderleri 1960'larda aşk adına ötekilikle uzlaşma için çok çabaladılar. Siyasi, ekonomik ve ırksal değişimleri "sevgili topluluk" yaratma hedefiyle başladı.
Büyüdüğümde bu hareketi veya vizyonunu bu kadar net bir şekilde anlayamadım, ancak gelişimi hayatım boyunca meydana geldi. Artık Georgia'dan bir kongre üyesi olan ve Kanlı Pazar olarak bilinen olayın kurbanı olan John Lewis, bunu benim için canlı bir şekilde eve getirdi. John Lewis beni Tuscaloosa, Birmingham, Selma ve Montgomery'de yıllık sivil haklar ziyaretine davet etti; bunlar Sivil Haklar hareketinin ortaya çıktığı kutsal topraklardır ve John ve diğer kıdemli liderler hâlâ aramızdadır ve geçmişimden pek çok şeyi hatırlamama yardımcı oldular. Başlattıkları bu hareket, önce kendi içinde, sonra da toplumla manevi bir yüzleşme eylemiydi. Gerçekleştirdikleri herhangi bir oturma eylemi, yürüyüş veya geziden önce kutsal metinleri, Gandhi düşüncesini, Aristoteles felsefesini ve Thoreau'nun yazıları gibi Thoreau'cu eserleri incelediler. Nezaket ve davranışın pratik disiplinlerini (nezaket, göz teması, ceket kravat takanların gereksiz kelimeler kullanmadan elbise giymesi gibi) içselleştirdiklerinde, bu katılım kurallarında insan beyninin işleyişine dair doğuştan gelen bir zekayı içselleştirdiler. Sinirbilimciler, bugün insan zekasının bu inceliklerini, sinirbilimcilerin gözlemlediği gibi, artık kabul edeceklerdir. Dahası, beyazların tacize uğrayan siyahilerin rolünü üstlendiği, her iki ırktan aktivistlerin ise kendilerini tehdit altında hisseden ancak kontrolü ele geçirme emri alan polislerin rolünü canlandırdığı, sosyal drama olarak bilinen yoğun rol oynama uygulandı.

Aşk sadece bir duygu değildi; şikâyeti aşan ve yavaş yavaş şiddeti dönüştüren bir varoluş biçimiydi. Einstein, ışığı ve yerçekimini anlama girişiminin bir parçası olarak ışığı kendi hızıyla kovalamakla ilgili "ya olursa" sorularını kullandı; John Lewis benzer soruları sosyal simyanın araçları olarak kullandı: Ya sevilen topluluk zaten gerçekse, asıl gerçeklik ve yapması gereken tek şey, onu başkaları görene kadar somutlaştırmaksa?

John Lewis ile yazar Sheldon May arasındaki bu konuşmayı dinleyin.

11 yaşındayken, amcam, teyzem ve bazı kuzenlerimle birlikte bir yaz ziyareti için kırsal Alabama'dan Buffalo'ya seyahat ettim - Güney'den ilk çıkışım - işlerin düzeleceği umuduyla ve işlerin daha iyi olacağına inanarak. hayat. Her şeyin eninde sonunda yoluna gireceğine inanmak istedim ve inandım.

Daha sonra, üzerinde çalıştığınız şeyin zaten gerçekleştiğine ve bundan sonra yalnızca daha iyi olabileceğine inanmanın gerekli olduğunu fark ettim.

Ve sanki yaşamak mı?
Zaten o topluluğa aitmişsiniz, sanki zaten o topluluğun bir parçasıymışsınız ya da tek bir aile ve tek ev duygusu varmış gibi yaşadığınızı hayal edin. Onun var olduğunu gözünüzde canlandırın, hatta buna inanın, sizin için o zaten var. Hareketin ilk günlerinde, sevgili topluluk duygumuzun gerçek entegrasyonunun ancak hareketin bir parçası olmakla gerçekleşebileceğine inanıyordum, çünkü özünde biz bir güven çemberi, kardeşler grubu haline geldik; siyah, beyaz, kuzeyli, güneyli; kimin ya da nereden geldiği önemli değildi; biz tek bir aile ve tek bir evdik!

Vizyonunuz gerçekleşti!

Ancak mücadelede bizim için hazırlık çok önemliydi; Şiddetsizlik gibi barışı sağlama uygulamalarını incelemek doğal olarak gelmemeli, öğretilmeli ve öğrenilmelidir. Din ve ahlak bir noktada hemfikirdir; her insanın içinde, insanlar tarafından hiçbir şekilde ihlal edilmemesi gereken bir tanrısallık yönü bulunduğunu söyleyebiliriz. Hiçbir insanın başka insanlarda bulunan bu kıvılcımı istismar etme hakkı yoktur. Bazen size saldıran, döven veya tüküren biriyle karşılaştığınızda, uzun vadeli düşünmeniz ve o kişinin masum bir çocuk olduğu zamanları düşünmeniz gerektiğini tartıştık. Ne oldu? Bir şeyler yanlış mı yönetildi yoksa birisi onlara başkalarından nefret etmeyi ve onları taciz etmeyi mi öğretti? Böyle bir durumda, umudunuzu kaybetmek yerine, insan olarak doğuştan gelen iyiliğe başvurmalısınız; asla kimseden umudunuzu kesmeyin!
İşte "Köprünün Ötesinde" adlı kitabınızdan bir alıntı: Sivil Haklar Hareketi her şeyden önce bir sevgi eylemiydi; ama şimdi bile 50 yıl sonra bile, çabalarımızı tanımlamak için çok az kişi bu kelimeyi kullanacak." Bu az önce söylediğim şeyi gösteriyor; açıklamasının bir kısmı sizin sevgiyi zengin ve çok katmanlı kullanımınızda yatıyor - çoğu insanın iyi yapamadığı bir şey!

Aşkı Gerçeğe Nasıl Getirebilir ve Tuval Üzerine Resim Yapabilirsiniz? Tuvalini kullanan bir sanatçı gibi. İnsanlar A Noktasından B Noktasına, hatta İki Noktadan Üçe ve Ötesine Nasıl Değişebilir? Aşk Yolunda Kalıcı Olmak Önemlidir.

John Lewis bunu fazlasıyla açık bir şekilde ortaya koyuyor: Bu aşk çalışması, ırk bayrağı altında insanlıktan çıkarmanın saçmalığına ışık tuttu ve onu başarılı bir şekilde ortadan kaldırdı. Bugün böyle bir stratejinin başarılı olacağını hayal etmek zor; belki de zamanı çoktan geçmiştir?

Ama Birmingham'da kendimi kendi ihtiyatlılığımı sorgularken buluyorum; John Lewis yarı şaka yarı ciddiyetle şiddet içermeyen rol oynamanın Kongre'nin bir parçası olması

gerektiğini öne sürüyor; bu, kendisinin yarım yüzyıl önce kendini başka birinin yerine koymak için kişisel eğitim sırasında öğrendiği bir şey.
Martin Luther King, 16. Cadde Baptist Kilisesi'nde dört küçük kızın yangın bombasında öldürülmesi sonrasında karşılaştığım en çarpıcı ifadelerden birini verdi: "Hayat pota çeliği kadar sert olabilir; ancak mevcut karanlığımıza rağmen inanmaya devam etmeliyiz." beyaz kardeşlerimizde."
İnsanlığa olan inancımızı düşmanlarımıza rağmen savunmak ve buna göre yaşamak; Aşkın var olduğu ama gerçekleşmesi için bizim yardımımıza ihtiyacı olduğu varsayımından yola çıkarak, şimdi böyle bir çabayı hayal edebilir miyiz?
John Lewis'in Beyaz Saray'da Oy Hakkı Yasası'nın kabulünü sağlamak için hayatını ilk kez riske atmasından yarım yüzyıl sonra, hâlâ bu yasanın bitmemiş aşk işiyle karşı karşıyayız. Bu olmadan, ırka dayalı meseleleri tartışırken çoğunlukla göz ardı edilen, çok ırklı mirasa sahip siyahi bir başkan seçmiş olmamıza rağmen, tüm yasalarımız yetersiz ve istikrarsız kalıyor. Başkanlığının ırkı kabul etmesine rağmen, ırk meselelerini kamuoyuna açıklarken yalnızca ara sıra kabul eden siyahi bir başkan seçiyoruz. Amerikalılar olarak ırkçılığı tartışacak etkili bir dile hâlâ sahip değiliz. Irkçılık çoğumuzun nefret ettiği bir şeydir ve yine de pek çok farklı ırktan çocuk insani potansiyeline ulaşamaz ve hatta bazıları doğumdan itibaren fiziksel tehlikeyle karşı karşıya kalır - her aşk ilişkisinin altında yatan o şiddetli koruma içgüdüsü burada, Amerika'da mevcut değildir; ancak tüm üyeleri için eşit haklara sahip, kapsayıcı bir toplum olmaktan uzağız. Belki de değişen şey, eylem planlarıyla ve gerekli sonraki adımlarla etkili bir şekilde ilerlemek için kararlılıkla çalışma kararlılığı için önümüze net bir yol henüz çizilmemiş olmasına rağmen, geçmişteki ihlallerimiz için tövbe ederken her şeyi giderek daha fazla kabul etmemizdir.

"Biz" burada daha düşünceli bir şekilde kullanılıyor. Yirmi birinci yüzyılın başlarında ırksal huzursuzluğun yükselişine yanıt olarak, ırkı yalnızca ten rengine göre, başka bir deyişle, öncelikle beyaz olmayan insanları ilgilendiren bir konu olarak ele alma yönündeki refleksif tepkimin farkındayım. Toplumumuz beyaz olmayan insanlardan ırkçılıkla yüzleşmek ve onu iyileştirmek için içimizdeki vizyonerler olarak hareket etmelerini bekliyor; onlar uzlaşmaya giden yolu yönlendirmeliler.
Sık sık bunu yapıyorlar. 2015 yılında Konfederasyon bayrağı nihayet güneydeki birçok eyaletteki devlet evlerinden indirildi ve müzelere nakledildi; ama daha önce Charleston'daki bir kilisede beyaz ırkın üstünlüğünü savunan genç bir kişi tarafından dokuz Afrikalı Amerikalının vahşice vurulması için kullanılmadan önce. Aynı gün ve sonraki günlerde, öldürülenlerin yakınları, anneleri, babaları, kız kardeşleri, erkek kardeşleri, çocukları ile ilgili acı anılarını paylaşırken, bu genç adam için üzüntülerini dile getirerek af dilemek için kamuoyu önünde konuştular. Sonraki haftalarda, Güney Carolina Eyalet Polis Gücü'nden Leroy Smith'in, Konfederasyon bayrağının yerini değiştirmeyi protesto eden bir mitingde sıcaktan bunalan beyaz ırk üstünlüğünü savunan bir kişiyi yavaşça koltuğuna oturttuğunu gösteren bir görüntü internette

yayıldı. Bir New York Times muhabirine göre Smith, sıkıntı içinde olan biriydi: ileri derecede demans hastası yaşlı bir beyefendi: Bu fotoğrafa dünya çapında gösterilen ilgi karşısında şaşkına dönse de, bunun toplumun son salgınların ötesine geçmesine yardımcı olacağını umduğunu söyledi. nefret ve şiddet. Fotoğrafın neden bu kadar etkili olduğu sorulduğunda basit bir açıklama yaptı: aşk. Elli yaşlarında olan bu iri yapılı ama yumuşak dilli asker, "İnsanları bir araya getiren şey sevgidir" dedi, "ve bu kadar çok kişinin bundan etkilenmesinin nedeni de bu."

İnsanlar arasında şiddet içeren ve yasa dışı eylemler gerçekleştiğinde ilk tepkimiz her zaman sevgi olmayabilir. Öfke aynı zamanda Amerika'da ırk ilişkileri meselesini gün ışığına çıkaran adaletsizliğin ön saflarında geçerli bir ahlaki tepki olarak da görülebilir. Sivil haklar konusunda çalışan yaşlıların şiddet içermeyen yaklaşımı, günümüzün gergin sivil alanlarında sıklıkla yetersiz geliyor; sevgisi bazen gerçekçi ya da uygulanamaz görünebilir.

Ancak aynı zamanda, korkunç olayların yaşandığı mekanların bizi tam olarak birey veya halk olarak tanımlamadığını da vurgulamakta fayda var diye düşünüyorum. Kolektif ve politik olarak polis kültürünün reformu, farklı ırklardan insanların refahı ve sivil yapılardaki eşitsizlikler gibi dayanılmaz sorunlarla karşı karşıya kalsak da bunlar, güçlü davranışların (romantik olmayan pratik aşkın) gerçekleri şekillendirme gücüne sahip olduğu günlük yaşamın ayrılmaz parçaları olmaya devam ediyor. zamanla yüzleşebilir ve daha büyük zorluklara şekil verebilir.
Kelimelerin gücüne güçlü bir şekilde inanan biri olarak, ünlü hukuk ve ırk bilimcisi John Powell'ın ırkla ilgili tartışmayı aidiyet merkezli bir tartışmaya nasıl açtığını takdir ediyorum. Onun öğütleri ve bilgeliği, yenilenen ırksal acıların ve özlemlerin ön saflarında aranır hale geldi. John Lewis ve diğer sivil haklar liderleri daha yaşlı olabilir ama yine de onlardan çok şey öğrendi. Ataları köle ve ortakçıydı; Stanford'da Siyah Öğrenci Birliği'ni kurdu. Bana zenci, sonra siyah, sonra Afrikalı Amerikalı olmayı deneyimleyecek kadar uzun yaşadığını söylüyor; dolayısıyla hem hızlı hem de kademeli dönüşümü aynı anda anlıyor; dolayısıyla değişime yönelik stratejilerimizi ve hedeflerimizi planlarken her iki değişim hızını da akılda tutmanın gerekliliğini vurguluyoruz.
John Powell, ırkın yerçekimine benzer olduğuna inanıyor: herkes tarafından deneyimleniyor ancak yalnızca bir azınlık tarafından anlaşılıyor. Ancak ırk hiçbir zaman bazılarının sahip olduğu, diğerlerinin ise sahip olmadığı bir nitelik olmamıştır; daha ziyade, kurulan ilişkilerle ilgilidir. Ayrıcalık ve haklardan mahrum kalma gibi etiketlerin birer kap görevi görebileceğini, insan olarak ortak zemini hayal etmemizi ve bulmamızı zorlaştırabileceğini düşünüyorum. John Powell "beyazlığı", üçüncü şahıs anlatımlarının Batı kültürüne hakim olduğu durumlarda bile kültürler ve hayaller boyunca yayılan kültürel bir varoluş biçimi olarak tanımlıyor. Beyazlık, kendi kendini yetiştirmiş pek çok erkek ve kadının yalnız ve yalnız kalarak başarılı olduğu Orta Amerika'da

büyüdüğüm, doğaya hükmetme ve boyun eğdirme anlayışının temel ahlakının bir parçasını oluşturuyor.

AĞ. DuBois, "renk çizgisini" bu yüzyılda toplumun karşılaştığı temel sorunlardan biri olarak tanımladı. Şaşırtıcı bir şekilde, modern yaşam bize renk körlüğü farkındalığının zorlu açmazını sunuyor: İyi niyetler ve bu doğrultuda kabul edilen yasalara rağmen, çevremizden miras kalan ve varlığımıza damgasını vuran içgüdülerimiz ve tepkilerimiz hâlâ bilinçli karar veremeyecek kadar yerleşiktir. Aklımızdan geçen bir renk çizgisi var ama şu ana kadar varlığından haberimiz yoktu. Ancak John Powell, bize bu konuyu doğrudan ele almanın bir yolunu sunan yeni bir "örtük önyargı" bilimine derinlemesine dalmış durumda. İnsan doğası bize bir zorluk sunuyor; ancak politikalar, ilerleme için kimyasal ve fiziksel yollar açarken içgüdüsel davranışları teşvik eden yeni deneyimler yaratarak bu zorluğun yerine getirilmesine yardımcı olabilir ve hızlandırabilir. Bu yaklaşım, kalıcı bir fikir değişikliği istediğimizde ne demek istediğimizi anlamamız için yararlı ve anlaşılır bir çerçeve sağlarken, John Powell ve diğerleri şehir yönetimlerine, polis kuvvetlerine ve okullara bu yeni bilime dayalı eğitim metodolojileri sunmaya başladılar.

John Powell ile yazar arasındaki ses alışverişini buradan dinleyin.

Son zamanlarda araştırmacılar, dünyaya karşı bilişsel ve duygusal tepkilerimizin çoğunun bilinçsiz bir düzeyde gerçekleştiğini fark etmeye başladılar. Jim Crow dönemi ve beyaz üstünlüğü dönemi tartışmalarının ötesine geçme çabalarımız nedeniyle toplum ırk tartışmasından uzaklaşırken, bilinçdışımız bilinçli benliğimize bu kadar çabalamayı bırakmasını söylüyordu; Irk hala biyolojinin, yapıların, düzenlemelerin ve düzenlemelerin derinlerine gömülü kalacaktı, bu yüzden onu tamamen unutmak yerine bunun hakkında konuşmaya devam edelim - ve konuşmalarda veya farkındalıklarda ırk yeniden gündeme geldiğinde, bu da güçlü bir şekilde karşılık verdi.

Köleliğin, ırka şu andaki bakış açımızın iki "ebeveyninden" biri olduğu yönündeki görüşünüz kesinlikle merak uyandırıcıydı, ancak aynı zamanda Aydınlanma'nın, bugün ırka nasıl baktığımız konusunda bir başka potansiyel etkileyici olduğu konusunda da ilginç bir ayrım yaptınız. Bu düşünceye katılıyorum.

Aydınlanma'dan bu yana bilinçli zihinlerin tüm bilgilere erişebileceğine inanmaya başladık. Bize makul olmayı da öğrettiler.

Evet, diğer gruplara eşit davranılmamasına rağmen ABD bireyselliğe ve bağımsızlığa son derece bağlı hale geldi; Afrikalılar, Hintliler, kadınlar veya beyaz erkek kültürüne ait olmayan, özgür olmayan grupları düşünün. Dahası, Aydınlanma Projesi'nin kibri, bizim kendimizi zar zor kontrol altında tutmamıza rağmen, etraflarındaki her şeyi kontrol edebileceklerini gösteriyordu!

Ve 1980'de bu tartışmayı yaparken şunu söyleyebiliriz: "Irk konusuna odaklanmayalım; herkese birey olarak davranalım. Neden bu kadar çok kategori var?" Ama artık bilim, zihnimizin neden bu şekilde çalıştığını açıklıyor; kategoriler beynimizin dünyayı işlemesini sağlayan şeydir; kategoriler olmasaydı tür olarak var olamazdık.

Ancak her birimizin tecrit halinde yaşaması durumu -ki bunu beyazlıkla bağdaştırdığınız, tahakküm kültürleriyle ilişkilendiriyorsunuz- devam edemez ve arzu edilir bir durum olarak kabul edilemez ve biz kendimizi buna ikna etmenin sınırlarına ulaştık.

Bunu tanımamıza yardımcı olacak pek çok ifade var. İnsanlar bağlantı kurmak için bir şeyler yapmaları gerektiğinden bahsettiklerinde bu gerçeği hafife alıyor: Biz zaten bağlantıdayız; tek yapmamız gereken bu bağlantının farkında olmak ve onu tam olarak yaşamak. Ayrışmayı düşünün: Bu, "Bağlantımızı nasıl inkar edebilirim?" demenin resmi bir yoludur. Beyazlığı da düşünün: Amerika'daki selefi, bir damla siyah kanın (bu ne anlama geliyorsa) beyazlığı yok edeceğine inanıyordu; gerçekte çoğu beyaz Amerikalı aslında siyah genler taşıyor; beyaz Amerikalıların çoğunun aslında bir düzeyde sahip olduğu ancak içinde var olduğunu fark etmediği bir şey. Görünüşe göre çoğu beyaz Amerikalı aslında vücutlarının bir yerinde en azından bazı siyah genlere sahip!
Beyaz kan ile siyah kan uzun süredir karışmıştır ve birbirimizi inkar ederek kendimizi inkar etmiş oluruz, çünkü inkar edecek başka kimse yoktur; tüm bağlantılar yalnızca kendi içimizde mevcuttur. Bu gerçeği nasıl tanıyıp kutlarız?

Bizi bölen dil ve davranışların üstesinden gelmeye çalışırken, ait olduğunuz dili kullanmanızı gerçekten takdir ediyorum. Lütfen bana bunun sizin için ne anlama geldiğini ve bizi bu uçurumun ötesine taşıma konusunda neden güçlü olabileceğini söyleyin.

İnsanın varlığı aitliğe bağlıdır. İlişkiler refahımızın anahtarıdır; Geçenlerde sağlıkla ilgili bir konferans verdim. Kendinizi izole edilmiş hissediyorsanız, bunun sağlık üzerindeki sonuçları sigara içmenin, obezitenin veya yüksek tansiyonun neden olduğu sonuçların çok ötesine geçebilir: sadece izole olmak! Dolayısıyla engelli hakları örgütleri veya ırk odaklı gruplar gibi gruplar yalnızca bu aidiyet noktasını gerçekleştirmek için var oluyor; Black Lives Matter'a veya benzer kuruluşlara bir bakın; onların öncelikli hedefi üyelik ve aidiyet beyanını yapmaktır; sonuçta birine dair algılarımız kendimizi nasıl gördüğümüzü ve birbirimizi nasıl tanımladığımızı etkiler."

Sağ.
Ve başkalarını kendimizden aşırı uzakta tanımladığımızda bu, kendimizin büyük bir kısmını kesmek anlamına gelir. Okul entegrasyonuyla ilgili ilk tartışmalarda beyaz ayrımcılar, entegre okulların mevcut olması halinde bunun siyah ve beyaz çocukların

birlikte ilişkiler kurmasına, evlenmesine ve bebek sahibi olmasına neden olabileceğini iddia etti; sivil haklar liderleri ise "Bunun evlilikle ilgili olmadığını" belirtti. Sonunda haklı oldukları kanıtlandı; insanlar bir araya geldiğinde birbirlerini nasıl seveceklerini öğrenirler ve bu da toplumu değiştirir; hatta bazıları toplumu değiştirebilecekleri için sonunda birbirleriyle evlenebilir ve birlikte çocuk sahibi olabilir! İnsanlar eşcinsellerin orada bulunmasının toplumu olumsuz etkileyeceğinden endişelendiğinde değişim meydana gelecektir; İnsanlar eşcinsellerin orada bulunmasının toplumu tamamen değiştirebileceğinden endişelendiğinde, insanlar eşcinsellerin orada bulunmasının toplumun yapısını değiştirebileceğinden endişelendiğinde. İnsanlar eşcinsellerin orada bulunmasının toplum yapısını çok fazla değiştirebileceğinden endişelendiğinde; benzer şekilde insanlar eşcinsellerin orada bulunmasının toplumu tamamen değiştirebileceğinden veya dokusunu değiştirebileceğinden endişelendiğinde. İnsanlar eşcinsellerin varlığının toplumu bozacağından endişe ederken, insanlar eşcinsellerin varlığının bir şekilde toplumun yapısını değiştirebileceğinden endişeleniyorlar. İnsanlar eşcinsellerin orada bulunmasının toplumu tamamen değiştireceğinden endişelendiğinde, insanlar eşcinsellerin orada bulunmasının toplumun yapısını bir şekilde etkileyeceğinden ve bir şekilde değişime veya bozulmaya neden olacağından endişelendiğinde, ne olursa olsun, bu da gerçekleşebilir. İnsanlar eşcinsellerin orada bulunmasının bir şekilde toplumun dokusunu değiştireceğinden endişe ederken, insanlar eşcinsellerin orada bulunmasının çok kısa sürede dokuyu değiştirebileceğini gerçekten öğreniyor! Yapı değişiklikleriyle ilgili bu endişeler yüzeye çıktığında toplum, doku değişikliklerini çok büyük ölçüde etkileyecektir! Bu endişeler bu tür görüşlerden ortaya çıktığında başka bir tehdit haline gelir, çünkü eşcinsellerin etrafta olması durumu çok daha hızlı değiştirebilir; eşcinsellerin mevcut olmasıyla toplumu bu kadar radikal bir şekilde değiştirmek zorunda kalmak, onların konumlarının bu kadar kolay radikal bir şekilde değiştiğini görünce faydalı değildir. Artan basınç nedeniyle çok hızlı olması nedeniyle daha belirgin bir şekilde meydana gelmesi çok hızlı olmasının bir sonucu olarak! Genel olarak eşcinseller sadece eşcinsellerin dahil edilmesinden kaynaklanmaktadır. Sırf eşit insanlara daha fazla sahip olduğumuz için kaldırıldığında, ya gerçekten eşcinsel olan kişilerin bu kadar çabuk olumsuz etkilenmesi kabul edilebilir! LGBT'lerin yeterince sahip olmaması veya toplumun kendisinden korkması, eşcinsellere sahip olmaktan farklı olarak algılandığında, diğerlerinin basitçe alınması nedeniyle farklı algılanır, yani onların da dahil edilmesi nedeniyle değişiklik meydana gelebilir, insanların orada bulunmasının çok erken olması o zaman Kabul edilebilir olmak, insanların, toplumu değiştirmekten başka bir şeye sahip olmayacak şekilde düşünüldüğü veya daha az olduğu düşünüldüğü için gereğinden fazla zaman aşımına uğraması anlamına gelir. Bu, bazılarının değişmesine neden olabilecek bir şeyi getirebildiğinde, "sadece varlıklarının çok kolay algılanması, çok fazla korku, çok daha fazlası (yani, bu varlığın varlığından, kendi içinde biri olduğunda (LGBT'ye sahip olmaktan önce sahip olmak) ortaya çıkabilir) üyeler de öyle. Eşcinsellerin dışarı çıkmasından endişe ederken...

İnsanlar toplumlarımızda daha fazla Latin kökenlinin olmasının evliliğin gerçekte ne anlama geldiğini değiştireceğinden endişeleniyorlar; haklılar! İnsanlar burada çok sayıda Latin'in yaşamasının Amerika'yı dönüştüreceğine inanırken, haklılar da. Farkında olsak da olmasak da sürekli birbirimizi yaratıyoruz; bunun bir kısmı, daha fazla Latin'in gruba katılmasıyla değer verdiğimiz bir şeyin değişebileceği korkusundan kaynaklanıyor olabilir; ancak bu aslında "biz"i oluşturan daha güçlü bir topluluk duygusunun yaratılmasıyla sonuçlanabilir. Doğru yapılırsa, büyük bir kolektif "biz" yaratacağız!

Ancak az önce tanımladığınız bu zorluk, yalnızca yasalar, politikalar veya okul reformu yoluyla çözülemez. Ben Dr. King ve John Lewis'in "sevgili topluluk" dilini kullanmayı tercih ediyorum; sizin de kullandığınız bir şey.

Bu doğru. O zamandan bu yana bazı dersler aldık. Mesela bir zamanlar entegrasyonu asimilasyonla eş tutuyorduk; Arthur Schlesinger bazı çalışmalarında bundan bahsetmiştir. Bu kesinlikle yanlıştı: Hepimiz birbirimiz içinde erimeyeceğiz. Bununla birlikte, sevilen topluluklar her ölçekte mevcut olmalıdır: yerelden küresele kadar benzer ve insanların ötesinde topluluklar; Bu şekilde yaşamanın toplumu daha etkin düzenleyebilmenin farklı yapılara da yansıdığını düşünüyorum.

"Birlikte rahatlamayı öğrenebiliriz diye düşünüyorum; o zaman güçten korkmamıza gerek kalmayacak." Evet, bizi rahat olanın veya şu anda kim olduğumuzun ötesine itebilir; ama sanırım oraya ulaşmak için yardıma ihtiyacımız var; şu anda dilimiz buna izin vermiyor çünkü Aydınlanma Projesi hâlâ "İstediğin her şey olabilirsin; kendi kaderini kontrol edip şekillendirebilirsin" gibi terimler kullanıyor. Hiçbir topluluk veya ulus bu tür haklara gerçekten sahip olmadığından egemenlik kavramı bile tartışmalıdır; Hepimiz ilişkiler içinde varız; iyi ya da kötü, bunlar hepimizin arasında var.

Tamam, birbirimize ait olmak ve ilişkilerimizi yeniden çerçevelemek hakkında söylediklerinizde özellikle rahatlatıcı olan şey, bireysel konular yerine ırk, gelir eşitsizliği, okullar, suç, hapsetme, ayrılmış mahalleler gibi sorun kümelerine odaklanma eğiliminde olduğumuz yönündeki yorumunuzdu. ırkçılık, gelir eşitsizliği, okul suçları veya doğal kaynakların kıtlığı (küresel olarak) gibi. Tüm bu sorunlar bireysel kaygılar olarak var olmakla birlikte; bir araya getirildiğinde bunaltıcı ve felç edici hale gelir; ait olma görevi de kolay değildir..

Hayır, ama belki de bu alıştırmanın zihinlerimizi yeni yollara açabileceğini ve eylem fırsatları yaratabileceğini düşünüyorum.

Kabul ediyorum. Sorunların aşılamaz görünmesinin bir nedeni, bunları anlamak ve çözmek için etkisiz araçlar kullanmamızdır; gerçekte bu, derin bir paradigma değişimini temsil ediyor; sanki bilgisayarları süslü daktilolar olarak görmeye çalışıyormuşuz gibi! Daktilolarda olduğu gibi, daktilo çerçevesini kullanarak bilgisayarları anlamaya çalışmak hantal ve etkisiz olabilir - bu paradigma değişimine sıfırdan bakmalısınız veya başlangıçta insanların onları atsız arabalar gibi düşündüğü otomobiller gibi diğer modelleri kullanmalısınız - metaforlar kırılıyor aşağı ve etkili bir şekilde çalışmıyor. Şu anda, tamamen başka bir şeyi içeren bir şeyi kavramak için bireysellik ve Aydınlanma dilini (bireycilik gibi) kullanmaya çalışıyoruz. Bu da konuşmayı son derece karmaşık hale getiriyor. Bazen öğrencilerime şunu söylüyorum: Kızamığı San Francisco'ya yaymak istiyorsanız, birinin üzerine bir damla damlatmanız yeterli.

Yoğun bir günde BART'a (metro sistemimiz) gidin ve onu açığa çıkarın; Mesajınız yeterli sayıda insana ulaştığında, işin geri kalanını onların ilişkileri sizin için yapacaktır. Bir sistem içinde bir dönüm noktasının nerede bulunduğunu bulmak onu tamamen dolduracaktır.

Dolayısıyla topluluklar içinde aidiyeti nasıl geliştirebileceğimiz sorusu ortaya çıkıyor.

Bunu nasıl bulaşıcı hale getirebiliriz? İnsanlar topluluk özlemi duyuyorlar ama sevgiye olan inançları eksik; bunun yerine güçlü güçler olarak öfke ve nefreti benimsiyorlar. Öfke ya da nefret gibi kelimelerin yeterli olmadığı ifadelerde bulunan daha etkili araçlar varken, aşk çok fazla iş gibi görünüyor. Ancak yine de dünyayla etkileşime girdiğimizde, birçok kişi öfke ve nefret etrafında örgütlenmenin çok daha iyi olduğuna inanıyor; Gandhi ve Muhterem Dr. King gibi iki güçlü figürün de gösterdiği gibi. Nelson Mandela yoğun bir devrimden çıktı; yine de onunla tanıştığımda bana sevgi saçıyordu. Hapishaneden erken tahliye teklif edilmesine rağmen, siyahların beyazlar üzerinde kontrol kurması yerine Güney Afrika'nın yeniden yapılandırılması ve sevilen bir toplum inşa edilmesi söz konusu olmadığı sürece bunu reddetti. Bugün bile Güney Afrika'da ve dünya çapında popülerliğini koruyor.

Bence bunun bir kısmı, işleri adım adım yapmayı hayal etmek zorunda olmamamızda yatıyor; hem kendimizin hem de başkalarının hayatına sahip çıkıyoruz, onu kutluyoruz, onunla meşgul oluyoruz ve onunla tamamen meşgul oluyoruz. Yani bana göre soru "Oraya nasıl gideceğiz" değil, "Nasıl yaşıyoruz?" Sağlıklı bir ailede veya toplumda sadece birbirimize değer verdiğimizi söylemez, aslında birbirimize değer vermeyi öğrenir ve bu gerçeği kutlarız; İyi Samiriye yasaları gibi politikalar bu çabaya yardımcı olabilir ancak bunların hepsi birbirimizi paylaştığımız, aramızda sevginin var olduğu duygusundan gelmelidir.

** **.. * Bu bölüm boş kalacağından okunabilirlik açısından bu metnin buraya eklenmesine gerek yoktur.

Şu anda kim olduğumuz ile olmak istediğimiz ideal benlik arasındaki bu boşluğa ve buna etkili, yararlı bir şekilde açılmaya en iyi nasıl yaklaşacağımıza sürekli olarak geri dönüyorum. Budist psikoloji, her büyük erdemin "yakın düşmanları" olduğunu, yani birisini önemsemekten kaynaklanan tepkilerin bizi etkisiz bir yola sürüklediğini anlamam konusunda bana destek sunuyor. Acı, şefkat ve sevginin yakın düşmanı olarak görülebilir. Hassasiyet yerini empatiye bırakıyor; yine de etkileri bizi, yaptığımız hiçbir şeyin bir fark yaratmayacağı hissiyle felce uğratabilir; Roshi Joan Halifax bunu bir tür "patolojik empati" olarak tanımlıyor. Etrafımızda muazzam acıların yaşandığı zamanlarda çoğumuz, bu acılardan muzdarip olanlarla empati kurarak üstesinden gelebiliriz. Böyle olunca şefkat devreye giriyor ve sevgi her şeye rağmen varlığını sürdürüyor.

Kamusal yaşamda, birbirimizle olan bağlantılarımızın şiddetle farkına vardığımız ve üzücü anlara katılmaya devam ettiğimiz anlar vardır. 11 Eylül 2001 böyle bir olaydır. Katrina Kasırgası da bu amaca hizmet etmiş olabilir, ancak onu nadiren bu şekilde anıyoruz. New Orleans'ta binlerce kişi, şehirlerinin sel sularında insanlık dışı koşullar altında sığınak ararken, ırksal dışlanma, köklü yoksulluk ve çevresel hassasiyet bir trajediye dönüştü; FEMA yetkililerinin bu gerçeği büyük bir manevi netlikle dile getirmesini izleyicilerin her gün izlediği gibi: "Var olduğunu bilmediğimiz insanları görüyoruz".

Birkaç gün boyunca şahitlik etme ve katılma konusunda şaşkına döndük. Bu nasıl olabilir? Komşumuz olmak ne anlama geliyor? John Powell'a göre o dönemde yapılan büyük bir anket, Amerikalıların yüzde 70'inin New Orleans'taki insani krizi hafifletmek için vergilerin artırılmasını destekleyeceğini gösterdi; Para genellikle Amerikalıların hayatta önemli olan şeylere olan takdirimizi göstermenin bir yolu olduğundan, bu devrimci, federal bir aşk ilanı anlamına gelir!
Ancak bundan sonra resimler durdu ve dikkatler FEMA'nın beceriksizliğine çevrildi; aşkı yaşayamadığımız için konuşmaktan vazgeçtik; yine de aşk sorunu New Orleans'ta ve tüm Amerikan topluluklarında aciliyetini koruyor; yoksulluk ırkla birlikte var olur; bu kombinasyon felç edici ve çelişkilidir, ancak kendi kendini yetiştirmiş insanlar olarak biz onun kendi içimizdeki varlığını henüz yeni fark etmeye başladık.
Ama yine de "gelir eşitsizliği" etrafında bir tedirginlik artıyor.

Antiseptik dil, insani dramlarımızı siyasi ve ekonomik kutulara ayırıyor ve bizi bunların temel nedenlerinden uzaklaştırıyor. Yine de, giderek daha fazla sayıda insan gözlerimizi açmaya istekli görünüyor, meselenin özünü odak noktası olarak görmeyi seçiyor, aşk meselesini her türlü ideolojik, politik veya ekonomik farklılığın üstünde tutuyor. Toplumsal tepkiyi ölçme yöntemimiz olan kamuoyu yoklamaları bu gerçeği açıkça gösteriyor: Gelir eşitsizliği parti sınırlarını aşan bir sorundur. Dini, laik ve sınıfsal çizgilerde ve gelir aralıklarında ortaya çıkan, sezgilere aykırı bakım dürtüleri var; sanki çoğumuz birbirimize ait olduğumuzu hatırlıyor ve bu sözü gerçeğe dönüştürmek istiyormuşuz gibi.

Rahibe Simone Campbell, bu kız kardeşlere şekil ve ses kazandırmaya katkıda bulunan birçok kişiden biridir. 2012 yılında her türden insanı sokaklara çıkarıp onları karşılayan, söyleyeceklerini dinleyen ve onları duyan "Otobüsteki Rahibeler"in yüzlerinden biri olarak tanındı. . Onu sınıflandırmamız gerekirse, kesinlikle Amerikan siyasetinin ilerici tarafında yer alıyor. Ancak siyasi ve manevi açıdan ayrı duruyor; vurgulamak istediğim gibi, sivil tartışma alanımızın büyük bir kısmını işgal eden, çok yönlü cevapları olan geri kalan seslerden çok daha yakın, hepimize çok daha yakın. Aktif bir Katolik kız kardeş, avukat, lobici ve kökleri sivil haklar hareketine kadar uzanan ciddi bir Zen uygulayıcısıdır. 1967'de Benedictine geleneğinin daha az bilinen birçok kolundan biri olan Sosyal Hizmet Rahibeleri ile yemin etti. Tarikatın kurucusu, topluluğunun başı olarak Macaristan'daki ilk kadın politikacı oldu. Yüksek sesle, Tanrı'nın gerçekten de bu acı çekenlerin gözyaşlarını silmeye çalışanları küçümseyip küçümsemediğini, ilk etapta gözyaşlarının özgürce akmamasını sağlamak için çalışanları da kutsayıp kutsayacağını merak etti.

Rahibe Simone, 1972 yılında Washington D.C.'de 47 Katolik kız kardeş tarafından 187 dolarlık ilk tahsilatla kurulan küçük bir lobi kuruluşu olan NETWORK'ün İcra Direktörüdür. 2012 yılında, Papa Benedict'in Vatikan tarafından kınanmasından elde edilen kamuoyunu, Ryan bütçesi olarak bilinen ve "aramızdaki en savunmasız kişilere" hizmet veren programların kesilmesini öneren bütçeye karşı bir koz olarak kullandılar. Rahibe Simone'un NETWORK'ün yirmi birinci yüzyıl politika vizyonunu "gelecek nesiller için yaşayan bir mirası hayata geçirmek" şeklinde ifade etmesine hayranım. "Asgari ücretin belirlenmesi", "yüzde 100 fayda sağlayan bir bütçe oluşturulması" ve "servet açığının onarılması" - bunların hepsi, gelir eşitsizliğini matematiksel hesaplamalar olarak ele almak yerine, yırtılmış bir dokuyu onarma çabasını akla getiriyor.

Rahibe Simone, 21. yüzyılın başındaki siyasette siyasi rakiplerini temsil eden Cumhuriyetçi liderlerden söz ederken de dikkat çekiyor. Örneğin, tartışmamız sırasında Paul Ryan'a olan hayranlığını ve içten sevgisini ifade etti (Ryan şu anda Temsilciler Meclisi Bütçe Komitesi Başkanı ve Temsilciler Meclisi Sözcüsü'dür), bu kadar düşmanca bir çerçevede bile etkileşimlerinin her ikisi için de nasıl faydalı olduğuna dair hikayeler anlattı. :

Rahibe Simone Campbell ile yazar arasındaki bu diyaloğu dinleyin.

Paul Ryan ve ben her birimiz üzerimize düşeni yapıyoruz ve çoğu zaman birbirimizi çeşitli şekillerde kızdırıyoruz, ancak bazı konularda onunla dalga geçmek hoşuma gidiyor! Bazı açılardan karşıt taraflar üzerinde çalışırken, kesişme noktamız her birimizi etkiledi ve karşılıklı yarar sağladı; Bunun bir örneği, ben ifade verirken Temsilciler Meclisi Bütçe Komitesine başkanlık eden Paul Ryan'ın önünde ifade vermekti. Bir

Cumhuriyetçi, Vatikan tarafından kınandığımı ve bu nedenle bana inanılmaması gerektiğini söylediği için peşime düştüğünde, Paul Ryan "bazı konularda farklı görüşlere sahip olsak da Kilise'nin öğretileri dahilinde olduğunu" söyleyerek savunmama geldi.

Pazartesi akşamı Minneapolis'teki stüdyomuzda Rahibe Simone ile yaptığım sohbetler beni şaşırtıyor; ondan ve onun seçimlerinin kendilerini nasıl etkilediğinden duydukları mutluluk. Onun örneği hem tefekkürün hem de eylemin aynı anda gerçekleştiğini gösteriyor ve bu da aralarındaki ilişkiyi eğlenceli bir şekilde aydınlatıyor.
Rahibe Simone Campbell ile yazar Simone Black arasındaki bu konuşmayı dinleyin

Maneviyatınız ve dua hayatınız zamanla, sizin "isteyerek yürüme" şeklinde derin düşüncelere dalma hayatı olarak tanımladığınız şeye dönüştü. Bu ifadeyle tam olarak neyi kastediyorsunuz?

Kim olduğumun merkezinde tefekkür yatıyor. Gerald May'in inanılmaz kitabı İrade ve Ruh, düşünceli yaşama getirdiğimiz tek şeyin açık bir kalp olduğunu belirtir; Korku ve tutunma ya da kavrama, onun düzgün çalışmasını engelleyen şeylerdir. Dolayısıyla kişisel olarak benim için yolculuğum, umuda, vizyona, bakış açılarına, ortaya çıkan fırsatlara doğru isteyerek adım atmaya devam etmeyi; ancak bu, insanların yiyeceğe nerede ihtiyaç duyduğuna bağlıdır; Oraya ihtiyacı olan insanlar tarafından davet ediliyorum ve biraz yiyecek sağlamak için elimden gelenin en iyisini yapmaya çalışıyorum, sadece orada bulunun veya insanlar kendi hikayelerini paylaşırken veya benim hikayelerimi anlatırken onları dinliyorum. Hayata tamamen kapanmak ve tamamen kapanmak yerine, etrafınızdaki her şeye açık bir kalp tutun!

Yoğun yaşamınız ve devasa iş yükünüz arasında bile aktif bir Zen pratiği sürdürdüğünüzü biliyorum. Bu arayışın bir parçası olarak derin düşünceye ve meditasyona zaman ayırırsınız.

Meditasyon esastır. Topluluğumun Encino'da işlettiği inziva evinde her sabah meditasyon yapıyorum ve orada ilk Zen inzivamı yaptığımda bundan tamamen büyülenmiştim. Bu canlandırıcı havuza dalmak gibiydi; o kadar ki geceleri beni ayakta tutuyordu; odaklanma duasının yapmadığı bir şeydi. Ta ki bu deneyim bir kapı açana kadar.
Zen bir meditasyon disiplinidir. Deneyimlerime göre her zaman içeriden seslenen biri vardı; Hayal gücümün içinden bu davete açık olmak hayatımdaki en büyük hediyeydi. Hepimizin tek bir beden olduğunun farkında olmak özgürleştiriciydi - bunun sadece üzerime düşeni yapmak anlamına geldiğini bilmek - kelimeler onun özgürlüğünün hakkını vermez!

Ve sanırım burada tanımladığınız şey gerçekten bu bilginin içine dalmak, o zaman...

Yani içgüdüseldir. Kişi meditasyonu bırakıp oradan yaşayabilir mi? Şöyle yazıyorsunuz: "Elinizi açık tutmak ve kavramamak meditasyon için çok önemlidir ve bu aynı zamanda ekonomik hayata birlikte nasıl baktığımıza da rehberlik etmelidir." Bu açıklama o kadar ilginç ki!

Eğer elimiz açıksa birkaç şeyi biliyorum: garantisi yok; her şey kırılgandır; sahip olduğumuz her şey hediye olarak geliyor; Bana verilen veya bana verileni paylaşmaya istekli olmak, bağlantı kurmamızın en önemli yollarından biri haline gelebilir. Etkileşim göz önüne alındığında hikayeler paradan daha fazla bir unsur haline gelir; Seni dışarıda bırakamazdım!

Birçoğumuz toplumdaki, topluluktaki ve ulustaki bireyler arasında var gibi görünen genişleyen uçurumlardan dolayı acı çekiyoruz. Ve bu umursamadığımız için değil; aslında bunu derinden önemsiyoruz - ancak bu ilgiyi anlamlı ve somut şekillerde en iyi şekilde nasıl uygulayacağımızı bilmiyoruz; bu konuda bir şeyler yapın.

Bu sürecin çeşitli düzeyleri vardır. Biri bir şeyler yapıyor. Çoğu zaman, Amerika Birleşik Devletleri'nde her şeyi düzeltmemizi beklediğimizi ve tüm sorunlar üzerinde aynı anda harekete geçmemiz gerektiğine inandığımızı hissediyorum - ki bu kesinlikle mümkün değil! Bunun yerine hikayeleri derinlemesine dinlemek çok önemlidir: bu şekilde herkes kendi payına düşeni alırsa...

Rolümüz nerede olursa olsun.

Bizim üzerimize düşen ne olursa olsun, yalnızca tek bir şey yapın, o da işe yarayacaktır. İlerici, liberal veya diğer bireyler arasında yaygın bir hata, her şeyi kendi başımıza yapmamız gerektiğine inanmak ve bunalmaktır. Posta yoluyla katılımımı gerektiren talepler alıyorum, ancak toplum hizmeti projeleri adına yapılması gereken bu kadar çok iş ile karşı karşıya kaldığımda hiçbir şey yapmamak üzere felç oluyorum; bu topluluk katılımı değildir; daha ziyade her üye kendi üzerine düşeni yapmaktan sorumludur ve bu, bireyler için bunaltıcı bir hale gelmemelidir.

"Yüzde 100"ü desteklemekle ilgili ifadeniz hoşuma gitti. Desteklediğiniz konu ve politikaların çoğu, Wall Street'i İşgal Et ve onun "yüzde 99" gibi dil kullanımıyla bağlantılı görünüyor.

İş dünyası ile ilgili yuvarlak masa toplantılarına ev sahipliği yaparken ve hakkında soru sorma fırsatını sabırsızlıkla beklediğim bazı girişimci-C.E.O türleriyle konuşma fırsatı bulduğumda, yakın zamanda yayınlanan raporlar, halka açık bir şirketin ortalama bir

CEO'sunun yıllık maaş olarak 10 milyon dolardan fazla kazandığını ortaya çıkardı; Onlara "Bu mantıklı mı?" diye sordum.

"Nasıl olur da hayatta kalmak için 11 milyon dolar gerekir?" diye sordu Rahibe Simone. Adamlardan biri hemen bunun parayla ilgili olmadığını söyledi; daha ziyade biz çok rekabetçi insanlarız, ne pahasına olursa olsun kazanmaya hevesliyiz ve para sadece başarının mevcut ölçüm çubuğudur."

Bu yüzden kendime soruyorum: Daha az toksik önlemler bulabilir miyiz? Çünkü gerçekte durum bu: kimse parayı istiflemek istemez, onlar sadece kazanmak isterler, dolayısıyla onların ortak çıkar için motivasyonlarını daha iyi anlayabilirsek, daha fazla fon serbest bırakacak başka önlemler keşfedebiliriz. Bakış açılarına dair merakı geliştirerek, elimizdeki her şeyle savaşmak ve direnmek yerine beklenmedik çözümleri ortaya çıkarabiliriz; bu, bir şeyi yıkmak yerine pekiştiren, tefekkür yaşamının önemli bir yönüdür.

Şimdi, çok fazla tartışmadığım bir şey neşedir. Sık sık şaka yapmaktan hoşlanırım; Bu yolculuğun temelinde mutluluk yatıyor. Çoğu zaman ilericiler kirli görünürler; bu potansiyel acemiler arasında pek ilgi yaratmıyor! Bunun yerine, bizim inanılmaz hediyemiz bu hayatı birlikte yaşayabilmemizdir; Dünyamız kadar inanılmaz bir çeşitlilik ve olanaklar sunan pek fazla yer yok; hayat veren fırsatlar verirken, karşılığında hayatın verdiklerinin tadını çıkararak nişinizi bulun.

Rahibe Simone'un tefekkür ile faaliyet, tutku ile merak, sıkı çalışma ile oyun arasında bir denge kurmaya yaptığı vurgu, Agape, pratik aşk veya kamusal aşk kavramına derinlik ve boyut katıyor. Derin dinleme, her türlü romantik ilişkinin temelini oluşturan kalıcı bir erdemdir ve Rahibe Simone, tatmin edici ve tutkulu bir hayat yaşamak için bundan defalarca referans noktası olarak söz eder. Herhangi bir durumda kişinin derin dinleme pratiği yapıp yapmadığını belirlemeye yönelik araçlar olarak şu öz değerlendirme satırlarını sunuyor: "Cömertçe, bencilce mi yoksa saygılı bir şekilde mi yanıt veriyorum? Bu tür sorular, aktif bir dinleyici olma yolunda ilerlemeye başlama fırsatları sağlar.

Soru 2: Sevilen topluluk olabilmek ne ölçüde ve hangi yollarla günlük çaba ve odaklanma gerektirir. Ve özellikle nereden başlamalı?

* * * Aşkı mükemmel bir şekilde özetleyen tek bir hikayeyle ya da her şeyi açıkça dile getiren tek bir sesle düşüncelerimi tamamlayamam. Bunun yerine anılarımı ve metaforları kendi düşüncem olarak sunuyorum.

İlgi çekici ve şiirsel bir astrofizikçi olan Natalie Batalha, bana bilimdeki kariyerinin aşka bakış açısını değiştirdiğini söylüyor. Onun için aşk karanlık madde gibidir; dünyamızın her alanına nüfuz eden, bizim anlayamayacağımız veya kullanamayacağımız kadar gizemli olan, görünmez ama tükenmez bir güçtür. Yaşanabilirlik için gezegenleri avlamaktan (er ya da geç başlaması gerektiğini söylediği bir çaba) aşkın neden temel bir anlam taşıdığı konusunda mümkün olan en muhteşem perspektiflerden birini sunuyor: Benim için iyi olan, başkalarına da yarar sağlar ve dolayısıyla uluslararası ölçekte. Jeofizikçi Xavier Le Pichon, hafriyat çalışmalarına ilişkin anlayışında, insan topluluğunun özündeki bakımın anlaşılmasına ilişkin bir benzetme keşfetti. 1960'larda levha tektoniğinin öncüsüydü ve bilimin yalnızca gerçeklik görüşümüzde devrim yapmakla kalmayıp tüm insanların onu algılama biçimini değiştirdiği kritik anlardan birinde önemli bir rol oynadı. Onlarca yıldır ailesiyle birlikte bakım topluluklarında (örneğin, Jean Vanier'in Fransa'daki L'Arche topluluğu) engelli ya da daha sonra akıl hastalığından muzdarip ailelerle yaşayarak geçirdi. Aşk dolu bir hayat yaşamış biri. Kırılganlığa uyum sağlama yeteneğinin, ister jeolojik ister insani olsun, hayati, gelişen sistemlerin temel taşı olduğunu ileri sürüyor. Belirli sıcaklıklarda jeolojik faylar harekete ve sünekliğe izin verir; diğerlerinde aşırı basıncı serbest bırakan gerilim tahliye valfleri gibi davranırlar; Depremler, zayıflıklar doğru şekilde ifade edilemediğinde meydana gelirken, zor durumda olanları görmezden gelen katı topluluklar zamanla büyüyememe eğiliminde olur; Değiştiklerinde bu genellikle şiddetli ayaklanmalar veya devrim yoluyla olur.

Xavier Le Pichon, tarih boyunca daha büyük insan potansiyeline yol açan niteliklerine bakarak Eksen Çağı hakkında kişisel bir çalışmaya başladı. Tarihi, arkeolojik alanlarda bulunan Neandertal kanıtları gibi tamamen beceri ve araçlarla ilgili kilometre taşları aracılığıyla tanımlamamızı kafa karıştırıcı buluyor.
İlk insanlar yaralı veya engelli kişilerin bakımı için büyük çaba ve fedakarlıklarda bulundular.

Yazar ile Xavier Le Pichon arasındaki konuşmayı buradan dinleyin.

Kendilerini bebekler etrafında yeniden organize etmek, tıpkı her memelinin yaptığı gibi yaşam için çok önemliydi; insancıl toplumu doğuran bir başka evrim, hastalık veya sakatlık nedeniyle acı çeken ve desteğe ihtiyaç duyan insanları destekleyen örgütlerin yükselişiydi - bu, genellikle insani toplumlar olarak bilinen şey haline geldi. Fransızcada; Bu örgütlenme biçiminde çok yeni ve özel bir şey vardı: En çok ihtiyaç duyanların toplum yaşamının merkezine yerleştirilmesi sayesinde yeni temas noktaları oluşturuldu.

Dorothy Day, hem gazeteci hem de Katolik hayırsever olarak benim en büyük ilham kaynaklarımdan biridir. Hayatının büyük bölümünde bohem yaşam tarzı göz önüne alındığında onun azizlik adaylığını şaşırtıcı buluyorum. Ama aynı zamanda, isminin zaman ve mekan ötesinden rol model arayan günümüz gençleri arasında sık sık anılması da beni çok şaşırttı. 8 yaşındayken California, Oakland'da 1906 depremi San Francisco'yu yerle bir ettiğinde, Rosie de Gray'den güç ve ilham alarak bu depreme onurlu bir şekilde katlandı. Sonraki günlerde, Oakland halkı birbirlerine yardım ederken ve San Francisco'daki komşularının teknelerle karşıya geçmesine yardım ederken boş boş durdu. Büyülenen bu çocuk dikkatle izledi. Dorothy Day, son derece insani, karmaşık ve macera dolu hayatı boyunca yaşadığı önemli ve konuyla alakalı bir soruyu gündeme getiriyor: Neden her zaman bu şekilde yaşayamıyoruz?

Hem sözlere hem de eyleme olan tutkusundan dolayı ona ilgi duyuyordu. Anılarında, Uzun Yalnızlık, rahat bir üslupla, bir zamanlar yaşadığı Katolik İşçi hareketi hakkında ve aynı zamanda kurucusu Dorothy Day'in bu hareketin Amerika'da başarılı bir şekilde yürütülmesinde nasıl etkili olduğunu yazdı.
Bugün de desteklemeye devam ettiği bir gazetecilik projesinin ve sosyal hareketin başlatılmasına yardımcı oldu: Amerika şehirlerindeki muhtaç insanları beslemek ve giydirmek.

"Tam konuşuyorduk ki insanlar dışarıda toplanıp bağırmaya başladı: 'Ekmeğe ihtiyacımız var!' Onlara basitçe şunu söyleyemezdik: 'Gidin ve karnınızı doyurun.' O günün sunularından balıklı altı küçük ekmek kalırsa, her zaman yeterli ekmeğin olması için bunların aramızda paylaştırılması gerekiyordu." O anda insanlar her yönden bize doğru gelmeye başladı. Konuşmamız başka isteklerle kesintiye uğrayınca konuşmaya devam ettik. Alabilenler alsın. Bazıları taşındı ve bu da daha fazlasının gelmesine olanak sağladı; bu duvarların genişlemesine neden oldu. Sevinç bazen kolay elde edilemese de, kişinin keyif alma görevini akılda tutması çok önemlidir. Bazıları, Katolik İşçinin ana niteliğinin yoksullukta yattığına inanıyor; bu, katılmayı düşünürken akılda tutulması gereken bir şey. Birçoklarına göre topluluk her şeyden önemlidir. Artık yalnız değiliz; aşk damgasını vurdu ve her zaman da vuracak. Yıllarca süren yalnızlığın ardından aşk çözüm oldu; toplumla birleşen aşk, bugün de devam eden bir şey."
Sevgiyi toplum içinde tartışmak zor olabilir, ancak Leroy Smith veya Dorothy Day gibi dürüst biri, hayatındaki önemli şeyler hakkında konuştuğunda, bu yankı uyandırır. Anlattıklarını tanıyoruz. Onların yüce gönüllülüğünü bir kenara bırakabilirsin; aşırı kriz anları, aksi takdirde uykuda kalacak olan kahramanca dürtüleri ortaya çıkarır; halka açık sevgi gösterilerinin insanlığı tanımlamadığını kesinlikle iddia edebilirsiniz; Dorothy Day'in, sonunda bekarlık yemini etmek de dahil olmak üzere inanılmaz bir fedakarlık hayatı yarattığını fark edebilirsiniz; bu, çok azımızın yaşamlarımız boyunca veya toplum veya aile baskıları nedeniyle bunu yapmaya çağrıldığında yapmayı umabileceği veya hayal edebileceği bir şeydi!

Zaman zaman yaşadığım bu iç çatışmayı bilge ve sevgi dolu röportaj konularına sıklıkla soruyorum. Örneğin yazar Paul Elie, Thomas Merton, Walker Percy, Flannery O'Connor ve Day'in biyografisini yazarken Dorothy Day'i inceledi. Elie'nin Day'in hayatı üzerine yaptığı araştırmaya göre, Day'in sevgi dolu nezaketin yalnızca büyük kriz

anlarıyla sınırlı olmaması gerektiği, her an ortaya çıkabileceği inancıyla yaşadığını keşfetti; birileri şu anda bir yerlerde bunu yaşıyor.
Paul Elie ile yazar Paul Elie arasındaki bu tartışmayı dinleyin.

İnsanlar kendi krizlerini yaşarken birine ihtiyaç duyarlar; müdahale etmek için tüm şehirlerin yanmasını beklemezler. Toplumun değişebileceğine inanıyordu çünkü doğal olarak aşka eğilimli olduğumuza inanıyordu; yaradılışımız bizi birbirimizi sevmeye çağırıyor; çekişme ve savaş o aşkın deformasyonudur; bunun yerine dışa doğru bireylere veya birbirlerine karşı değil, içeriye doğru topluluk sevgisine yönlendirilmelidir. Etkili bir radikal örgütleyiciydi ama Katolik İşçi'yi harekete geçiren şeyin programatik çabalar olmadığını, bunun yerine insanların doğal olarak gelen şeyi yapması olduğunu her zaman açıkça ortaya koydu: topluluk içinde birbirlerini sevmek ve daha sonra bunun hakkında konuşmak.

Anthony Appiah'ın tarih ve dünya çapındaki ahlaki evrim hakkındaki görüşleri bana umut veriyor ve yalnızca doğru değil aynı zamanda onurlu kabul edilen kökleşmiş uygulamaların zaman içinde nasıl hızla değişebileceğine dair anlayışlarıyla beni rahatlatıyor. Anne ve babasının 1950'lerdeki ırklararası evliliği, Bil Bakalım Akşam Yemeğine Kim Geliyor filminin en önemli hikayelerinden birini oluşturdu. Her neslin, hayatın bir noktasında, bir zamanlar ortak olan bir şeye hayretle baktığımız ve kendimize "Ne düşünüyorduk? Nasıl bu şekilde yaşayabilirdik?" diye sorduğumuz bir an vardır. Dr. Pemberton hem aile hayatında hem de akademik yaşamında böyle bir noktayı yaşadı. Appiah, Çin'de ayak bağlamanın nasıl sona erdiğini araştırdı; düello yapmak, onurlu bir beyefendinin anlaşmazlıkları çözme yöntemi olmaktan çıktı; Britanya İmparatorluğu'nun bir parçası olarak kölelik kaldırıldı. Araştırması, yapıları yıkmak için hareketler ve liderler ortaya çıkmadan önce, değişimin her insanın kalbinde yavaş yavaş başladığını öne sürüyor.

Bu eser, yirmi birinci yüzyılın başlarında evlilik, aşk ve cinsiyet ilişkilerinde neler olup bittiğini açıklamanın bir yolunu sunuyor. Bize nihayet zorbalıkla ara sıra yüzleştiğimizi gösteriyor; Bunun aynı zamanda başkalarını sorumlu tutmanın makullüğü konusunda da bir miktar anlayış taşıdığını düşünüyorum.
Aşk varoluşumuzun temel taşıdır; geçmişimiz veya koşullarımız ne olursa olsun.

Anthony Appiah'ın günlük hayata yönelik reçeteleri canlandırıcı derecede basittir. Amerikalıların sorunlu olarak algıladıkları sorunlarla yüzleşirken tercih etme eğiliminde oldukları çözüme dayalı yaklaşımlarla doğrudan saldırmak yerine, farklılığa "yan yana gelmeyi" savunuyor. Ahlaki değişim, eski anlamdaki konuşmalar yoluyla gerçekleşir; birey olarak bizi oluşturan insanlığımızın sıradan yönleri etrafında insani bağlantılar oluşturur.

John Paul Lederach'ın - haiku yazan, çatışma çözümü ve uluslararası üne sahip dönüşüm uygulayıcısı - sosyal değişimi anlamaya çalıştığımızda hayal gücünün çok dar bir şekilde odaklanma eğiliminde olduğu yönündeki görüşü, zihnimde silinmez bir iz bıraktı. Kritik kitleler - mitingler, bir araya gelen liderler ve sokaktaki çok sayıda topluluk - eski gerçeklere meydan okumak ve değişimin önünü açmak için rahatlatıcı bir çıkış noktası sağlayabilir. Ancak zaman ve kıtalar boyunca çatışan gerçeklikleri dönüştüren insanlarla çalışma deneyiminden yola çıkarak, küçük beklenmedik gruplar arasındaki yeni ilişki nitelikleri aracılığıyla, yıllar ve on yıllar boyunca sabırla ve istikrarlı bir şekilde bu rahatlatıcı noktalardan önce ve sonra yeni gerçeklikler hayal ediliyor ve hayata geçiriliyor. insanların. İlk bakışta pek muhtemel olmayan müttefikler gibi görünebilirler; her biri toplumsal yelpazede farklı yerleri temsil ediyor ve çeşitli tutkuları ve bakış açılarını paylaşıyor. Ancak hayatlarının kök saldığı karşıt dünya görüşlerinin çıkmazı ile karşı karşıya kaldıklarında, korkudan tedbire doğru adımlar attılar; John Paul Lederach'ın "eleştirel maya" yaratmak olarak adlandırdığı sonuç bu.

Kuzey İrlanda'dan Kolombiya'ya ve Nepal'e kadar gerçeklikleri dönüştürdüğüne tanık olduğu belirli nitelikler şunlardır: Kendi yaklaşımlarına karşı bize karşı bir duruş sergilemekten kaçınırlar; sevgi ve cesaretle donatılmışlardır ve eylemlerinin bir parçası olarak karmaşık yaratıcılık yoluyla ahlaki hayal gücünü kullanırlar; böylece kendileri de sanatçı oluyorlar.

Aşıklar sanatçıdır. O cümleyi keyifle yazıyorum ve hemen ihtiyatla ve özürle nitelendiriyorum. Hayatta güvenlik her zaman ilk sırada gelmelidir.
Babamla birkaç yıldır ayrıyız. Başarısızlığının gerçeğini bu sayfalarda paylaşmaktan korksam da, hem aşktaki hem de kendimizdeki bu başarısızlığı affetmek ikimiz için de çok önemli; aşk her zaman istediğimiz ya da hayal ettiğimiz gibi görünmüyor; bazen sevginin her şeyden önce gelmesi gereken ölüm kalım durumları ortaya çıkar; diğer zamanlarda aşk, pratikte gerçekleştiremeyeceğimiz idealist bir kavramdır; her iki durumda da aşk, mayalı sosyal sanatçı gruplarını ve gerektiğinde çatışmalardan etkilenenlerin yanında yer almaya istekli köprü insanlarını gerektirir - bazen özel alanda olduğu gibi kamusal alanda da aşk boyun eğmek anlamına gelir.

Hayat bazen karmaşık ve bunaltıcı olabilir, ancak hepimiz yakın çevremizde kendilerini önemseyen insanları tanıyoruz. Her ne kadar aziz ya da kahraman olmasalar da - basit bir iyilik yaparken bile kendinizi tükenmiş değil enerji dolu hissettiğinizi unutmayın - bilim adamlarının artık doğru olduğunu gösterdiği bir şey! Nezaket eylemleri kelimenin tam anlamıyla kişiden kişiye yayılabilir - bunların arasında en belirgin olanı sevgi - ancak çoğu zaman anında tatmin sağlayabilir.
Bazılarımızın komşu olarak bilme ve orada bulunma görevi var; ben bu görevi sevgi dolu ilişkilere benzetiyorum; Bu tür ilişkiler, ortak yaşamın temel dokusunu oluşturur ve sevginin aramızdaki sınırları aşıp aramızdaki uçurumları rahatlatması gibi,

aramızdaki uçurumları da kapatabilir. Sivil yaşamdaki açık kırılmaların önünde durmak aynı derecede göz korkutucu olabilir ama aynı zamanda bizi her gün rahatsız eden, zarar veren veya deliye çevirenlere karşı misafirperver kalma zorunluluğu nedeniyle daha da karmaşık olabilir; ancak bu, bizi rahatsız eden başkalarına karşı haklı haklı öfkemizle misafirperver bir şekilde durmayı gerektirebilir. Bizi her gün gücendirin veya zarar verin; her iki zorlukla da doğrudan mücadele edilmelidir!

Konukseverlik yumuşakça parıldayan bir kelimedir; eylem halindeki aşka davetkar bir giriş sağlar. Kendi grubumuzda tanımadığımız diğer gruplar arasında homojenlik olduğunu hayal etme eğilimindeyiz, ancak ailemiz, meslektaşlarımız ve arkadaşlık gruplarımız içinde her zaman hayran olduğumuz ve hoşlanmadığımız, bazılarına hayran olduğumuz ve diğerleri bizi deli eden insanlar olacaktır; mümkünse ilişkileri sürdürmenin yollarını buluruz, hayatımızın farklı anlarında ve zaman dilimlerinde aşkın ne anlama geldiğini keşfederiz; Bize en yakın olanlar genellikle belirli konuların ne zaman açılmayacağını veya bir tür fikir alışverişi sırasında herhangi bir noktada ne zaman açılmaması gerektiğini bilirler!

En çok önemsediklerimizle, çoğu zaman sadece bir arada olmak ve konuşmamak, etrafımızdaki dünya için yeterli zekadır. Aşk nedir? Bu soruyu, onu en son ne zaman ve nerede gördüğünüze dair bir hikaye anlatarak cevaplayın. Ve sonra git kritik maya ol!

Elizabeth Alexander "Günün Övgü Şarkısı"nı besteledi; son kıtaları aşağıda mevcuttur.

Barack Obama 20 Ocak 2009'da göreve başladı.

Yazar Elizabeth Alexander ve Elizabeth Alexander arasındaki bu konuşmayı dinleyin

Bazıları komşusunu kendisi gibi severek yaşar.

Şiddet içermeyen bir davranış sergileyerek ve yalnızca kendileri için ve çoğunluğun iyiliği için gerekli olanı vererek başkalarına zarar vermeyin veya gereğinden fazlasını almayın. Sevginin sahip olduğumuz en güçlü silah olduğuna inanıyor musunuz?

Evlilik, evlatlık ve ulusal bağları aşan aşk

Sürekli genişleyen bir ışık çemberi yayan aşk, önlenemez bir acıdır.

Bugünün parlak parıltısı, bu kış havası bulaşıcı bir sıcaklığa sahip.

Her şey yaratılabilir ve yazılabilir, herhangi bir cümle başlatılabilir. Kenarda, kenarda veya zirvede; her şey mümkün!

Bu ışıkta ilerlemek için şarkıyı övüyorum.

Ars Poetica'da şiirin aşkla ilgili olmaması gerektiğini belirttikten sonra açılış şiiriniz "Günün Övgü Şarkısı"nda hoşuma giden şeylerden biri de onun odak noktası olmasıydı.

Bu şiir mükemmel.
Aşk politik bir ana, kamusal bir alana çağrıldı. Niyetlerine sadık kalarak bunun siyasi olarak nasıl başarıldığını anlamakta zorlandım, ancak siz bunu bir şekilde zekice ve dürüstlükle başardınız. Yine de tuhaflığının yanı sıra inanılmaz bir ağırlığı da vardı; olağandışı varlığı güçlü ama yine de etkiliydi - özellikle de göreve başlamanızdan bu yana geçen beş uzun yıldan sonra, her türlü acil sorun aşk hakkında konuşmayı o gün olduğundan daha da az alakalı hale getirirken.

Şiirin sadece aşk ve romantizmden ibaret olmadığını söylediğimde, romantik aşkın kelimelerle başladığımız yer olmasından bahsediyorum. Ancak şiir, romantizmin yanı sıra çok daha fazlasını kapsar: ayıklık, ciddiyet ve sorumluluk, hepsi şiir yazarken ortaya çıkar.

Sorunuz şuydu: "Ya aşk en büyük güç olsaydı?"

Şiirlerim sıklıkla bu gerçek soruyu kendiliğinden ortaya koyuyor ve bir röportaj için gelmeye hazırlanırken, bir manevi uygulama biçimi olarak şiirlerde ne kadar sıklıkla gerçek sorular sorduğumu düşündüm. Bazen bu sadece benim bilgisizliğimden kaynaklanıyor; diğer zamanlarda şiirler, kişiyi bir şeyi anlama yollarına yönlendiren, ancak sonunda gerçek sorularla sonuçlanan gerçek bilmece benzeri soruların sorulabileceği fantastik alanlar sağlar.

Ya Aşk En Güçlüyse?" şu soruyu gündeme getiren ilgi çekici bir düşünce deneyidir: Oldukça çeşitliliğe sahip toplumumuzda ve ülkemizde aşk, anlaşmazlıkları aşıp insanları bir araya getirebilir mi? Kudretli çok tekil bir kelime - ancak çok daha fazla anlama sahip olmalı! Olmasını umduğum gibi hepimizi birleştirecek kalıcı bir sevme gücü olabilir mi? Ama aşk her zaman bu şekilde işlemez.
Şikayeti önlemek, açılış töreni gibi olağanüstü bir ulusal etkinlik sırasında bile evlilik, aile ve ulusal bağları aşan sevgiyi gerektirir. Aşk sadece ulusumuzdaki insanlarla ilgili olamaz; aşk bu önemli olayın çok ötesine uzanmalı.

Modern yaşamın ve aile ilişkilerinin merkezi bir özelliği haline gelen ötekilikle karşılaşmamızı düşündüğümüzde aşk uygun bir kelime gibi görünüyor. Kendimi sık sık 1960'lardan sonra hoşgörüyle baş etme yöntemimiz olarak düşünürken buluyorum; aşk çok daha fazlasını ister.

İyi evet; özellikle de şikayeti önleme ihtiyacını hissetmeyen aşksa. Sadece farklılıklara tolerans göstermeyen, aynı zamanda onlarla tartışarak meşgul olmak yerine, onlarla oturarak, dinleyerek, kabul ederek ve kabul ederek onları aktif olarak kucaklayan sevgi.

Haksızlığa uğradıklarını hissedenlerin düşüncelerini ifade etmelerine yardımcı olacak pek çok etkili yaklaşım vardır. Hepimiz nasibimize düşen mağduriyetleri yaşıyoruz; Bu kaygılar doğrudan dinlendiğinde ve buna göre ele alındığında, bu, insanları ileriye taşımak açısından çok şey sağlayabilir.

Sorunlar çözülmeden kaldığında bile birlikte yaşamak mı? Amacımız bu mu olmalı?

Beni özellikle büyüleyen şey, evrensel ile özel arasındaki ilişki ve tikellerin evrenselleri nasıl aydınlattığıdır. Geçenlerde Büyük Britanya'nın Hahambaşı ile ilginç bir bakış açısı sunan ilginç bir diyalog yaşadım: Ahlaki hayal gücü evrensellikle başlar ve özelde biter; bu, Batı kültürünün çoğu zaman çeşitliliği yorumlama biçimine çok zıt bir şeydir: Amacımız herkesin eşit olduğu bir dengeye ulaşmak olmalıdır. bizi birleştiren şeyleri kutlarken, tüm kültürlerde ne kadar çok benzerliğin bulunduğunun farkındadır; ama siz "çeşitlilik yeni bir şey değil" gibi ifadeler kullanıyorsunuz.
Şiirleriniz, şiirlerinizin belgelediği ve arşivlediği ezoterik "Zenci ezoterizmi, tuhaflıkları ve tuhaflıkları" arşivliyor ve koruyor. Siyahların benzersiz deneyimini günlük hayatımıza getirmenin gücünü nasıl algılıyorsunuz? Belki bunu yanlış bir şekilde soruyorum ama umarım referans noktamı anlarsınız.

Pek çok yanıtım var. Konuştuğumuzda özelliklerimiz ortaya çıkma eğilimindedir; bu, günümüz İngiltere'sinde olduğu kadar antik Yunan'da da geçerliydi; Bu herkes için olduğu kadar beyaz insanlar için de geçerli. Bildiklerimizden, yaşadıklarımızdan konuşuyoruz; bundan yola çıkarak paylaştığımız şeylerde evrensel bir şeyler bulmaya çalışıyoruz. Ancak eğitim sistemimizin Afro-Amerikan deneyimini anlatının bir parçası olarak tam olarak kapsamadığına inanıyorum; böylece insanların Afro-Amerikan deneyiminin Amerikan yaşamı hakkında zengin merkezli bir anlatı sağladığının daha az farkına varmasını sağlıyor. Kimse Amerika'yı özlememeli; Bu, derinlemesine bir yaklaşım benimsemeyen ve bu yaklaşımı kendileri uygulamayan birçok kişi tarafından feci şekilde yanlış anlaşılacaktır. Eğitimci benliğim, herhangi bir sabit plan olmaksızın daha sezgisel olarak hareket eden şair benliğimden bu konuyu çok daha iyi kavramış durumda. Adrienne Rich bunu "enkaza dalmak" olarak tanımladı. Şair halimin istediği de tam olarak bu; sadece hikayeler değil, enkazın ta kendisi! Eğitimci tarafım, Afro-Amerikan deneyiminin ABD kültürü ve siyaseti içinde merkeze alınmasını güçlü bir şekilde savunurken, benim bu tarafım bu hedefe daha çok odaklanıyor.

Burada hem Amerikan hem de insan hikayeleri devreye giriyor.

Kesinlikle, olumlu. Bir dakika ister misin? Xavier Le Pichon ile yazar arasındaki bu konuşmayı dinleyin.

Katolik sosyal aktivist Dorothy Day, San Francisco depremi sırasında henüz gençken felaketlerden sonra neler olduğunu ilk elden deneyimledi. Felaketin ardından insanlar bir araya gelerek birbirlerine ilgi ve özen gösterdiler; bu da Dorothy'nin kendine "bu neden bizim normalimiz olamaz?" sorusunu sormasına ilham verdi. Hayat genellikle kriz geçer geçmez normal seyrine devam eder; insanlar hayatlarının çoğunu bu yaklaşıma adadıklarında ve bunu normal hale getirdiklerinde ne olacağına dair bir fikriniz var mı? Belki zaman içinde sizin öngörebileceğinizden daha fazla insan aynı şeyi yapabilir?

Bu son derece yerinde bir soru ve ben de sıklıkla bunu düşünüyorum. Cömert ve açık olduğunu düşündüğüm bazı insanlar tanıdım ama yavaş yavaş kendilerini kapattıklarına, dışarıdan müdahalelerden korktuklarına, kalplerinin baraj gibi kapanmaya başladığına tanık oldum. Bunun neden olduğu benim için bilinmiyor. Diğerleri giderek daha açık görünüyor. Bazı olağanüstü kişilerle tanıştım. Rahibe Teresa ve Jean Vanier olağanüstü insanlardı; her ikisi de başkalarıyla açık bir şekilde ilişkiye girme, gizlenmiş veya incinmiş olabilecek yanlarıyla her zaman doğrudan bağlantı kurma konusunda olağanüstü bir kapasiteye sahiptir. Zamanla derinleşen yeni hayatlara girme yeteneklerine tanık oldum; neredeyse iki ayrı yol aynı anda var olabilirmiş gibi! Artık çoğu insan için ikisinin arasında bir yer varmış gibi görünüyor.

İnsanlar, savaş veya büyük kazalardan, aile içinde değişikliklere yol açan özel trajedilere kadar felaketler meydana geldiğinde ani uyanışlar yaşayabilirler. Bazen insanlar farklı tepkiler verir ve insanların beklemediğiniz şekillerde değiştiğine tanık olabilirsiniz. Acı dolu ilişkileri çevreleyen belirsizlik kaçınılmazdır, ancak deneyimlerim, hayatımızda acı çekenlerin yanında yürümeye başladığımızda ve onların varlığını reddetmeden veya reddetmeden kabul etmeye başladığımızda, onların varlığının bizi giderek eğitip güçlendirdiğini ve bize yeni varoluş yollarını gösterdiğini gösteriyor.

Kalbiniz eğitilir. Bu hayran olduğum bir şey.

Evet birbirimizden öğrenmeliyiz. Kalbim tek başıma eğitilemez. Öğrenme ilişkiler yoluyla gerçekleşir. Başkaları tarafından eğitilmeyi kabul ederek - onlar için neler olup bittiğini anlatırken dinleyerek veya onların bizim dünyamıza erişebilmeleri için kendinizi onların dünyasına kaptırarak - o zaman insanlar arasında derin bir şey olmaya başlar - biz buna iletişim diyoruz ve bu, İsa'nın bize yaşam hakkında öğrettiği bir şey. kendisi - komşularınız arasında İsa'nın dediği gibi kalıcı bağlar kurmayı öğrenin ve sonra tamamen yeni bir şey keşfedin!

Eve Ensler ile yazar Jennifer Egan arasındaki bu diyaloğu dinleyin.

Kanserle mücadele ederken edindiğiniz en önemli içgörülerden biri aşkın doğasıyla ilgiliydi. Kanser deneyiminizi son derece düşündürücü buldum; Beni gerçekten düşündüren şeylerden biri, o aşırı anda, genellikle anladığımız şekliyle aşkın (romantik aşk, evlilikler ve sevgililer) sizin için nasıl pek işe yaramadığını anlatmanızdı; pek önemli gelmiyordu ve yine de bu tür ilişkiler hakkında sıklıkla yaptığımız denklemi sağlamıyordu - yine de çoğumuzun beklentilerimizin önerdiği gibi varsaydığından daha az sevgiye eşit değildi - ve yine de bunun önemli bir farkındalık olduğunu anladınız: bunun, bu tür konuları tartışırken normalde neyle karşılaştırıldığında genel olarak yaptığımızla hiçbir ilgisi yoktu - bu eşit olmazdı -
Hayatınız sevgiyle doluydu ama bir şekilde o sizden yokmuş gibi görünüyordu. Ancak daha yakından incelediğinizde onu her yerde buldunuz; ilişkilerde, doğada, hatta kendinizde. Bu kelimeye veya şeye ilişkin hayal gücünüz çok sınırlıydı.

Romantik aşk kesinlikle. Ancak bizim aşk anlayışımız çok basit ve basit görünüyor: "Ruh eşiniz" olacak bir kişiyle tanışacaksınız.

Bu deneyimi paylaşabilecek hiç kimseyle tanışmadım; ancak uzun süreli evlilikleri olan bireyler de olabilir. Ancak herhangi birinin henüz mükemmel partnerini bende bulduğunu iddia edebileceğinden şüpheliyim; eski aşk anlayışlarım çoktan dağıldı. Ve şimdi hayatımda çok heyecanlı hissediyorum çünkü o eski aşk kavramları ortadan kalktı. Her ne kadar kanser hâlâ peşini bırakmasa ve varlığını sürdürse de, iyileştiğimden bu yana bu alanı birlikte paylaşmamız bana büyük bir mutluluk verdi. Bu kadar çok kalıntıdan nasıl kurtulabiliriz? Sadece temizlemeye devam etmelisin. Ancak sağlığıma kavuştuğumdan beri bugün burada, hepinizle birlikte bu alanı işgal etmekten inanılmaz bir memnuniyet duyuyorum. Bu yaz günlerimi arkadaşlarımla İtalya'da dans ederek, yüzerek, konuşarak ve unutulmaz akşamların tadını çıkararak geçirdim; her an benim için çok değerliydi ve canımdı. Doyumumuz, onun bir gün geleceğini düşünmek yerine, "Ah, yakında gelecek; bir gün büyük aşk geldiğinde" gibi yalan söylemeyi seçtiğimizde yatıyor - eğer mutluluğun yalnızca burada bulunabileceği söylenirse o zaman bu sizin gerçekliğiniz olabilir - ". Ama şimdi zaten sizin için burada; her saniyenin tadını çıkarın!
Demokratik Kongo Cumhuriyeti'nde sizin için dua eden, yardım ve sevgilerini sunan insanların günlük, incelikli nezaket eylemlerini deneyimlediğinizden bahsediyorsunuz. Ayrıca Kongo Demokratik Cumhuriyeti'nde sizin adınıza dua eden kadınların dualarının sevgi dolu jestler olduğunu fark ettiğinizden de bahsettiniz.
Kesinlikle. Dün gece, zihnimin geçmişteki sevgililere, kocalara ve aynı zamanda bugüne kadarki hayatımdaki aşk başarısızlığına gittiği o kötü gecelerden biriydi. Bunu anlayamadım; artı başa çıkmam gereken kendi yakınlık sorunlarım da vardı. Ne kadar

çok güzel insanın benim için geldiğini fark ettikten sonra, kaçının yolculuğumu
desteklediğini anladım: Kemoterapi gördüğümde her sabah bana kahvaltı hazırlayan
Marie Cecil; annemi son kez görmeye giderken çantalarımı toplayan torunum; bu
insanlar her şeyi mümkün kıldı. Kız kardeşim kanepede her an benimle birlikteydi,
alnımı rahatlatmak için rahatlatıcı bezler sunuyordu ve şöyle düşündüğüm o inanılmaz
anı yarattı: "Aman Tanrım! Hayatım çok zengin; aşk ve cennet ikisi de burada; cennet
tam karşımda." Kapitalizm tasarlanmış özlem üretiyor; gelecekte olabilecekler
konusunda içimizde arzu uyandırıyor; her zaman bir sonraki ürün, bir sonraki büyük
şey için çabalıyor."

Etrafına bak; kıyafetler her zaman aşkın sembolü olarak kot pantolon giyen ateşli,
seksi bir çifti tasvir eder. Baştan çıkarmayla ilgili her şey onlarla bağlantılı görünüyor;
Uyandığımızda o kadar da mükemmel görünmüyoruz ama gerçeklik yine de lezzetli,
dağınık ve kendi tarzında insani olabilir. Belki hayatlarımızı çok sık ünlülerin kültürüyle
karşılaştırıyoruz, dolayısıyla hayatlarımız aslında neye benziyorsa, cennet olarak
algıladığımız şeyle tam olarak uyuşmuyor; bu, işleri dramatik bir şekilde daha iyiye
doğru değiştirebilir!

Marie Howe ile yazar arasındaki şu konuşmaya kulak verin: Pek çok insan için John'un
AIDS'ten ölümüyle ilgili şiirleriniz son derece dokunaklı ve hayat verici oldu. Ancak
kendinizi işinize kaptırırken beni etkileyen bir yön, tarzınızın her zaman ne kadar
tutarlı olduğuydu: kişisel trajediler hakkında yazarken sıklıkla duygusal içerikli güçlü bir
dil kullanıyorsunuz - "Bütün Arkadaşlarım Öldü" şiirinde olduğu gibi.
Şiirleriniz sıklıkla aileden bahsediyor. Veya tam tersi - şiirden sonra şiir, aile
ilişkilerinden veya ailelerin kendisinden bahseder.

Aileler hayatımızın merkezindedir; öz ailemiz, seçtiklerimiz ve arkadaşlarımız veya
çocuklarımız aracılığıyla edindiklerimiz. Aile hayatı dramatik olabilir; Yakın ailemde 11
kişiyle büyüdüm; her gün olup bitenlerle doluydu; Çocuklar alt katta bilardo
oynarlarken, kız kardeşim de arka bahçede çocuklarıma nezaret ediyordu ve konuklar
bir akşam 50'ye kadar uğrayabiliyordu! Artık durumum büyük ölçüde değişti; Kızımı
kirası sabit olan küçük bir dairede tek başıma büyütüyorum.

Sadece bir tane oldu.

Ondan biri ve benden biri, Greenwich Village'da, asıl ailemin evinde bir oda olarak
nitelendirilemeyecek, kirası sabit, küçük bir dairede birlikte yaşıyoruz; burada,
alkolizmden mustarip olanlar da dahil olmak üzere, tüm bu insanlar nedeniyle hiç
kimse yeterince ilgi görmedi. bu da evimize kaos getirdi. Olaylar çoğu zaman hızla
şiddete ya da dramatik bir hal alıyordu; bu benim atalarım arasında da sıklıkla
oluyordu. Bizimki de farklı değildi.

'Kız Kardeşime Mektup' adlı şiirinizden bir satır sormak istiyorum.

Ah hayatım. Az önce söylediklerimiz bu fikirle çelişse de "Kimse bize söylemedi" sözü doğru gibi geliyor.

Bu kadar büyük bir evde farklı insanlar, nerede olduğunuza ve yaşlarına bağlı olarak farklı şeyler deneyimlediler. Hatırladığım bir şey çok net bir hususstu. Yetiştirilme tarzım birçok bakış açısını ve gerçeği kökleştirdi; bu şiir travma yaşayan kız kardeşime bir onay niteliğindeydi. Birleşme girişimlerine rağmen alkolizmin ilişkileri nasıl parçalayabildiğini göstermek istedim; Herkesin aynı anda bir odada olmasını isteseniz bile, bunun doğası her türlü ortak anlayışı veya deneyimi parçalıyor - bu satırlar şu fikri aktarmaya çalıştı: bir kız kardeşin kırık konumundan doğrudan konuşmaya çalışması.

Sanat, kalplerimizin daha tam olarak açılmasını sağlamak için yazdığınız veya belki başka bir röportajınızda söylediğiniz yollardan biridir. Çocukluğunuzdan, aile hayatınızdan, köken ailenizden ve yetişkin olarak anne olmadan önce görece geç yaşta şair olmanızdan bahsetmiştik. Sanatın açık kalplere yardım etme üzerindeki etkisini nasıl açıklarsınız; bu sizin ve başkalarının hayatlarının farklı aşamalarını nasıl etkiledi?

Hayat çekilmez olmaya başladığında sanat tek çaremiz olabilir. Derinden değer verdiğimiz insanlar vefat edecek. Ve bir gün biz de onlara katılacağız; çocukları arkamızda, bitkileri arkamızda, üstümüzde güneş ışınlarını, düşen yağmur damlalarını ve daha fazlasını bırakacağız. Sanat bize aynı anda hem yaşadığımızı hem de öldüğümüzü hatırlatan bu bilgiyi taşıyabilir; Tanrıya şükür ki bunu başarabiliyor, çünkü kurumsal Amerika'daki hiçbir şey bu perspektifi geri sağlayamaz.

Bugün insanlar benim için dayanılması imkansız olan, hayal bile edilemeyecek acılar yaşıyor; tam şu anda dünyanın her yerindeki cezaevlerinde birileri sebepsiz yere işkence görüyor; Psikotik olmadan buna nasıl katlanabileceğimi bilmiyorum; John öldüğünde, onun ölümünün kalbimi daha da açmasına ya da kapatmasına izin vermem gerektiğini biliyordum.
Açık, yakın birini kaybetmenin acısını çeken pek çok kişinin olduğunu görmemi sağladı. Onların topluluğunun bir parçası olmak harika bir duyguydu.

Dört yaşındayken kızım Austin, Texas'ta yatağını toplarken neden bunu yapmak zorunda olduklarını sordu; Cevabım: Çünkü sana öyle söyledim. O anda bütün kardeşleri yataklarının arkasından koşarak geldiler. Arkamı döndüğümde herkesin yine orada durduğunu gördüm... ve olan bitene hepimiz birlikte güldük. Milyonlarca insan alkışlıyordu ve ben de onlara katıldım. Dünyamızda olup bitenlerden soyutlanmış hissetmek yerine, bu kadar büyük bir topluluğun arasında olmak, diğerlerine katılmak çok harika bir duyguydu; yoksa bunun sadece bizim başımıza geldiğini düşünebiliriz. Bu, hayatı yaşamanın berbat ve yanlış bir yolu olurdu ki bence sanat, Thomas Hardy, Doris Lessing, Virginia Woolf veya Emily Dickinson'ın okumalarından Emily Dickinson şiirlerine kadar sürekli olarak bize yansıyor; sadece insan hikayelerini gösteriyor ki biz bunu yapmayın. Kendimi o kadar yalnız hissetmiyorum ki bu gerçekten mucizevi bir şey.

Kate Braestrup, Maine parklarında ve ormanlarında çalışan oyun gardiyanlarına, tehlike veya felaket meydana geldiğinde arama ve kurtarma görevlerine çağrılan kolluk kuvvetlerine hizmet veren Üniteryen Evrenselci bir papazdır.

Onlarla yaptığı çalışmalar onu, kendi deyimiyle, insan deneyiminin önemli anlarına, hayatların aniden değiştiği, diğerlerinin ise beklenmedik bir şekilde ortaya çıktığı anlara götürüyor.

Kate Braestrup ile yazar arasındaki şu konuşmayı dinleyin: Tibet felsefesinin hayatımızın çoğunu ölüme hazırlanarak geçirdiğimizi gösterdiğini fark ettiniz, ancak ele aldığınız vakaların çoğu bu gerçeğin farkına varmayan insanları içeriyor. Hiç kimse sevdiklerinin ölümüyle yüzleşmeye hazır hissetmiyor ya da böyle şeyler meydana geldiğinde evrenin bir anlamı yok.

Doğru ve tam da bu nedenle kasıtlı olarak hazırlık yapmamıza gerek kalmaması faydalıdır.

Ayrıca Christina ve Anna Love hakkında anlattığın bir hikaye de var.

Kitabımda değiştirmeden sakladığım isimlerden biriydi bu.

Anna Love, mucizeler ve bunların tüm sonuçları üzerinde düşünürken tanıştığınız alışılmadık bir kadın polisti.

Christina ormanda ölüme terk edilmeden önce kaçırılan, tecavüze uğrayan ve öldürülen genç bir kadındı. Bu, gardiyan servisi de dahil olmak üzere birçok farklı kurumun cesedini kurtarmanın yanı sıra sorumlulara karşı kanıt toplayıp analiz etme konusunda işbirliği yapmasını gerektirdi. İlk başta bu deneyim, dahil olan herkes için, özellikle de ailesi için hayal edilemeyecek kadar acı vericiydi. Bu etkinlik, Maine'de yaşama anlayışımızı, çocuklarımızın ve kendimizin güvende hissedip hissetmediğimizi teste tabi tuttu. Uyarı vermeden saldıran kötülük konusunda ne yapabiliriz? Bir genç kadının herhangi bir sabah sabah 7'de otoparkta başka bir genç kadınla buluşması için

pek çok şeyin düzgün bir şekilde hizalanması gerektiğinde mucizeler devreye giriyor -
bu, düşünebildiğim herhangi bir mucizeden daha olası görünmüyor!

Bu nedenle benim mucize tanımım sadece ilahi bir şeyden ibaret değil; Bunun
gerçekleşmesi için tüm parçaların hizalanması gerekir. Kötü şeyler de oluyor; bazen
gerçekten kötü şeyler.
Başka bir perspektiften baktığımda -ki ben olaylara böyle bakıyorum- günlük
yaşamımda Tanrı'yı aramıyorum veya O'nun varlığını aramıyorum.
Tanrı hayatımda sihir veya hilelerden çok daha incelikli yollarla çalışıyor; Her gün şahit
olduğum birbirini seven insanlar ve hizmet eylemleriyle kendini gösteriyor. Bu olay
Tanrı'nın işini inceleme altına aldı çünkü genel olarak konuşursak, cinsel tacizcilere ve
katillere pek sık maruz kalmıyorum - kazalarla veya alkol tüketimi nedeniyle kötü
seçimler yapan ancak davranışlarında hiçbir zaman kasıtlı olarak kötü niyetli olmayan
insanlarla uğraşma eğilimindeyim .

Dolayısıyla bu durumda sevginin kanıtını arıyor olsaydık, onu bulmak ve ailesiyle
arasını tüm kısıtlamalara rağmen düzeltmek için ellerinden geleni yapan erkeklerin
kalplerinde ve ellerinde bariz bir yer olurdu.

Çok geçmeden zamanı geri döndüremeyeceklerini ya da onu yeniden
canlandıramayacaklarını anladılar.

Bu hatalı olayın ortadan kalkmasını sağlayın.

Tamir edemediler. Ve hala yanıt vermeleri benim için gerçekten çok güzel; Bir şeyi
düzeltemedikleri zaman yanıt verme isteklilikleri nefes kesici derecede takdire şayan.
Süpermen olmak bu olduğunda çok tatmin edicidir; Son nefesi bedenini terk etmeden
önce bir çocuk bulduklarında. Bu benim için şaşırtıcı; Ancak beni gerçekten şaşırtan
şey, bu polis memurlarının ve oyun gardiyanlarının hayatlarını, dayanılmaz derecede acı
verici olabilecek ancak çevrelerinde gördükleri zarar veya kötülüğün onarılmasına veya
geri alınmasına yardımcı olamayacak şeyleri yapmak zorunda kalacak şekilde nasıl
kurdukları. gerçekten olağanüstü ve takdire şayan.

Ve bu özel örnekte kurban Anna Love'dı.

Anna benim davamın baş araştırmacısıydı. Bu davada birlikte çalışmadan önce uzun
süredir tanıdığım son derece ciddi bir genç bayan.
Bundan çok önce onu bir dedektif olarak hayal etmek kolaydı; Zeki, ciddi ve kalp
şeklinde bir yüze sahip; bu da izleyicilerin gözünde canlandırmasını kolaylaştırıyor.
Tüm bu bilgileri araştırması ve şüphelilerin saklanabileceği makul yerler bulmasıyla,

şüphelilerle tekrar tekrar görüşmenin yanı sıra suç mahalline geri dönmeden önce olaya karışan tüm tanıklarla görüşmeyi gerektiren bir yer buldular.

Ve hepsi sadece üç günde mi? Bu davayı gerçekten başarıyla kapattı.

O yaptı. Ancak tüm bu faaliyetlerin arasında, göğüs pompasıyla teğmenin ofisine gizlice giriyordu; yakın zamanda doğum yapmıştı ve sütü doğrudan yeni doğan çocuklarına verebilmesi için kocasıyla (aynı zamanda bir polis memuru) birlikte eve biberon göndermesi gerekiyordu. Bu jestte gerçekten sevimli bir şey buldum.

Makalenizde şunun altı çizildi: "İdeal bir kültürde genç kızlar, rozetler ve göğüs pompalarıyla süslenmiş Anna Love aksiyon figürleriyle oynarlardı.

Anna Love birçok açıdan bu dava için ideal bir dedektifti. Bunun gibi paradokslar çözülemez; onların ayrı şeyler olarak var olmasına izin vermelisiniz. Bir yanda her düzeyde adil ve haksız olan bu korkunç olay yaşandı; yine de tüm bu adamlar karşılık verdi; buna Christina'nın ölümüne neden olan bu kişiden intikam alan emziren bir anne rolündeki Anna Love da dahil; ama bunların hiçbiri hiçbir şeyi değiştirmedi; sadece her iki tarafın da aynı anda var olması - sanırım bu hem yeterli hem de yeterli değil?
Sözleriniz aynı zamanda hem derin hem de basit bir şeyi ortaya koyuyor: Mucizeler hayatları geçici olarak iyileştirdiğinde, bu mucizeler yalnızca kısa süreli olabilir; çoğunlukla fiziksel iyileşme yerine yalnızca sevginin yeniden dirilişidir.

Hıristiyanlık ve ben çoğu zaman anlaşmazlığa düşüyoruz, onun sormadığım soruları yanıtladığını düşünüyorum. Eğer hayatınızdaki en önemli değer sadece nefes almak ve etrafta dolaşıp sandviç yemekse, o zaman bu sizin her şeye cevabınız olur ve ölüm anlamsız hale gelir; çünkü şu anda kim hayatta olursa olsun, eninde sonunda hepsi ölür ve biz de kabul etmediğimiz tüm bu kavramları öne sürmek zorundayız. henüz göremiyorum veya bağlantı kuramıyorum; ancak pratik ilgileri olan biri olarak bu beni tatmin etmez; Doğrudan görebileceğim ve harekete geçebileceğim somut, somut bir şey istiyorum.

Dolayısıyla bunun yerine sevginin en önemli şey olduğunu öne sürersem, acı, kötülük ve acıyla dolu bir dünyayla sonuçlanırım; yine de peşinde koşmaya değer bir şeyim var; çabalayacağım ve katkıda bulunabileceğim bir şey. Kişisel olarak konuşursak, bu daha iyi sonuç verir.

John Powell ve yazar Peter Thiel arasındaki konuşmayı dinleyin

Her şeyden bunaldığımı hissettiğim ve babamla konuştuğumda, gerçekten her şeyin kontrolümden çıktığını hissettiğim bir nokta vardı. Bana her şeyi kendi başıma yapmaya çalışmamamı söyledi ama Tanrı'nın yanımda olduğunu hatırlatarak mücadelelerimi kabul etti; gerçi benim hatam kendi etrafımda örgütlenmek yerine O'nun etrafında örgütlenmeye çalışmaktı. Yaptığım hatanın, Tanrı'nın etrafında onun gibi örgütlenirken onun tavsiyesine uymamak olduğunu fark ettim.
Bu yüzden...

Başlangıç modunuz beyazdı.

Kesinlikle doğru; bu nedenle hem konfor alanlarımızdan çıkıp hem de onlardan kurtulmaya hep birlikte çalışmamız gerektiğine inanıyorum.

Birlikte ele alındığında, bu ifadeler başka bir röportajda ilginç bir gözlem ortaya koyuyor: Bugün beyazların çoğunluğu 1950'de yaptıklarına kıyasla entegre mahalleleri ve okulları tercih ediyor; bunun ne anlama geldiği belirsizliğini korusa da; ne olursa olsun dünyamız ve demografimiz değişti; Beyaz yerleşim bölgeleri ruhsal beslenme açısından çok az şey sunuyor ve zamanla ruhsal olarak yozlaşmış durumdalar." Buna ek olarak, çoğu insanın, beyaz, siyah, Latin veya başka türlü olaylara farklı bakmak istediğinden bahsettiniz "ama ne yazık ki nasıl olduğunu ve hatta bunu bilmediğini söylediniz. hayatın farklı olduğunu hayal edin". Ayrıca şu ifadeyi söylediniz: "Sanırım çoğu insan, beyaz, siyah Latin veya diğer insanlar farklı bir şey ister ama nasıl olduğunu veya alternatif bir gerçeklik hayal ettiğini bilmiyor."

Karşılaştığımız şeyin bu olduğunu söylerken benim ve diğer birçok insan adına konuşuyorsunuz; Her şeyden önce farklı görememe konusundaki bu yetersizliğin üstesinden gelinmesi gerektiğini düşünüyorum. Chicago yakınlarındaki Oak Park hakkındaki hikayeniz bu hikayeyi anlamamda bana gerçekten yardımcı oldu; genellikle insanlar entegrasyonun konut değerlerinin düşmesine neden olduğunu varsayar; bu sefer konut değerlerini değiştirmemek için alınan çok pratik bir önlemi anlattınız; bu küçük hikayeler, daha büyük anlatılar kadar önemli.

Oak Park, Chicago'da ve birçok ayrılmış bölgeden birinde yer almaktadır; Cook County, ABD'nin herhangi bir ilçesinde en yüksek siyah nüfusa sahiptir ve burada birçok ayrımcılık çalışması yapılmıştır. Oak Park, ayrımcılığa karşı duran olağanüstü küçük bir topluluk olarak öne çıkıyor; bu nedenle Oak Park'ı daha da belirgin kılıyor. Liberal beyazlar oradaydı ve siyahlar taşınmaya başladı, bu da liberal beyazların ev değerlerinin hemen satılmadan düşebileceğine dair endişelerini dile getirmelerine neden oldu. Bu nedenle yerel yönetim, değerinin düşmesi durumunda bunu telafi edecek bir sigorta poliçesi önerdi; bu, sonuçta uygulamaya konuldu ve politika olarak benimsendi.

Beyaz sakinler tek bir poliçe ödemediler. Beyazlar banliyölere daha fazla taşınmadı. Ve bu 50 yıldır doğru; bu, birçok düzeyde ilgi çekici bir gözlem haline geliyor, çünkü bu beyaz insanların ırkçı olduğunu iddia edebilirsiniz; belki de sigorta poliçelerini bahane olarak kullanıyorlar. Ama onların sözlerine inanmaya ve onları oldukları yerde kucaklamaya ve onlarla etkileşime geçmeye hazır mıyız? İnsanların aynı anda birden fazla endişesi olsa bile endişeleri vardır.

Katrina'yı düşünün; Başımıza bela olan bu felaket hikayeleri etrafımızda her yerde var ama biz onlar hakkında pek konuşmuyoruz. Su yükselmeye başlayınca siyahlar çatıların üzerinde mahsur kaldı. Kamuya açıklanmayan şey ise tüm Amerikalıların, aslında tüm ırkların cömertçe bağışta bulunduğu gerçeğidir. Bu, Amerikan tarihinde farklı toplumlar arasında görülen en büyük sivil bağış programlarından biriydi; yani beyaz Amerikalılar, Latin Amerikalılar ve Asyalı Amerikalıların hepsi, siyah Amerikalı olarak algıladıkları kişilere yardım etmek için bağışta bulundular. İnsanlar insanlığımızın paylaşıldığını, ırklararası çiftlerin en hızlı büyüyen demografik gruplardan biri olduğunu iddia ediyorlardı. Latinler değil, ırklararası çiftler ve etnik gruplar arası çiftler değişimin ön saflarında yer alıyor; o anda ve orada zaten kendileri olan insanlar, eğer aramaya başlasaydık, çevremizdeki her yerde bunun ifadeleriyle farklı bir Amerika tasavvur etmeye çalışıyorlardı. Bakarken, çoğu zaman beklenmedik bir şekilde, her yerde ifadeler beliriyordu.

Bunlar nadiren kabul edilir, tartışılır veya kabul edilir; artık onları kucaklamamızın ve desteklememizin zamanı geldi!

Vincent Harding ile yazar arasındaki konuşmayı dinleyin.

Geçenlerde bizi uzaktan izleyen BBC'yi dinledim. Başka bir toplumsal kargaşa ve suikast dönemi olan 1960'larla ilginç bir karşılaştırma yapıldı, ancak bir gazeteci asıl farkın umut olduğunu belirtti: Büyük kargaşa ve şiddet dönemlerinde bile insanlar hâlâ hedeflere doğru ilerleme kaydettiklerini hissedebiliyordu, şimdi bir şeyler eksik. Bu analiz hakkındaki düşünceleriniz neler?

Özünde bu konu o kadar karmaşık ki, ancak sınırlı bir başarı ile çözebilirim. Bu ülkede gözlemlediğim şey - nereye gidersem gideyim - insanlar bir umut ve olasılık duygusuyla hareket ediyor gibi görünüyor: ister Detroit, Atlanta, ister Philadelphia'daki kampüs hayatı, ister her yerdeki kiliseler dışarı çıkan kadın ve erkeklerle dolu. umut ve iyimserlik.

Benim izlenimim şu ki, 1960'larda herkes tarafından belirlenebilecek ve odaklanılabilecek daha büyük bir umut duygusu vardı. Amerika'daki beyaz topluluklar için şu anda meydana gelen derin dönüşümlerden biri, kendi rolleri, kendi kontrolleri

ve bunun yaşamları ve özgürlükleri açısından ne anlama geldiği konusunda artan bir belirsizliktir.
Konfor bölgesinin dışına çıkıp, daha önce keşfetmesine izin vermediği, keşfedilmemiş bir bölgeye doğru ilerledi.

Ve bugün kendimizi burada buluyoruz; bu nedenle, Martin Luther King'in sevilen bir topluluk yaratmaktan bahsederken neden bahsettiğini anlamamız ve bu hayalin gerçeğe dönüşmesi için bazılarının bir zamanlar yalnızca kendilerine ait olan şeylerden vazgeçmesi gerektiğinin farkına varmamız zorunludur. Sevgili bir millet olabilir mi? Hadi bir deneyelim ve öğrenelim.

Yazılarınız sıklıkla ilgi çekici bir soruyu gündeme getiriyor: "Amerika mümkün mü?" Bu soruyu yanıtlarken umudun somutlaştığı yanıtlar olarak aklınıza neler geliyor?

80. yaş günümden sonra yaşamanın en büyük zevklerinden biri birçok harika insanla tanışmak ve vakit geçirmekti. Mesela Philadelphia zamanımın çoğunu geçirdiğim yer. Kuzeybatı tarafında, diğer kiliselerde genellikle dışlanan gençlere kalbini ve kollarını sonuna kadar açan ve onlara çalışmasıyla neler başarabileceklerini gösteren olağanüstü bir kadın papazın liderliğindeki bir Metodist kilisesiyle yakından ilgilendim.

Denver ziyaretleri sırasında bir grup Philadelphialı projemizi ziyarete geldi ve Philadelphia sokaklarından giyinmişlerdi; onların hareketleri, oradaki farklı sakinlerle etkileşimde bulunurken bu tavrı yansıtıyordu. Biri erkek biri kadın iki genç Philadelphialı beni bir anlığına durdurdu: iki genç adam ayrı ayrı yanıma gelip "Bir dakika konuşabilir miyiz?" diye sordular. Zaten bana Vincent Amca diyorlardı ve onları neden bu kadar sevdiğimi bilmek istiyorlardı. Benden gelen bu sevgiyi tanıyacak bir farkındalığa sahip olduklarını gördüm; Birçok Amerikalının yurt dışında yeni insanlarla tanışırken eksik kaldığı bir şey bu. Yeni insanlarla tanıştıklarında, benim gibi biriyle tanıştıklarında veya bu haberi duyduklarında, içlerinde bir büyüklük hissi hissedebileceklerini bildiklerini gördüm: bunu bilmek.
Sevgi yalnızca içeriden gelebilir ve herkes, kendi toplumuna daha önce sağlanmayan olumlu bir katkıda bulunma gücüne ve sorumluluğuna sahip olduğunun farkına varmalıdır.

Onların var olduğunu biliyorum çünkü Greensboro, Kuzey Carolina gibi yerlerde onlarla çalışan yetişkinlerden bazılarını tanıyorum; Detroit, Michigan; New Mexico ve Los Angeles bölgesindeki rezervasyonlarda - bu durumlarda gençler ve yetişkin bakıcılar arasında ilişkiler kurduk - çünkü onların şefkatli bakımlarını gördüğümde, hissettiğimde ve kabul ettiğimde, onların bizim sevdiğimiz toplulukları inşa etmek için gereken her şeye sahip olduklarını biliyorum. hepsi yaratmaya çalışıyor.

Çalışmalarım, geri kalmış ve ülkeleri için değişim yaratma yeteneğinden yoksun olarak kabul edilen, tıpkı 1960'larda Derin Güney'de tanık olduğum gibi, umutsuz, işe yaramaz ve amaçsız olarak görülen insanlarla ilişki kurmayı içeriyor. Geriye dönüp Tiananmen Meydanı ve Prag'ı düşündüğümde, Mississippi ve Alabama'daki işe yaramaz diye bir kenara atılan aynı insanların nasıl küresel çapta değişim getirebildiklerini hatırlatıyor - bunun ülke genelinde birbirini seven gençlerle yeni olasılıklara doğru sürekli olarak devam ettiğini görüyorum; bu da benim "Yeter ki mümkün kıldığımız sürece evet" cevabımı doğurur.

Hayatımın ilk yıllarındaki inancımı hatırladığımda, korkularla birlikte geliyor. Sadece korku değil, özlem de vardı orada.

Okumaya başladığımda, İncil bulmacaları bana ulaşım anları, rahatlık ve okul ve kilise müziği boyunca beni ayakta tutacak canlandırıcı engin olasılıklar sağlayacaktı - her ne kadar o zamanlar tam olarak bu biçimde olmasa da! Küçük hayatımı kozmosun büyüklüğüne ve Hıristiyan dramasının uzay ve zaman ötesine bağlayan ilahileri söylemek, nefes-beden-zihin ve ruhun bir araya geldiği, tanıdık ve tanıdık olmayan insanlarla uyum içinde hem gizem hem de gerçeklikle canlı kaldığı ilk deneyimlerimden biri oldu. öyle bir an oldu ki; bu deneyim, bugün inancı nasıl tanımladığımı şekillendirmeye yardımcı oldu: bu, Tanrı'dan bahsederken veya onun adına konuşurken kendiniz hakkında kendiniz hakkında neye inandığınıza inanmak anlamına gelir! chaudiere Ben kimim ki Tanrı adına konuşayım veya O'nun adına konuşayım; Ama şuna inanıyorum:
Eğer Tanrı varsa - ki bu inanılmaz bir basitleştirmedir - o zaman O'nun bize umutsuzca ihtiyacı yoktur; O bizi arzular ve ona ihtiyaç duyar; günlük yaşamda varlığımızı minnettar, dikkatli ve cesur kılar.
Tanrı tanımlarına dair en sevdiğim klasik yaklaşımlardan biri şöyle: Eğer Tanrı "evrenin ardındaki akıl" ise, O bizim zihinlerimizi onurlandırır; O bizim "varoluş zeminimiz" olarak bütünlüğümüzü kutsar.
Benim için çocukluk dini, ahlaki mükemmellik ve yetersiz kalmanın sonsuz maliyeti ile ilgiliydi. Bana göre inanç, ahlaki mükemmellikten farklı olarak ahlaki hayal gücünü içerir; hala bunun tam olarak ne anlama geldiğini ve onu kendimde ve başkalarında en iyi şekilde nasıl geliştirebileceğimi belirlemeye çalışıyorum; bu dilin ortak yaşamda nasıl ifade bulabileceğiyle mücadele etmek; sonuçlar beni çoğu zaman şaşırtıyor çünkü bunlar, yaşayan hafızadaki kamusal dini imgelerden çok farklı ve başladığım yerden çok uzakta; ancak bu dilin yeniden anlaşılmasıyla, büyük gelenekler tüm kaygı verici görkemleriyle yeniden erişilebilir hale gelir.

İnanç dinamiktir; tüm kültürlerde ve yaşamlarda. Tanrı'ya veya duaya inandıklarını iddia edenler bile, anılar ve deneyimler, bu temel inançları zaman içinde nasıl yorumladığımızı şekillendirdikçe bu inançların sürekli olarak revize edildiğini görebilirler. Bilgelik, durgun durgunluğun aksine, günlük yaşamın sürprizleri ve gizemleriyle nasıl başa çıktığımızda yatar; özetlenemeyecek veya açıklanamayacak beklenmedik sürprizler geldiğinde; izin verildiği takdirde bu tür anlar bizi içeriden derinden dönüştürme gücüne sahiptir.
Batı Hıristiyanlığı imparatorlukla ve daha sonra bilimle ittifak kurduğunda dönüştürücü güçlerinin bir kısmını kaybetti. Büyükbabam onun geniş ve aktif

zihninden rahatsız görünüyordu; İncil'in kapsamadığı veya açıklayamadığı şeyleri kabul etme konusunda bazı gergin tereddütler vardı; bilimin tanrısız kesinliğine yenik düşecekleri ve inançlıların elinde sonsuza kadar kaybolacakları korkusu vardı. Yirminci yüzyıl biliminin son sınırlarına ulaşacağını ve ardından sürprizleri fırsat olarak kabul ederken temel erdemi olan alçakgönüllülüğü hatırlayacağını asla öngöremezdi. Diğer sarsıcı gerçeklerin yanı sıra, evrenin genişlemesinin yavaşlamadığını, aksine hızlandığını keşfettik; ve açıklama yoluyla, çoğunun hiç tahmin etmediğimiz ve hala tam olarak anlayamadığımız güçlerden oluştuğunu görüyoruz: "karanlık madde" ve "karanlık enerji."

Bu yüzyılın başlamasıyla birlikte fizikçiler, kozmologlar ve gökbilimciler artık gizemi ortadan kaldırmaya çalışmadılar, bunun yerine onu geri getirmeye teşvik ettiler. Sicim teorisi ve paralel gerçeklikler kulağa hala bilim kurgu gibi gelse de aslında Einstein'ın "her şeyin teorisi" yaratma idealini gerçekleştirme girişimleridir. , dünyamızın birlikte işleyişinin tüm yönlerini her şey için kapsayıcı bir açıklamada uzlaştırmak.

Einstein'ın meşhur belirttiği gibi, kozmik gerçekliklere dair anlayışımız, onların mikro düzeydeki, kuantum alemindeki işleyişiyle örtüşmüyor. Ancak kuantum fiziği -bazıları tarafından bir zamanlar onun tarafından "voodoo" olarak kabul edildi- bize cep telefonları ve kişisel bilgisayarları, yani uzayın siber versiyonlarını keşfetmek için her gün kullandığımız teknolojileri sağladı.

Sürükleyici bilim odaklı deneyimler, doğrusal gerçekliğin var olan tek şey olmadığı yönündeki eski insan sezgilerini yeniden canlandırıyor; Alice'in tavşan deliğinden düşmesi gibi sanal gerçeklik ve siber uzayın da var olduğunu; çevrimiçi yaşamlarımız bizi Alice gibi bu tavşan deliğine sürükler; Her sabah uyandığımızda arka dolap kapılarından veya yapay zekanın beyin haritalamasından geçerek Narnia'ya doğru yol alıyoruz - bilincimizin muhteşem görünmesi her zamankinden daha harika hale geliyor.

Hasidik Yahudi mirasından gelen agnostik bir kişi olan Sherwin Nuland, Aziz Augustine'in, insanın hayatta kendisinin sorumluluğunu alması ve onu nasıl harcamak istediğini seçmesi gerektiğine dair içgörüsünü sık sık aktarırdı.

İnsanlar, onun muazzam yüksekliklerine, okyanusun ve nehirlerin hızla aktığı devasa dalgalara, evrenin uçsuz bucaksız genişliğine ve onun üzerinde parlayan yıldızlara hayret etmek için doğaya doğru ilerlemeye cesaret ederler - ancak çoğu zaman önlerinde hangi güzelliğin yattığını fark etmeden kendi başlarına geçerler.

Zamanımızda, bizi oluşturan gizemi yenilenmiş bir zevkle keşfetmek moda oldu. Einstein bilimin, dinin ve sanatın merkezinde meraka saygıyı gördü; merak etmek bizim büyük bir şevkle yapmamıza olanak sağlayan bir şey. Merak etmek aynı zamanda farklı kesinlik ve şüphelere sahip disiplinler arasında ortak bir gizem sözlüğünü konuşmaya başlamanın etkili bir yoludur; Psikiyatrist Robert Coles, bu dürtünün kaynağının çocukluk gelişimi ve manevi inançlardan kaynaklandığını tespit etti; Radyo serüvenimin erken bir aşamasında Robert'la Boston dışındaki kitaplarla dolu evinde röportaj yaptım ve bu, ona daha sonraki gelişmeler için harika bir bağlam sağladı.

Robert Coles ile yazar Robert A. Coles arasındaki konuşmayı dinleyin.
Hiç şüphe yok ki: birdenbire ortaya çıkmış gibiyiz! Anne ve babamız doğal olarak tanıştı; sonra fizyolojik gelişimimiz gelir; sonunda psikolojik ve manevi benliğimiz deneyimler yoluyla, ebeveynlerimiz, komşularımız, öğretmenlerimiz, akrabalarımız ve kendimiz tarafından verilen belirli eğitimler yoluyla ortaya çıkmaya başlar - bu süreç sonsuz bir merak kaynağı olarak kalır! Çocukluktaki dini gelenekler, doğal merak ile dini merakı birleştirmenin bu gelişim sürecinde büyük bir rol oynadığına dair yeterli kanıt sağlıyor - o halde bugün pek çok dinin birbiriyle birlikte gelişmesi şaşırtıcı değil!

Robert Coles, 1960'ların çalkantılı toplumsal değişim döneminde istemeden bu dil biçimiyle bizzat karşılaştı. New Orleans'ta genç bir psikiyatrist olan Dr. Christopher White, Güney'deki bir ilkokulda ırk ayrımına son veren ilk Afrikalı-Amerikalı çocuk olan Ruby Bridges'in yetişkin kalabalığıyla alay ettiğine tanık oldu. Onun saygınlığına hayran kaldı, ailesiyle arkadaş oldu ve çocukların psikolojik, politik ve ahlaki yaşamları üzerine ödüllü kitaplar yazmaya devam etti. Anna Freud, kariyerinin ilerleyen dönemlerinde, gözden kaçan bir şey olup olmadığını görmek için tüm araştırmalarına tekrar bakmasını önerdi. Dikkat çekici bir şekilde, notlarının akademik saygınlık nedeniyle göz ardı ettiği çocuklardan gelen dini ve manevi gözlemlerle dolu olduğunu keşfetti. Bu gözlemler onun en tanınmış eseri olan Çocukların Ruhsal Yaşamı'nın temelini oluşturdu.

Robert Coles ruhsal yaşama çocuksu gözlerle bakmıyor: Çocukların ruhsal yaşamlarından bahsederken aşırı bir coşkudan değil, yetişkinlikte muhteşem, yaratıcı ve dayanıklı yaşamlara yol açan süregelen ve meraklı bir meraktan söz ediyor; bu dünyadaki Dorothy Day veya William Carlos Williams veya Dietrich Bonhoeffer gibi. Robert'ın, kendi programı gibi radyo programlarına mükemmel uyum sağlayan unutulmaz bir radyo sesi var: ve aynı zamanda seksenli yaşlarının bilge ama meraklı bireylerinden biri olmaya devam ediyor.

Yazar Robert Coles ve Robert Ollea arasındaki konuşmayı dinleyin.
Hem dindar hem de dindar olmayan kökenden gelen çocuklarda, hatta geleneklerin daha katı bir şekilde belirlendiği evlerde yaşayan çocuklarda böylesine "sorgulayıcı bir ruh" gözlemlemiş olmanız çok etkileyici. Çocuklarla konuşarak ve onları dinleyerek keşfettikleriniz, çocukluktan çok daha fazlasını ortaya koyuyor; dinin tamamen göz ardı edebileceğimiz bir yönünü ortaya koyuyor.

Bu aslında olayların trajik bir dönüşümüdür: Yahudilik göz önüne alındığında, onun büyük figürleri arasında Yeremya, İşaya ve Amos gibi peygamberler de yer alır. Bu peygamberler, en derin ve en rahatsız edici sorulardan bazılarını sordular; çoğu zaman, onları yükseltmeye devam etmek için güç ve ayrıcalık sınırlarının dışında durmaya cesaret ettiler. Ve sonra öğretmen olan Nasıralı İsa geldi. Onu, eski İsrail'de (şimdi İsrail, Filistin ve Orta Doğu olarak anılıyor) dolaşan, yanıtlar arayan, yanıtlar arayan, yol boyunca tanıştığı insanları sorgulayan, onları başkalarının yasakladığı veya öğrettiği soruları sormaya cesaretlendiren gezici bir öğretmen olarak görebiliriz. bazı konular hakkında soru sormamak. İsa, ruhsal arayışında kendisine katılabileceği yoldaşlar arıyordu; onlara kendi deyimimizle arkadaşları ya da tanıdıkları diyebiliriz. Bunlar, kendisinin sürüklendiği veya takip edildiği bu manevi keşif arayışında onunla kol kola girmeye istekli insanlardı.

Yahudilik ve Hıristiyanlık gibi dini kurumlar, zaman zaman her şeyi tüketen ve hatta baskıcı görünen kural koyucular içerir; ancak çocuklar dinin ruhuna en iyi şekilde yanıt verirler: onun sorularına, araştırmalarına ve dünyamızdaki yanıtları keşfetmenin heyecanına.
Çocuklar ve dinle ilgili olarak ulaştığınız şeyin, onların birey olarak entrikalarıyla bir ilgisi olduğuna inanıyorum.

Gizem yaşamın o kadar ayrılmaz bir bileşenidir ki; varlığı merakı ve araştırmayı teşvik eder. Etkili bir Katolik yazar olan Flannery O'Connor, maneviyat açısından Katolikliğin ötesindeydi; Katolikliğin ötesinde derin kökleri vardı. Bir keresinde, iyi bir romancının nasıl olması gerektiğini tartışıyordu; bir gün onların saflarına katılabileceğini umuyordu ama bunu varsaymaya asla cesaret edemiyordu. Çok güzel belirtmişti: 'Romancının görevi gizemi derinleştirmektir." "Fakat gizem modern zihinler için bir utanç kaynağı olabilir, bu da bizi tüm gizemi çözmek için onunla mücadele etmeye yönlendirir. Ne yazık ki bunu çözmemiz gerekiyor; kalmasına izin veremeyiz; yaşamın bir parçası olmasına rağmen varlığını kutlamaz veya onaylamaz; yine de gizem, ikimize aynı anda hem meydan okuyan hem de ödüllendiren ayrılmaz bir bileşendir. "Evet" dedi, "gizem oldukça zorlu olabilir ama aynı zamanda paha biçilmez bir yol arkadaşı olabilir.

* Bir zamanlar gizeme, incelenmeden bırakılması gereken bir şey olarak yaklaşmıştım; şimdi onun gizeminden keyif alıyorum ve bunu bir fırsat olarak görüyorum. Bilim adamlarından, insanların evrende bugüne kadar bilinen en karmaşık yaratıklar olduğunu duymak (kara delikler bazı yönlerden açıklanabilir, ancak canlı yaratıklar bunu yapamaz), bana hayatın sonsuz derecede kafa karıştırıcı olmaya devam ettiğine dair güven veriyor - ruhsal yaşamın hem amacını hem de amacını kabul ederek yardımcı olduğu bir şey. ve tehlikeleri, güzelliğini ve kayıplarını.

Manevi hayata gerçekçi bir şekilde ve gerçekliğe giden bir yol olarak, hiçbir aşkınlık veya aşkınlık iddiası olmaksızın yaklaşılmalıdır. Maneviyat insanlığın tüm yönlerini kabul eder; güzellik ve zevkin yanı sıra keder ve acının yanı sıra istediğimiz veya ihtiyaç duyduğumuz şeylere direnme kapasitemiz - yaşamı bütünüyle kucaklıyor!

Reinhold Niebuhr'un modernist klasiği İnsanın Doğası ve Kaderi mükemmel başlıyor: "İnsan kendi kaderidir." Reinhold Niebuhr'u kısa ve öz açılış cümlesini yaparken insanlık hakkındaki bu düşündürücü ifadesinden dolayı alkışlıyorum:

"İlk günah", herhangi bir zorlu sorunla karşılaştığında büyükbabamın her zaman başvurduğu yanıt olmuştur; onun öğretisi, yüzyıllar boyunca Hıristiyanlık gibi dinler tarafından Batı kültürlerine damgalanmış gibi bana da kazındı. Ancak zaman geçtikçe ve Oklahoma, bir zamanlar günahkar davranışlar olarak algıladığım eylemlerin ortasında bile yaşamı onaylayan zevklerle dolu olduğunu kanıtladıkça, "günah", eylemleri kınamak yerine daha çok psikolojik gelişim ve zihinsel berraklık sağlamakla ilgili hale geldi.

25 yaşında yeniden dini araştırmaya başladım, bu sefer Anglikan. Ortak Dua Kitabı'nın şiirsel dili ve insanlığı tasviri hemen ilgimi çekti. Thomas Cranmer, Kral VIII. Henry'ye yazdı ve şunu kaydetti: "Yapmamamız gereken şeyleri yaptık." Bu, tarihteki her şeyi kapsayan insan doğasına yönelik bir alegoriydi. "Ve yapılması gereken şeyleri geri bıraktık" - içsel arzularımızı dış gerçeklikle birleştirme konusundaki her günkü beceriksizliğimizi vurguluyor. Güzelliği takdir etme, her şeyi yerli yerine koyma, düzenli olarak şükretme, ihtiyacı olan yabancılara zaman ayırma veya aramızdaki acılara yardım etmek için bildiklerimi verme, hayatı veya işi paylaştığım insanlarla en iyi halim olma başarısızlığı Başkalarını benim standartlarıma uymadıklarında affet, vb. Takip ettiğimiz pek çok kültürel etkinlik, ilk başta bizi uyuşturur ve kendimizle yüzleşmekten kaçınmamıza yardımcı olur; bu, gerçekten özlediğimiz öz-bilgiye ve daha derin yaşanmış bütünlüğe doğru ilerlemeyi sağlar. Marie Howe, şiirin "girişte biraz acı verdiğini; aynı anda acı verirken bizi hem rahatlattığını hem de derinleştirdiğini" belirtiyor. Ruha ses veren unsurlar da aynı şekilde: sessizlik, şarkı, topluluk ritüelleri ve dinleme deneyimlerinin yanı sıra dinleme ve şefkatli varlıklar (ruhsal aydınlanma için Budizm terimleri gibi) gibi şefkatli varlıklar. Yine de her an bize, dikkatimizi dağıtmayı seçmek ile öz-bilginin derinliklerine inmek ya da daha derin yaşanmış bütünlük arasında seçim yapma olanağı sunuyor; İçimizde yatan bu acı verici hesaplaşmadan kaçınmaya yardımcı olacak tüm seçenekler mevcuttur.

Orijinal günah farklı şekillerde anlaşılabilir: belki de ayartmaya boyun eğmeye ve ona alışılmış bir hoşgörüye boyun eğmeye yönelik istemsiz bir çekim olarak. Bu olgu çeşitli biçimlere bürünür; burada, bu sayfadaki her cümlede teknolojinin arka plandaki çağrısına cevap verme ve teknolojinin durmadan değişen talepleri nedeniyle dikkatimi bu araştırma hattından uzaklaştırma arzum olarak ortaya çıkıyor; Soğuk Savaş yıllarında Berlin'de bu uygulama daha da dramatik hale geldi: Dikkat dağıtan her şey jeopolitik önem taşıyordu - her eylem veya eylemsizlikte jeopolitik ışıltılar saçıyordu -

bu arada diplomatların tüm karmaşık stratejilerini devreye soktuklarına yakından tanık oldum - böylece bunu bir mesele haline getirdim. Heyecan verici ama yakından yakından bakıldığında bu deneyim aynı zamanda jeopolitik açıdan daha önce hiç olmadığı kadar diplomatları da beraberinde getirdi; hepsi şu andan çok farklıydı. Tüm kişisel enerjilerini güçlü dış yaşamları geliştirmeye adayan gazeteciler, politika yapıcılar ve gazeteciler. O zamanlar ben de çoğunlukla politik bir yapıya sahip olduğum için böyle bir dil kullanmadım - yine de onlar ruhsal olarak az gelişmişlerdi, kendilerini işin ötesinde sabitleyecek ve ayakta tutacak iç güzellik manzaralarını - özellikle de hepimizin iş dışında yaşadığı samimi alanları - geliştirmeye alışık değillerdi. - Birlikte çalıştığım büyükelçilerden biri, Sovyet liderleriyle yüzleşirken izleyicileri büyüleyen muhteşem konuşmalar yapan ünlü bir nükleer silah uzmanıydı; ancak evde, üst kattaki karısına personel aracılığıyla kısa ve garip mesajlar gönderiyordu.

Çocuklarımız bizden bu kasıtsız kendini yok etme modelini yüceltmeyi bırakmamızı istiyor: dışarıdan zenginleşirken içeriden yoksullaşmak. Düzeltici bir önlem olarak vatandaşlık sözlüğümüze "şeffaflık, özgünlük ve dürüstlük" gibi sözcükler eklediler; bu tür kırılgan terimler aşırı kullanım veya basitleştirme riskini taşıyor, ancak bunların hepimizden bildiklerimizi kim olduğumuzdan, hayatlarımızı nasıl yaşadığımıza veya birbirimizin kim olduğuna hangi inançların rehberlik ettiğinden ayırmamamızı ısrarla reddettiklerini duyuyorum; Bu kırılgan sözlerin ardında içimizdeki yürek burkan ama kutsal özlemler, yani kendi içimizden zekadan bilgeliğe doğru ilerleme çabası, zekadan bilgeliğe doğru ilerlemeyi sağlayan bir çaba vardır.

Maneviyat, hayatımda her zaman ihtiyatla yaklaştığım bir şey oldu; onun geniş yorumlanmasından ve bireysel ihtiyaç ve kaygılara yüzeysel uygulanmasından korkuyordum. Ancak maneviyatla kültürel karşılaşmamızın ve onun din ve kültürle olan ilişkisinin son birkaç on yılda önemli şekillerde geliştiğini gördüm. Kesin olarak bildiğim şey şu: Hiçbir analiz tek başına işlerin nasıl gelişeceğine dair tam ve kesin bir öngörü sağlayamaz. Artık sosyal söylemin ortak bir parçası olan "manevi ama dini değil", zaman içinde çarpıcı biçimde değişen şeyin yalnızca bir kısmını temsil ediyor. Bizim kuşağımız, saç rengi veya konumu bu gibi şeyleri dikte edebilse de, genellikle aile veya kabile üyeliği yoluyla dini kimliği miras almayan ilk kuşaklardan biri olarak öne çıkıyor. Ancak yaşamın akışkanlığı - tüm seçim seçenekleri ve kişisel ruhsal yolların ayırt edilmesiyle birlikte - ruhsal düşüşe değil, onun yeniden canlanmasına yol açar. Din kültürel olarak beklenmedik şekillerde tazelenirken biz de kolektif olarak değişiyoruz. Her yıl öncekinden çok daha fazla inananla tanışıyorum! "Maneviyatsız dindarlığa" (doğaüstü aşkın bir şeye vurgu yapmadan insan yaşamındaki ritüellere ve topluluk değerlerine saygı gösteren bir tutum) atıfta bulunan bilim adamları, genellikle Yeni Hümanizm olarak bilinen şeye ahlaki hayal gücü ve temel bileşenler olarak etik tutkular olarak atıfta bulunurlar. .

Kamuoyu yoklamalarıyla hesaplanan "Hiçbiri", manevi kimliğin en hızlı büyüyen kesimlerinden birini temsil ediyor. Bu on yılın başlarından bu yana anketörler, ABD'de yaşayanların yüzde 15'inin ve 30 yaşın altındaki kişilerin üçte birinin çoktan seçmeli dini inanç sorularını yanıtlarken "hiçbiri" yanıtını verdiğini kaydetti; kitlesel yayın ve yazılı yayınlar, Amerika'nın bir Hıristiyan ulus olarak tarihsel öz anlayışına meydan okuyan bu karşı kültür hareketine odaklandı.

1980'li ve 90'lı yıllarda doğan gençler, Jerry Falwell ve Pat Robertson gibi dini seslerin Amerikan kültüründe zehirli güçler haline geldiği bir dönemde reşit olduklarından, dini beyanları şaşırtıcı bulmuyor gibi görünüyor. Falwell ve Robertson gibi isimler, artık Evanjeliklerin, Fundamentalistlerin veya inançlı insanların çoğunu - hele tüm Hıristiyanları veya inançlı insanları - temsil etmedikleri halde, "dinin" temsili figürleri olarak aşırı yayın süresi elde ettiler.

Daha spesifik olarak: Yok'ların genişleyen dünyası - yeni din dışı - modern yaşamın ruhsal açıdan en canlı ve düşündürücü alanlarından biridir. Manevi yaşamın olmadığı bir yer değil, dinsel aşırılıklara ve yüzeyselliğe direnen bir yer. Dünyamızın büyük bir kısmı, beklenmedik yerlerde ve şekillerde kendini gösteren etik inanç ve sorgulayıcı teolojik merakla dolup taşıyor. Nathan Schneider gazeteciliği, akademiyi, sosyal aktivizmi ve dini kapsayan yenilikçi bir kamusal entelektüel olarak öne çıkıyor. Occupy Wall Street hareketinin 2008 mali çöküşünün ardından kendi saflarındaki kökenleri hakkında alışılmışın dışında ama ikna edici bir gazetecilik anlatımı yazdı ve diğer yorumcuların gözden kaçırdığı manevi dinamiklere dikkat çekti.

Yazar Nathan Schneider ve Nathan Schneider arasındaki bu konuşmayı dinleyin. Wall Street'i İşgal Et'in gençleri, dışarıda protesto etmeye başladıklarında ilgilerini kiliselere çevirdiler; Bu belirli cemaatlerin inandıklarını iddia ettikleri şeylere karşı çıktıkları için değil, çoğunlukla bir öfke eylemi olarak: bu protestocular, "Kilise, kilise gibi davran!" dediler. Birçoğu daha önce hiç kiliseyi ya da herhangi bir dini cemaati deneyimlememişti ya da daha önce yaşadılarsa bile yabancılaşma duyguları yaşamamıştı; genel kimlikleri Yok'tur.

Nathan Schneider alışılmadık bir 21. yüzyıl yaşam tarzı yaşıyor. Onu çeşitli ruhani geleneklerle tanıştıran ve kendi geleneğini yaratmaya teşvik eden ebeveynleri tarafından büyütülen sanatçı, sınıflandırmaya meydan okuyan eklektik bir deneyime sahip. Ergenlik dönemi boyunca hem entelektüel hem de deneyimsel olarak araştırma yaptı; ta ki on sekiz yaşında Katolik Kilisesi'ne vaftiz edilene kadar. Artık insanlar genetik miras yoluyla mezhepleri miras almadıklarına göre, bize en iyi uyan ortodoksluğu seçmekte bile özgürüz. Nathan, "kadimlerden internete" kadar Tanrı'nın kanıtını aramayı araştıran başka bir kitap yazdı; bu yaklaşımı, yeni nesillerdeki bilge arayışçıların çok karakteristik bulduğum bir yaklaşım olarak görüyorum. Nathan, benim dilimden alıntı yaparak, dinin çağdaş toplumdaki geçerliliğini, onun içindeki yerini ve yaşadığı değişiklikleri tartışırken düzeltmemiz gerektiğini öne sürüyor.

Nathan Schneider bilgilerini paylaşırken dinleyin.

Büyüdükçe ve dini daha resmi olarak incelemeye başladıkça, bir şey benim için netleşti: Mücadelelerimizin çoğu, şimdi kontrol etmeye ve kontrol altına almaya çalıştığımız dini geleneklerden gelen bazı büyük düşünürler ve yenilikçiler tarafından iyi biliniyor. Bu, özellikle 11 Eylül sonrasında yeni ateistlerin ortaya çıktığı dönemde belirgindi. Din ve şiddet gerçekten ayrı varlıklar mıdır, yoksa din, taraftarları arasında şiddete mi neden olur? Dinle ilgili can alıcı sorularıma yanıt bulmak için çevremi keşfetmeye başladım: Din ve şiddet gerçek mi; Şiddetle ilişkisi nedir; Orada Tanrı var mı/var mı? Orada bir şey var mı; Bu soruyu cevaplamaya çalışan geleneksel yaklaşımlara daha derinlemesine dalmaya başladığımda, Tanrı'nın var olduğunu kanıtlamak için ileri sürülen argümanların çoğunun, bu spesifik soruyu doğrudan yanıtlamaktan ziyade, insan ilişkilerinin bir açıklaması aracılığıyla Tanrı'yı ifade eden ilişkiler kurmayla ilgili olduğunu fark ettim.

Sizin nesliniz, şu anki çağda, "Hiçler" olarak bilinen bu olgunun ortaya çıkmasına neden oldu. Sizin ve onların burada tartıştığı şeyin, Tanrı'yı tanımlamaya çalışmaktan çok, zaman ve mekân boyunca bu geleneklerin özünde ve bunu en iyi nasıl ifade ettiklerini anlamaya çalıştıklarına inanıyorum.

İlk başta, Roma Katolik olduğumda, hem Orta Çağ tefekkür geleneğinden hem de Dorothy Day'in Katolik İşçisi ve tarih boyunca ve dünya çapındaki buna benzer birçok örnekle örneklenen cesur sosyal tanıklık geleneğinden etkilendim. Ancak Katolik kiliselerini ziyaret ettiğimde, pek çok katılımcının bu tür konulardan ya da geleneklerden gerçekten haberdar olmadığını hemen fark ettim; çoğu durumda neden orada olduklarını gerçekten anlamadan yola devam ediyorlardı; Her durumda olmasa da birçok durumda bir miktar atalet vardı.

Öte yandan bu dini kurumların dışında karşılaştığım insanlar da bu konularla son derece ilgiliydi ve kendi aralarında boğuştukları zorlayıcı sorular vardı. Şu anda herhangi bir kuruma tam olarak bağlanabileceklerini düşünmeseler de meraklarını sürdürdüler ve anlamak istediler.
Occupy'ın çığlığı bende güçlü bir yankı uyandırdı; "Kilise gibi davran." Bugüne kadar, cep telefonumdan Facebook veya Twitter gibi sosyal medya sayfalarıma eriştiğimde, arka plan ekranımda Sandy Kasırgası sonrasında İşgalcilerin diğer insanlara yardım etmek için kiliseleri yardım malzemeleriyle doldurduğu bir görüntü gösteriliyor.

Sandy'yi İşgal Et'e yol açan şey de buydu. Ne yazık ki, bu hikaye o kadar geniş bir şekilde ele alınmadı ya da insanlar arasında bilinmiyor - çok az kişi bu hikayenin

Occupy Wall Street'ten kaynaklandığını biliyor - o yüzden bu hikayenin bir kısmını burada paylaşabilir misiniz?

Sandy Kasırgası New York'u ve çevre bölgeleri vurur vurmaz, küçük bir grup Occupy Wall Street aktivisti bir çeşit yardım çalışması organize etmeye karar verdi. Birkaç saat içinde ilk web sitesini kurdular, insanların malzeme bırakabilecekleri yerler (kiliseler) kurdular ve yardım çalışmalarının ilk aşamalarında önemli bir rol oynadılar.

Ancak bu süreçte, çoğu geleneksel dini kurumlardan memnun olmayan bu grubun dindar halk ve topluluklarla çalışmasını izlemek büyüleyiciydi. Bir yandan, kendi hareketlerinin yaratmayı başaramadığı bu dini toplulukların gücüne ve dayanıklılığına tanık olacaklardı; diğer yandan, bu geleneklerin fikirlerinden ilham alacaklardı - özellikle de dinin arkasında, genel olarak toplumla ilgili hayal kırıklıklarıyla bağlantılı gerçek bir şeyin olduğunu fark edeceklerdi. Jübile terimi, laik Amerika ile çevrelerindeki dini topluluklar arasındaki bu çatışmaya rağmen hepsini birbirine bağlayan gerçek bir şeyin olduğunu fark ederken tartışmaya başladıkları bir şey haline geldi.
Kısa süre önce teknoloji aktivistlerinin (çoğunlukla Avrupalı hackerların) toplandığı Güney İtalya'yı ziyaret ettim. Burada onların Avrupa'nın her yerinden gelen donanım cihazlarını benimsediklerine ve bunlarla oynadıklarına tanık oldum.
Aziz Benedict'i hacklemek. Bu yenilikçiler, sürdürülebilir topluluklar yaratmak için bir ilham kaynağı olarak Batı Hıristiyan Manastırcılığının temeli olarak Aziz Benedict Kuralını uyarlıyorlar. Manastırlar, el yazmaları gibi yazı sanatlarını korurken, Karanlık Çağlar boyunca medeniyeti taşımıştır. Şimdi bu aktivistler dini gelenekleri sıfırdan başlamanın bir yolu olarak kullanıyorlar; Tıpkı yüzyıllar önce keşişlerin yaptığı gibi, günümüzde kullanılan teknoloji ile yaşam tarzı arasındaki ilişkilerde ne gibi değişikliklerin yapılabileceği düşünülüyor.

Yine belirtmek isterim ki, bu kişiler herhangi bir dini cemaate bağlı değildir; yine de bu geleneklerin içindeki bir şey onları kendine çekiyor. Orada bir şeyi fark etmek, ancak mevcut kurumlara keşif amacıyla erişemeyeceklerini hissetmek; bu yüzden onu bağımsız olarak araştırıyorlar.

Manastırcılık, ruhsal manzaranın tamamında gizli bir akıntı olarak ortaya çıkıyor. Bağlantı noktalarını ilgi çekici buluyorum: Çöl Babaları ve Anneleri, Benedict veya Francis veya Loyola'lı Ignatius, Katolikliğin uzun tarihinin çeşitli noktalarında vizyonerler olarak ortaya çıktılar - hepsi emperyal, dışarıdan evcilleştirilmiş, soğuk, manevi özüyle temastan kopmuştur.

Genç Hıristiyanlar da - Evanjelizmden diğer mezheplere - bu neslin Yoklar hareketine tepki olarak değişiyorlar; bu hareketin katı ibadet uygulamaları tarafından giderek daha fazla reddediliyor, ancak bunun yerine onları reform etmeye kararlılar. Manastır şemsiyesi altında gevşek bir şekilde bağlantılı olan etkili bir hareket, Yeni Manastırcılık olarak bilinir; Shane Claiborne artık kırk yaşında, onun yol gösterici ışıkları ve büyükleri arasında yer alıyor. Ahlaki Çoğunluk ideolojisinin zirvede olduğu bir dönemde Tennessee'de doğdu ve gençliğinin çoğunu başkan yardımcısı için Dan Quayle'ı arayarak geçirdi. O, Çöl Babaları ve Anneleri'ne aitmiş gibi görünen karizmatik, karizmatik rasta saçlı bir figür. Philadelphia dışındaki Eastern Üniversitesi'nde (toplumsal eylemlerle tanınan bir Evanjelik koleji) kendisi ve bazı arkadaşları, bakımları altındaki çok sayıda evsiz birey ve aileye destek ve bakım sağlamakla aktif olarak meşgul oldular.

Sokaklarda yaşayan insanlar Kuzey Philadelphia'daki terk edilmiş bir kiliseye sığınmıştı ve zorla yerinden edilmeyle karşı karşıyaydı. İronileri kaybolmamıştı: İsa'nın orada ve çocukken gittikleri diğer kiliselerde olup bitenleri tanıyıp tanımayacağını merak etmeye başladılar. Kendi açıklamasını Tennessee'deki uzun konuşmasında paylaşıyor:

Akademik tez yazmaya ilişkin yazar Shane Claiborne ile benim aramda geçen bu diyaloğu dinleyin.

İsa'nın sözlerini okurken bugün hâlâ bunlara inanan var mı diye merak ettim. İsa'nın bu öğretilerini bu kadar parlak bir şekilde somutlaştıran kişi olarak hemen aklıma gelen kişi Rahibe Teresa'ydı; hayatı onun basit sözlerini ve öğretilerini o kadar mükemmel bir şekilde özetledi ki ona bir mektup yazdık. "Hey, Kalküta'da staj teklif edip etmediğinizi bilmiyorum ama gelip işe gelmeyi çok isteriz" diye bir e-posta gönderdik ama geri dönüş alamadık; çok sayıda posta almış olmalı. Bunun üzerine Kalküta'yı aradık ve kibar bir "Hayırsever Misyonerler, size nasıl yardımcı olabiliriz?" bunun yerine gıcırtılı, yaşlı bir sesin şunu söylediğini duydu: "Merhaba? Alo?" Ben de yanlış numarayı verdiğimden endişeleniyordum; her dakikanın maliyeti 4 dolardır. Ben de hızla konuşmaya başladım: Ona Rahibe Teresa'nın Hayırseverlik Misyonerlerine ulaşmak istediğimizi söyledim; Cevap verdiğinde bunun Rahibe Teresa olduğunu ve "Eh, bu Rahibe Teresa ve bu da Rahibe Teresa - gel gel gel" dedi. Hemen bizi içeri davet etti! Ve dışarı çıkabiliriz! Bize katılabileceğimizi söyledi. Bu harikaydı - gelin katılın!

O zamanlar çok şey öğrendim. Tutuklanırken adaletsizlikleri protesto etmeyi de içeren etkileyici bir sosyal adalet hareketine kapılmıştık - neye karşı olduğumuzu biliyorduk; ne için olduğunu bilmiyorduk. Kalküta'daki bir cüzam kolonisini ziyaret ettiğimde, toplum tarafından bir zamanlar eski dünyaları olan yerde farklı bir şey yaratmaya zorlanan insanların bazı rehberliklerini keşfettim - kahramanım Dorothy Day'in "Hadi bir şeyler inşa edelim" dediği gibi daha iyi bir şeye dair vizyonumun ortaya çıktığı bir uyanış anı. birlikte!"

İnsanların birbirlerine iyi davranmasının daha kolay olduğu bir toplum inşa edin.

Shane ve arkadaşları Kalküta'dan evlerine, geleneksel bir manastır düzeni olarak değil, yaşamı birbirleriyle ve genel olarak şehir yaşamıyla birlikte ritim içinde yapılandırmak için bazı manastır bilgeliklerinden yararlanan kasıtlı bir topluluk olarak Basit Yol topluluğu yaratmak amacıyla döndüler. . Zamanla çeşitli projeler ve bakanlıkların katılımıyla tek evden altıya çıktı ve farklı kökenden gelen gençler için bir hac noktası olarak hizmet veriyor; birden fazla lokasyondaki grupları birbirine bağlayan bir şemsiye organizasyon olarak hizmet ederken aynı zamanda kilise maneviyat yaşamını yeniden yeniden şekillendiriyor.

Shane Claiborne ve yazar arasındaki bu tartışmayı dinleyin.

Bir gün içimizden bir grup, eskisi gibi kilise yapmayı denemeye karar verdi: Elçilerin İşleri'nde tüm inanlıların her şeyi kendi aralarında eşit olarak paylaştıklarını okuduk; Hiç kimse sahip olduğu hiçbir şeyin mülkiyetini iddia etmiyordu ve aralarında muhtaç kimse de yoktu. Birçoğumuzun çeşitli kilise türlerinde deneyimi olmasına rağmen (hem Evanjeliklerin hem de büyüsü bozulan Katoliklerin kurtarılması), artık bundan şikayet etmek yerine, hayallerindeki kiliseyi daha önce gelenlerden yaratmaya karar verdiler.

Mahallemiz için büyük bir vizyon düşünülmemişti; aksine her gün öğrenci olarak yaklaştık ve ihtiyacı olan herkese kapımızı açtık. Misyonumuz sadece Tanrı'yı sevmek, insanları sevmek ve İsa'yı takip etmekti. Eğer bunu birlikte çözebilseydik, çalışmamız başarılı olurdu; bu da bizi evden gelen birçok evsizin yanı sıra okul ödevlerinde yardıma ihtiyaç duyan çocuklarla karşılaşmamıza yol açıyor. Sonuç olarak, birçok evsiz eve geldi; akademik konularda desteğe ihtiyaç duyan çok sayıda çocuğun yanı sıra. Yaptığımız her şey bunun sonucuydu. Kuzey Philadelphia mücadeleyle dolu ama aynı zamanda bolca umutla dolu bir yer; Amacımız birbirimize umut verirken aynı zamanda terk edilmiş alanların geri kazanılmasına yardımcı olmaktı. Ne yazık ki bugün tüm bahçe işlerini kaçırdım. Mahallemiz, daha önce çöp ve iğnelerle dolu olan iki arsayı, o alanda bahçeler oluşturarak ve orada küçük ikinci el dükkânımızı işleterek geri kazanmak için adımlar atıyor. Yakında buradan ayrılacağım ve gıda bankamız ihtiyaç sahiplerine 50 poşet dağıtacak. Topluluğumuzu başlatmak, krize yanıt vermek anlamına geliyordu. Ancak Dr. Martin Luther King'in çok güzel ifade ettiği gibi, sonunda hepimizin "İyi Samiriyeliler" olarak öne çıkıp başkalarını sıkıntılı durumlardan kurtarmanın zamanı geliyor - en sonunda da Jericho'nun herkesin yararı için değişmeye ihtiyacı olduğunu hissediyoruz.

Yaklaşımınızda bir tuhaflık var; yalnızca Hıristiyanlığa değil, aynı zamanda daha geniş dünyaya da. Bütünsel bakış açınız günümüz Hıristiyan toplulukları arasında benzersiz görünüyor; Örneğin, birine balık tutmayı öğretmenin ömür boyu yemek yemesine olanak sağlayacağı şeklindeki eski atasözünü örnek alarak, "Göletin kime ait olduğunu ve onu kimin kirlettiğini de sormamız gerektiğini" söylüyorsunuz. "Ayrıca kimin sahibi olduğunu ve kimin kirlettiğini de sormamız gerekiyor." belki de insanoğlu böyle düşünmenin mümkün olduğu bir çağda yaşamamıştır, yani daha önceki çağlarda yaşamadan önceki kuşaklar kendi kuşaklarının geçmişini yeterince derinlemesine düşünmüşlerdir, bu konuda düşünmek konusunda herhangi bir düşünceniz oldu mu veya sizin kuşağınız ve bu zaman?

Gittiğim her yerde, insanların sorduğu sorular beni cesaretlendiriyor, hatta bu tür sorular sormaktan çoğu zaman çekinen bir Evanjelik kilisede bile. Bu Evanjelik gelenek içinde karşılaştığım genç yetişkinlerin çoğu, daha iyi bir dünya yaratmanın yollarını ararken sol/sağ paradigmalarını aşıyor ve kırılgan varoluşumuzun, hepimizin eskisinden daha farklı bir şekilde ve daha fazla hayal gücüyle birlikte yaşamamızı gerektirdiğini anlıyor. Onlar, bireyler ve Hıristiyanlar olarak kim olduğumuza sadık kalarak farklı yaşamanın yollarını bulmanın bireyler olarak hepimize bağlı olduğunu söylüyorlar.
Yaratıcılık, kişisel arkadaş ağlarımızın ötesine geçmemizi sağlar.

Bu benim için cesaret verici ve inanıyorum ki eğer Hıristiyan kilisesi bu nesli kaybederse, bu onları eğlendiremediğimiz için değil, daha ziyade hayat ve yaşama hakkındaki gerçeklerle onlara meydan okumadığımız için olacaktır. İncil'i çok zorlayıcı hale getirdiğimiz için değil, daha ziyade çok kolay hale getirdiğimiz için - onları yaşam tarzlarının başkalarını nasıl etkilediğini düşünmeye teşvik etmek yerine çocuklarla sadece oyun oynayarak. Genç nesiller arasında olup bitenlerin çoğunda en çok hayran olduğum şey, tüm insanların çelişkileri olduğunun ve her şeyi çözdüğümüze inanmaya gerek olmadığının farkına varılmasıdır. Hiçbir şey beni, memleketimdeki kilise gibi her şeyin bir arada olduğuna inanan bir kiliseye gitmek kadar çekmiyor. Benzer düşüncelere sahip kişilerle bir araya gelmenin ilgi çekici bir yanı var: 'Hey, henüz tüm bunları çözemedik; Hepimiz birbirimize güvenelim."

Modern Yoklar genellikle kapsayıcı, hümanist ve din ötesi olarak nitelendirilir; yine de onların saflarında, hizmet odaklı mükemmelliği ararken geleneği evcilleştirilemez, karşıt kültür özüne geri döndürmeyi amaçlayan ruhani isyancılar ve arayışçılar da var.

* * * Onun Dini hayat sağlamaktan fazlasını yapar. İnsanlık tarihi ve modern dünya boyunca din, hem iyiyi hem de kötüyü şiddetlendiren, her ikisini de güçlendiren bir rol oynayabilir. Korku ve öfke (her zaman birbirine bağlı, bir duygusal madalyonun iki yüzü), yanlış yapmayı kötülük veya lanetle ilişkilendiren kozmik bir dünya görüşü ve kelime dağarcığıyla birleştiğinde patlayıcı olabilir. Dünyanın en büyük ikinci dini olan İslam adına işlenen şiddet, bu yüzyılın en belirgin krizi haline geldi; Berlin Duvarı bu kadar barışçıl bir şekilde yıkılırken kimse böyle bir şiddeti tahmin edemezdi. Soğuk Savaş'ın sona ermesinin, süper güçlerin dünya meselelerindeki hakimiyeti tarafından bastırılan etnik ve dini gerilimleri yeniden gündeme getirdiğini gözlemlemiş olabiliriz.

Kaderleri uzun süredir tarihin belirlediği halklar, özgürlük eve dönmeye başladıkça artık sınırlarının bir kez daha genişlediğini görebilirler.

Jeopolitik spekülasyon ve ticaretle geçinmek, öfkenin hem kamusal hem de özel alanda tezahür ettiği, korkusuz bir dünyaya neşeli geçişe hiçbir şekilde yardımcı olmaz. Korku düşmanlığı doğurur.

Her zaman büyük hayranlık duyduğum biri olmuştur; bu kişi ister ülkenin başka bir yerinden olsun ister başka bir yerden olsun. Bu yüzden, yaklaşık bir yıl önce İskoçya'da yardım amacıyla bisiklete binen bir gruba katılma fırsatı doğduğunda hiç tereddüt etmeden bu fırsatı değerlendirdim ve yol boyunca bazı inanılmaz anılar biriktirdim! İnsan doğası, İslam kültürlerinin küreselleşmeyle iç içe geçmesi ve gelenek olmadan büyüyen ama tüm bunlardan dolayı yönünü şaşırmış gençlerin olduğu kültürler - tüm bu faktörler bir araya gelerek, çoğunlukla diğer Müslümanları hedef alan ancak terörizm olan kaosu oluşturdu. küreselleşme nedeniyle hepimizi etkiliyor. İslam, Hristiyanlıktan altı yüz yıl daha genç olmasına rağmen, bu altı yüz yılda Hristiyanlar kutsal savaşlar yapıyor, kadim kutsal mekanları kirletiyor ve sapkınları kazıkta yakıyorlardı. İslamcı militanlar ve haçlılar, İnternet çağında yüksek görünürlükle faaliyet gösterirken, modern Batı'nın kendi anlayışının tamamen gerisinde kalıyorlar. Garip bir şekilde aydınlatıcı olan dini tasvir kullanımları beklenmedik ve zorlayıcı bir şekilde yeniden canlandı; Harvard mezunu, Güney Kore doğumlu Budist kökenli BM Genel Sekreteri Ban Ki Moon, kendilerine İslam Devleti adını veren bir örgütün oluşturduğu Suriye'deki mülteci kamplarından birini ziyaret ettikten sonra burayı "Cehennemin en derin çemberi" olarak etiketledi.

Zamanla beni önemseyen ve dinleyen bir Tanrıya inanmanın anlamını giderek daha az buluyorum. Ancak aynı zamanda, modern bilimimizin ilk uyguladığım haliyle gazeteciliğe yansıyan yadsınamaz bir yönünün, nesnelliğin bir yanılsama olarak kabul edilmesi olduğunun da farkındayım. Basitçe söylemek gerekirse, insanlar içinde yaşadığımız bu evrende her zaman katılımcıdır ve asla gözlemci değildir. Beğensek de beğenmesek de öznelliğimiz, varlığımız ve irademiz kozmik açıdan önemlidir. Ruhsal hayal gücüm şu soruyu soruyor: Eğer bizim açımızdan gerçek bir tarafsızlık yoksa, bu geldiğimiz evreni tanımlayabilir mi?

Her ne kadar büyükbabamı endişelendirecek imanın bazı yönlerinden giderek daha fazla emin olmasam da, onun bana öğrettiği bir şeye her zamankinden daha sıkı bağlıyım: Tanrı sevgidir. Genelde manevi konulardan, özelde de şehrimden gitgide uzaklaşsam da, hem yakındaki hem de uzaktaki trajedilere gözlerim sonuna kadar açık; yine de Tanrı'nın var olduğunu ve tüm insanları eşit derecede sevdiğini hem akıl hem de yürekle kavrıyorum; yine de bir şekilde her şeyin içinde bu kavramla birlikte gelen olasılık vardır: Sevginin kendisi Tanrı'nın kendisidir.

Bizi dönüştüren ilgi - güçlü ve dirençli sevgi - hayata amacını veren yaratıcı gücün içine yerleştirilmiş, gerçekliğin altında yatan bir gerçekliğin ifadesidir.

Matematik tarihinde süregelen en büyük tartışmalardan biri matematiğin icat mı yoksa keşfedilmiş mi olduğuyla ilgilidir. Einstein e = mc2 denklemini mi icat etti yoksa bunun gerçekliğin bir yerinde gizlenip görülmeyi beklediğini mi keşfetti? İnsan yaşamında ve inanç tarihinde aşk, yaşam boyunca keşfettiğimiz ebedi temel gerçeklik gibi bir şey olarak hizmet eder; gezginler onun olasılıklarını fark eder, maceracılar onun gizemleriyle karşılaşır. "Bu varoluşun merkezinde aşkla atan bir kalbin attığını" hisseden yalnız olmadığımı bilmek beni biraz rahatlatıyor. Desmond Tutu bir keresinde bunu kısa ve öz bir şekilde ifade etmişti:

Maine Game Warden Chaplain Service'den Kate Braestrup bana ilham veriyor ve ikna ediyor. Yetişkinliğinden beri Üniteryen Evrenselci olan Kate, Tanrı'nın Sevgi olduğunu, inançlarla veya aşkınlıkla hiçbir ilişkisi olmadığını, her şeyin eylemler ve insanlarla ilgisi olduğunu söylüyor. Bu kavram bende yankı uyandırdı çünkü tanıdığım benzer bilim insanları da bu bakış açısını paylaşıyor.

Yazar Kate Braestrup arasındaki bu konuşmayı dinleyin.

Benim için Tanrı, özünde birbirimizi daha bütünüyle görmeye, birbirimize daha içten bakmaya, birbirimize daha şefkatle bakmaya ve daha uygun karşılık vermeye teşvik eden itici güçtür. Bunu geliştirmek yeterlidir; yetiştirmenin, ona tapınmayı düşünmenin, onunla ilgilenmenin, onu kendimde veya başkalarında beslemenin hayatın işi olduğunu; Daha büyük bir şeye ihtiyacım yok; Tanrı'nın kişisel ilişkim dışında hiçbir yerde var olmasına gerek yok; birlikte çalıştığım bu Tanrı çok fazla! Şimdi şu soru ortaya çıkıyor - ve bunun her zaman boğuştuğunuz bir şey olduğunu biliyorum - bu sevgi Tanrısına kendi içimizden nasıl bağlanırız?
Kaybolan çocuklar, çok ince olan göl buzunda kayan eşler ya da genç kadınların tecavüze uğrayıp ormana terk edilmesiyle ilgili hikayeleri duydunuz mu?

İlk iki adım nispeten basit olmalıdır. Bir çocuk sevilir ve onun insanları hemen onu bulmaya çalışırlar. Ve ölümün hepimiz için kaçınılmaz olduğunu kabul ettiğimizde bu, dikkat edilmesi ve anılması gereken bir şey haline gelir.

Onları çevreleyen sevgi ve ilgi değerli hediyelerdir.

Evet. İnsanlar bana Tanrı'nın bu işin neresinde olduğunu sorduklarında cevabım, O'nun size yardım etmek ve çocuğunuzun yerini tespit etmek için bir araya gelen tüm bu insanlar aracılığıyla orada olduğu olurdu. Bu insanlara çok yardımcı oluyor; hepsi doğru.

"Sorun, zor ve nahoş şeyler yapmak zorunda olup olmadığımız değil; bu kesin bir veridir; daha ziyade soru, bu engellerle tek başımıza yüzleşmek zorunda olup olmadığımızdır."

Aşkı karanlık maddeye benzeten astrofizikçi Natalie Batalha, bunu en iyi Carl Sagan'ın söylediğini söylüyor: Bizim gibi uçsuz bucaksız bir evrende yaşayan insanlar için, her şeyi katlanılabilir kılan şey aşktır - gerçi Carl'ın kendisi de bir ateistti ve bunu kabul etmeyecekti. Bu sevgi duygusunu Tanrı olarak bilinen herhangi bir kavramla ilişkilendirin.

Kozmologlar ve fizikçilerle yaptığım sohbetlere çok değer veriyorum. Onların bakış açısı, insanlık tarihinde çok uzun süre boyunca kozmosun doğasını ve onun içindeki yerimizi hayal eden dini düşünürlerin daha önce hakim olduğu zeminde duruyor. Her ne kadar sadece mütevazi bir oran kelimenin geleneksel anlamında dindar olsa da, onların matematikleri nihai gerçeklikler olarak insan iradesine, seçimine veya sevgisine yer olmadığını gösteriyor; onlara dair sezgilerimiz, şu anda duyularımızın göremediği güçlü doğal güçlerin neden olduğu bir yanılsama olabilir.
Brian Greene'in aşkı tartışırken yaptığı harika açıklama hem eğlenceli hem de kışkırtıcıydı: algım şu anda yazdığım bu masada bulunan parçacıklardan oluşuyor. Bilincim bu spektrumun içinde bir yerde yatıyor.
Bu masanın sağlam ve kırmızı olması ya da gökyüzünün mavi olması gerçek değil; daha doğrusu bu benim ellerimden ve gözlerimden gelen duyusal girdiye dayanan yorumum. Zamanın herkes için eşit hızda aktığını da varsayıyoruz ama bu da bir yanılsamadır. Jameson'un bakış açısına göre, şu anda kavrayabildiğimiz kadarıyla gerçeklik, insan gelişiminin bu aşamasında temelde bizden gizli kalıyor; bu yüzden bu güçlerin dünyadaki eylemlerimi nasıl etkilediğini anlamıyorum; daha doğrusu duyularım, deneyimlerim ve inançlarım beni yanıltıyor.

Sicim teorisi, gerçekliğimizin başka bir yerdeki bir bilgi tabanının holografik yansıması olarak anlaşılabileceği bir senaryo önermektedir; Örneğin uygarlık ve biz, bu plan/bilgi temeli üzerinde gökdelenler olarak hizmet ediyoruz - ancak bu temel başka bir yerde, herhangi bir bireyin veya hayal gücünün ötesinde var. Bu fikir beni çocukluğumda sorduğum zor sorulara geri getiriyor: Eğer evreni Tanrı yarattıysa, Tanrı'yı kim ya da ne yaptı? Ayrıca makul olarak şu soru da sorulabilir: Bu planı kim yarattı veya tasarladı?
Brian Greene'le yaptığım konuşma, başka bir ilginç düşüncenin ortaya çıkmasına neden oluyor: Gelişen fizik anlayışımız, bir gün hayal gücümüzün ve sözcüklerimizin her zaman Tanrı olarak tanımladığı şeyin yerini alabilir; Yoksa bilimin gelişimi, Kopernik, Galileo ve Newton'la birlikte hayal bile edemeyeceğimiz, tanımlanamaz bir "Tanrı"ya mı işaret ediyor? Doğaya ilişkin araştırmalarının, onun yaratıcısını ortaya

çıkaracağına inanan bilim adamları, hayal etmeye bile başlayamıyorlar mı? Brian Greene ile görüşmem her iki taraf açısından da şu şekilde sonuçlanıyor:

Fox News'tan Brian Greene ile Brian Scott arasındaki bu konuşmayı dinleyin.

Gerçeğin gizliliğini şaşırtıcı buluyorum. Bilim yoluyla keşfedilen gerçekleri tanımlamak için kullandığınız kelime hiç de zarif görünmüyor. Bir defasında, hayata gündelik hayatın merceğinden bakmanın Van Gogh'u boş bir kola şişesinin arkasından izlemeye benzeyeceğini söylemiştiniz.
Kuantum mekaniği, matematiksel hesaplamalarda örneğin 13596 gibi 10 ondalık basamağa kadar hesaplama yapmamızı sağlar. Daha sonra manyetik özellikleri ölçtüğümüzde, gözlemlerimiz kağıda karaladığımız hesaplamalarımızla tamamen örtüşüyor! Bu durum herkesi suskun bırakacak ve kuantum fiziğinin, gerçeklikle ilgili doğrudan algıdan uzakta saklanan bazı derin gerçekleri ortaya çıkardığına ikna olmasına rağmen, matematik bu hikayeyi daha da dikkat çekici kılıyor!

Einstein, mesajının bir parçası olarak gizlilik hakkındaki görüşünü açıklamak için sıklıkla evrenin ardındaki (mutlaka Tanrı değil) bir "zeka" veya "zihin" imajını kullandı. Eğer kişi gerçekliğin arkasında böyle bir varlığı tasavvur ederse, onun amacını veya anlamını nasıl tahayyül edebiliriz?

Pek çok fizikçinin ateist bir görüşe sahip olduğunu unutmayın. Her şeyin arkasında bir tür doğaüstü güç olduğunu varsaymıyoruz; bunun yerine, beklentilere meydan okuyan başarılar gerçekleştirebilecek güçlü yasaların iş başında olduğuna inanıyoruz. Ancak genel göreliliğin, kuantum mekaniğindeki basit denklemin ve parçacık fiziğinin standart modelinin sizin ve benim gibi karmaşık bilişsel varlıkları nasıl ortaya çıkarmayı başardığını sık sık merak etmişimdir. Nasıl oluyor da evrimsel değişim yoluyla işleyen fiziksel yasalardan evrimleşip, özgür iradeye sahip yaratıklar olarak biz bile ortaya çıkabilecek kadar karmaşık ve girift olabiliyoruz? Ama bu matematiğin gücüdür. Yani eğer isterseniz, Tanrı'nın bizi bugün buraya getirmek için denklemlerimizde elini oynadığı düşünülebilir. Ben bunu basitçe bizi baştan sona götüren matematiğin gizli eli olarak adlandırıyorum.
İlk bakışta bu iyi bir çözüm gibi görünse de, düzenli bakım gerektiren herhangi bir şeyde sorunlar ortaya çıkabilir - ancak bu sefer dişlerimle ilgili! Yani bu sefer umut var gibi görünüyor.
Değerli meslektaşlarımızın bizler için ciddi çabalar harcadığını, ailesinden ve işinden uzaklaşarak hayır işlerine yöneldiğini bir kez daha görüyoruz. * * *
Konuşma yolculuğumun başlarında öğrendiğim bir fikir, derinden yankı bulmaya devam ediyor: bilimsel maneviyat ile mistik maneviyat arasındaki ittifak: her ikisi de, ötesinde ne olduğuna karşı açık fikirli kalarak gerçeği ayırt etmeye çabalıyor. Lindon Eaves, çığır açan uzun vadeli ikiz çalışmalarına öncülük eden ilgi çekici bir genetikçi ve

Anglikan rahip. Hem bilim adamı hem de ilahiyatçı olarak ikili rolünü kendi içinde uzlaştırmanın ne kadar zor olabileceğini benimle paylaştı. Bana bu birbirinden farklı parçaların ne sıklıkla kendi içinde barış içinde bir arada var olması gerektiğini anlattı. Hıristiyanlığın büyük öğretilerini, laboratuvarındaki operasyonel hipotezlere benzetiyor; bunlar bu aşamada mümkün olduğu kadar doğru, ancak henüz tamamlanmamış. Hem mistikler hem de bilim adamları, daha önce yapılmış olan keşiflerle güvenle yaşarken, ileride olabilecek başka keşiflere de açık fikirli davranırlar.

İlk kitabımı yazarken, İrlanda'nın batı kıyısının yemyeşil, engebeli kıyılarına sığındım, bu da bana güzelliğin bende ilk uyandığı İskoçya'yı hatırlattı. Bu manzaralar eski Keltler tarafından ince yerler olarak biliniyordu; burada zamansallık ile sonsuzluk arasındaki sınırlar zamanla aşınıyor gibi görünüyor. Pek çok ziyaretçi, bu saygın yazarın inziva yerinden, taş okuyabilen, çekici ama eskimeyen bir figür olan Mary Madison adlı bir kadına hac ziyareti yapmıştı. İlk başta, manevi yaşamı keşfetme konusundaki kararlılığıma rağmen, taş okumak da dahil olmak üzere "yeni çağ" ile ilgili herhangi bir şeyden şüpheliydim. Ancak defalarca insanlar, bu gizemli kadının bir şekilde onların ruhlarını, köken ailelerini, yaşam deneyimlerini ve zaman ötesi aşk ilişkilerini anlamasına hayret ederek geri geldiler.

Bir temmuz öğleden sonra, kendimi, penceresinin ötesinde, deniz kıyısından toplanmış güzel taşlarla dolu bir kasenin içinde ayaklarım dalmış halde yalınayak otururken buldum. Ancak asıl mesele taşlar değildi; bu kadının şu anda bile yeterince açıklanması veya tarif edilmesi zor olan olağanüstü bir yeteneği vardı. Girdi olarak yalnızca adımı vererek, bana mesleğim ve çocuklarımın kişilikleri hakkında her türlü büyüleyici bilgiyi anlatmaya devam etti - hatta ölen akrabalarımın hala orada olduğundan ve varlıklarını günlük hayatıma aktardıklarından bile bahsetti: büyükbabamı ciddi biri olarak gördü ve kendisinde olduğu gibi katı standartlara sahip olması gerektiğini ve onların da uzun bir yapılacaklar ve yapılmayacaklar listeleri olduğunu söyledi!

Mary Madison etkili bir şekilde konuştu: Artık araştırmanın daha değerli olabileceği durumlarda dar görüşlü hale geldiğimizi anladı." Onun dışsal çileciliğindeki bu eğlenceli çelişkiyi unutmuştum - arabalarını seviyordu! (Bu komik tutarsızlığı tamamen unutmuştum.) Ömür boyu içki içmeyen büyükbabam ikinize de kadeh kaldırdı ve doğrudan içime işleyen sözler söyledi: Soruşturmanın öncelik alması gerektiğinde nasıl dar görüşlü hale geldiğimizi şimdi anladı."

Bu düşüncenin ilk ortaya çıktığı yer: Mary Madison'ın zihni; büyükbabam hangi cennetten geliyorsa; ya da belki de düşüncelerinin bu gözlemi yapacak şekilde gelişebileceği başka bir evrenden gelen bir yankıdan gelen bir yankı benim için ilgi çekici bir gizem. Tanıdık kapalı kategoriler üzerinden araştırmanın erdemi kavramının hem teşvik edici hem de tatmin edici bir şekilde ifade edildiğini düşünüyorum. Dahası, nesiller boyunca ve zaman içinde yapılan konuşmalar sonucunda ortaya çıkan doktrinleri ve teolojileri kabul ediyor ve bunlara değer veriyorum. Ancak artık tam olarak işlemeyen formlar ve kurumlarla tanımlanan ve sarmalanan kategorilerimizin çoğu çok dar hale gelmişti. Bazı dindarlık türleri, içeriye ve dışarıya çok az ışık ve hava girmesine izin veren kutular haline geldi; bazı inanç dışı inançlar için de durum aynıdır. Dogmatik ateizm entelektüel açıdan dogmatik inançtan daha güvenilir değildir; her ikisi de aksi yöndeki delillere rağmen kanıtlanmamış konularda mutlak bir kesinlik olduğunu varsayar. Araştırma ruhu ve araştırma erdemi genellikle nüansa yönelir. Yaşam, din ve bilimin tümü, canlılığına ve büyümesine katkıda bulunan bir tür gizem unsuruyla birlikte yaşar.

Merakı ve sürekli keşif olasılığını kucaklayan maneviyat, her geleneğe mensup ortodokslara, dini ötekilik ve inançsızlık da dahil olmak üzere ortak dünyamızın gizemiyle yaşamaları için ileriye doğru bir yol sunar. Bütün geleneklerimiz, bilinmeyen ve bir ömür boyu açıklanamayacak olana saygı göstermekte ısrar eder; bu bizi, her bireyin onurunu korurken, özelliklerimizi ve tutkularımızı ortak hayata dahil etmeye davet eder; bu, bir ek olarak değil, bizzat sadakatin bir parçası olarak bir davettir. Birleşik Krallık Birleşik İbrani Cemaatleri'nin Hahambaşısı olan ve daha yaygın olarak Birleşik Krallık Hahambaşı olarak bilinen Haham Lord Jonathan Sacks, 2013'e kadar yirmi yılı aşkın süredir dini önseziler ve kurtarıcı hem/ve'ler üzerine önde gelen düşünürlerimizden biridir. Yahudi geleneğinde ve genel olarak dinde, "bugüne" hitap etmesini sağlayacak araçlar buluyor.
"Farklılığın onuru" ve inanç, bilim ve kültürel sınırların ötesinde canlı kimliklerin korunması, canlı toplulukların sürdürülmesi için çok önemlidir.

Haham Lord Jonathan Sacks ile yazar Jonathan Safran Foer arasındaki konuşmayı dinleyin.

Eve, çiçeklerle dolu bir bahçeye gelmenin her seferinde özel ve unutulmaz bir yanı vardır! Yaratıcımızın yalnızca bu açıdan ortaya koyduğu ideallere asla ulaşamayacağımı biliyorum! 11 Eylül 2001'den sonra zeki bir Amerikalı gazeteci, bu olaylar dizisinin, Yahudilik, İslam ve Hıristiyanlık gibi tek tanrılı dinlerin 21. yüzyılda hayatta kalabilmesi ve topluma yapıcı bir şekilde katkıda bulunabilmesi için, ayrıcalıklı hakikat iddialarından vazgeçmeleri gerektiğini gösterdiğini belirtti. Argümanınız birçok insan için son derece ikna ediciydi. Geleneklerin yirmi birinci yüzyılın üretken parçaları olabileceği konusunda sizin görüşünüz benimkine benziyor, ancak siz alternatif bir yol izliyorsunuz. Yahudiliğin dindar başkalarıyla birlikte küçülmek yerine nasıl genişlediğini, özünü, doğruluk iddialarını ve farklılık onurunu nasıl koruduğunu tartışalım.

Metaforlarım bazılarına yardımcı olabilir, bazılarına ise yaramayabilir. Bir yaklaşım biyoçeşitliliği dikkate almak olabilir: Crick ve Watson'ın DNA'yı keşfetmesi ve insan ve diğer genomların şifresini çözmesi sayesinde artık tüm yaşamın aynı kaynağa sahip olduğunu anlıyoruz; üç milyon yaşam türünün ve bitki yaşamının tümü tek bir kökenden geliyor; Tüm canlıların DNA alfabesini paylaşan, alfabe şeklinde yazılmış genetik kodları vardır. Birlik çeşitliliği getirir. Bu nedenle, tek Tanrı ve tek gerçek üzerinden düşünmek yerine, O'nunla olan bağlantımızı değerlendirirken, tek Tanrı'nın, O'nunla iletişim kurmak için her gün kullandığımız 6.800 dili yarattığını düşünün.

Kutsal Kitap bize sürekli şunu hatırlatır: Tanrı'yı basit bir şey sanmayın. Onu beklemeyeceğiniz bir yerde bulunabilir. Ancak günlük yaşamda bunu sıklıkla unutuyoruz.
"Sen kimsin?" Yanan Çalılıktaki Musa Tanrı'ya sordu ve O, İngilizceye sıklıkla yanlış çevrilen üç kelimeyle yanıt verdi: "Hayah asher hayah." Bu üç İbranice kelime İngilizce'ye "Ben Oyum" şeklinde yanlış tercüme edilebilir, ancak bu üç İbranice kelime daha fazlasını ifade eder: Kim Olacağım, Nasıl Veya Nerede Olacağım, böylece bize beni tahmin etmememizi hatırlatır; Tanrı, Budist rahipler veya Sih konukseverlik gelenekleri veya hepsinin içindeki Tanrı'yı açığa çıkaran Hindu cömertliği gibi beklenmedik karşılaşmalarla bizi şaşırtmayı sever. Başka kültürlerden insanlarla konuşurken dinin onu veya bizi sınırladığını düşünmeyin; Tanrı sınırları aşar! Dini kategorilerin Tanrı'yı kendi kategori sınırlamalarıyla sınırladığını düşünmeyin! Allah dini aşar!

Tanrı'nın dinden daha büyük olduğunu iddia etmenize rağmen - bunun bir "veya" ifadesinden ziyade "ve" olduğunu varsayıyorum - Yahudi halkına özel kutsal metinler ve antlaşmalar yoluyla kanıtlanan özel bir ilişki vardır; Bugün aramızdaki farklılıklara rağmen siz aynı zamanda belirliliği onurlu bir durum olarak savunuyorsunuz.

Yalnızca olabileceğim kişi olarak, insanlığa yalnızca benim verebileceğimi veriyorum. Kendim olarak ve eşsiz niteliklerimle insanlığın ortak mirasına katkıda bulunarak. Bu, İbrahim'den bu yana Yahudilerin zorunluluğunu özetliyor: Birinin kendi inancına sadık kalarak diğerlerini onlarınki ne olursa olsun kutsaması, bu inancın derinliğine ulaşmada paradoksal olarak faydalıdır.

Ben de anlamıyorum; Bir Isaiah ortaya çıkıyor ve kehanetlerini bir inanca, yere ve zamana o kadar özel kılıyor ki, bu kehanetler o din, yer veya zamanda derinden yankı buluyor - ama yine de küresel olarak yankı buluyor! Bu yüzden Isaiah'a "Umudun Şairi" adını veriyorum. Martin Luther King, "Bir Hayalim Var" konuşmasının zirvesindeyken Isaiah'ın 40. bölümünden kelimesi kelimesine iki satır alıntı yaptı; Orta Doğu Mısır'da yazılanların siyah sivil haklar aktivistlerine ulaşacağı 27 yüzyıl öncesinde Isaiah'ın tahmin edemeyeceği bir şeydi bu. dünya çapındaki kültürler arasında! Bununla birlikte, onun özelliği derinden yankı buldu ve kıtalar arasında yankılanan birçok kalbe dokundu!

Martin Luther King bir keresinde şunu gözlemlemişti: "Biz bir halk olarak böyleyiz. Kimse neden ve nasıl olduğunu bilmiyor ama özgün deneyimler, bir markanın birbiri ardına kahve içmesi gibi genel ve evrensel olanlardan daha hayatta kendimizi daha zengin hissetmemizi sağlıyor. " Özgünlük ve benzersizlikten yoksun bir yaşam ise tam tersine cansız, ilgi çekici olmayan ve sonuçta yaratıcı olmayan bir yaşamdır.

Din hakkındaki yorumlarınız Hindistan'dan genç bir dinlerarası Müslüman lider olan Eboo Patel tarafından ilk kez alıntılandığında iyi karşılandı. Şöyle ifade ettiniz: "Din, Aydınlanma'nın hayal ettiği gibi değil - dilsiz, marjinal ve ılımlı - ve biz onun alevini korumalıyız. Bugün sizin geleneğinizden ve diğer geleneklerinizden doğan daha derin ahlaki ve manevi hayal gücünün tohumları nerede? peki insan umudu nerede bulabilir?"

Tanrı bize 21. yüzyılın başında muazzam bir meydan okuma sundu: Farklılığın yıkıcı potansiyeline bu kadar yakın yaşamak, W. H. Auden'den alıntı yaparsak, aslında bize sunduğu tek seçenektir: Ya birbirimizi sevmeliyiz ya da ölmeliyiz! Umutluyum çünkü birbirimizi sevmek gerçekten işe yarayabileceğine göre, insanlık olarak birlikte hayatta kalacağımıza dair çok fazla umut var.

* * * Geleneklerimiz, birbirimizi nasıl sevmemiz ve umutlu hayatlar yaşamamız gerektiği konusunda zengin kaynak materyal sağlar; ancak bunları ne özel, ne kamusal ortamlarda, ne de belirli farklılık sınırlarının ötesinde her zaman güçlü bir şekilde uygulamamışlardır. Ancak onlar, 21. yüzyıl için acil bilgelik sağlayan zekanın ve uygulamaların koruyucuları olmaya devam ediyor; konuşmalarda ve bu yazı aracılığıyla defalarca geri döndüğüm erdemler de dahil; Merhamet, uzlaşma, merhamet ve farkındalık gibi erdemler - şefkat, uzlaşma, merhamet farkındalığına katkıda bulunan irili ufaklı alışkanlıkların toplamı - hem komşuya hem de düşmana duyulan sevgi. Çağımızda yeni olan şey, bu tür bir bilgeliğin dışa vurumu ve aktarımıdır: önceki çağlara kıyasla ruhsal teknolojiler olarak erdemler.
Kültürler arası geleneklerle ilgili ücretsiz olarak sunulan materyalleri okuyun ve dinleyin; Ayrıca bireysel ve toplumsal ihtiyaçları bildiren gelenekler de mevcuttur. Devrim niteliğinde bulduğum şey, sosyal ve yaşam bilimlerinin, erdemlerin ve öğretilerin nasıl işlediğini ve neden önemli olduklarını açıklamada nasıl tamamlayıcı bir rol oynamaya başladıkları; onların uygulanması, bazı fizikçilerin insan bilinci hakkında iddialarının aksine, gerçekten seçim, ahlak ve sevgi kapasitesine sahip olup olmadığımızı da araştırıyor. Biyologlar, sinirbilimciler ve psikologlar artık modern izleyiciler için kadim bilgeliğin kilidini açmada önemli bir rol oynuyorlar. Büyük erdemleri (bağışlama, şefkat, empati ve sevgi) aramızdaki gelişimlerini nasıl teşvik edebileceğimizi keşfederek laboratuvara taşıyorlar. Haham Sacks, bu çalışmayı kadim kutsal zekayı zenginleştiren ve yenileyen bir çalışma olarak sevinçle gözlemliyor: onun "çalışma talimatlarını" detaylandırıp geliştiriyor.

Yazar ve Haham Lord Jonathan Sacks arasındaki konuşmayı dinleyin.

Burada bu talimatları niceliksel ve deneysel bilimle yeniden ele alıyoruz ve üç veya dört bin yıl önce büyük bilgelik geleneklerinin neler söylediğini keşfediyoruz. Bugün başkalarına iyilik yapmanın, güçlü ve destekleyici ilişkilere sahip olmanın ve hayatın yaşanmaya değer olduğunu hissetmenin mutluluğun üç temel belirleyicisi olduğunu anlıyoruz - bu kadim, asil gerçekler, irademiz dışında bize yeniden dayatılıyor - şimdi her zamankinden daha rahatsız edici bir durumda. dini liderler, bilim insanları, sosyal bilimciler ve sosyologlar arasındaki tuhaf işbirliği.

Michael McCullough, affetmeyi daha muhtemel ve uzun süreli kılan, aynı zamanda biyolojik olarak doğal kılan koşulları araştırıyor. Richard Davidson, Dalai Lama'nın isteği üzerine meditasyon yapan Tibetli Budist rahipler üzerinde meditasyon yapan Tibetli Budist rahipler üzerinde meditasyon beyinleri uygulayan çalışmalarla nöroplastisitenin keşfedilmesine yardımcı oldu.
Şimdi çocukların, dili öğrendikleri gibi şefkati de öğrenmeye doğuştan yatkın olduklarına dair inancını araştırıyor. Nezaket ve şükran eylemleriyle ilişkili hem sağlık hem de toplumsal sonuçlar üzerine önemli çalışmalar yapılmıştır. Şu anda amigdalayı (beynimizin savaş ya da kaç içgüdüsünü barındıran, ölümcül tehlikelerden korunmak için geliştirilen, ancak çoğu zaman bizi bireysel ve kolektif olarak etik olmayan davranışlara sürüklemekten sorumlu olan kısmı) küçültmeyi amaçlayan deneyler yapılıyor. Rachel Yehuda, fiziksel ve psikolojik travmanın zaman içinde nesilleri nasıl etkilediğini gösterdi ve bu içgörüyü, zaman içinde dayanıklılığı ve iyileşmeyi teşvik edecek bir güç biçimi olarak kullandı. Berkeley ve Stanford gibi kurumlar, hayranlık ve empati gibi konularda devam eden çalışmalar yürütürken ve şefkati öğretmek için yenilikçi sanal gerçeklik uygulamalarını keşfederken Silikon Vadisi'nden yararlanıyor.

Bu yeni denklemin diğer tarafında kurumsal sağlıklarını ve gelişen dünyaya katkılarını yeniden tasarlamaya çalışan dini kurumlar var. Bu mücadelenin kendisi, daha iyi anladığımız erdemlerin uygulanabileceği ve uygulanabileceği ortak alanlar olarak kutsal alanların doğmasına neden oldu; tıpkı Occupy Sandy çocuklarının protesto ederken bile sığındıkları kiliseler gibi.
Manastırlar da bu hikayede önemli bir rol oynuyor. Duayı, manevi yönlendirmeyi, inzivaları ve meditasyonu merkeze almak, uzun süredir manastır topluluklarının (manastırdaki keşişler veya rahibeler veya tüm geleneklerimizin derinliklerinde yer alan adanmış meskenler ve hacılar) ilgi alanı olarak görülüyordu. Ancak bugün, Collegeville'deki Benediktinler veya Rahibe Simone'un kız kardeşler topluluğu gibi birçok Batılı manastır topluluğunun sayısı eskisinden daha az olmasına rağmen, dua etmek ve inzivaya çekilmek için kullandıkları fiziksel alanlar, geri dönmeden önce

dinlenmeye, sessizliğe veya odaklanma uygulamalarına gelen insanlarla dolup taşmış durumda. ailelere, işyerlerine, topluluklara veya okullara.

Nathan Schneider, varoluşsal arayışın yoğun bir varoluşçu döneminde, dindar olmayan annesi tarafından gönderilen bir Trappist topluluğunda inzivaya çekilerek inanç bulmaya başladı ve bu inanç anının hem dokunaklılığını hem de ironisini - dünyada tuhaf ama tanıdık olan şeyleri - yakalayan ilgi çekici bir hikaye anlatıyor. günümüzün inançla ilişkisi.

Nathan benimle inancın kişinin yaşamı boyunca ve bir bütün olarak toplumda nasıl yaşadığını, öldüğünü ve yeniden doğduğunu paylaştı. Konuşmamız, yazısında önemli olarak alıntıladığı bazı William Blake şiirlerini sorduğumda başladı: "Kendini neşeye çok sıkı bağlamak kesinlikle onu öldürür / Yükselirken neşeyi öpmek sonsuzluğun gün doğumunu getirebilir". Nathan açıkladı.

Nathan Schneider ve Nathan Farrow arasındaki konuşmayı dinleyin.

Vaftiz sponsorumun manastırında bu satırların duvarına yapıştırıldığını gördüm. Hayatımın en büyük akıl hocalarından biriydi, ancak birlikte geçirdiğimiz zamanın çoğunda yavaş yavaş ölüyordu - çoğu zaman vücuduna bağlı makinelerle korku üstüne korku veriyordu - her korkutma şu ya da bu makineye bağlanıyordu. Manastıra girmeden önce ve tekrar girdikten sonra onu zengin ve karmaşık bir hayat takip etti. Bunları duvarında bulduğumda, ölüm sürecinde Tanrı'ya olan inancının nasıl bir rol oynadığını sordum; yol boyunca ona ne kadar rahatlık vermişti.

Bana şüphelendiğim bir şeyi - artık bu inanca sahip olmadığını - söyledi ve bu beni şok, üzüntü ve kayıpla sersemletti; ama onun bu konudaki dürüstlüğü beni aynı anda minnettar, neşeli ve alçakgönüllü hissettirdi - örneğin inancını kaybetmiş biri bana bu yolda rehberlik etmişti!

Çoğu zaman bugün ruhsal yaşamın yeni dinamiklerini, kadim bilgeliğin armağanları olarak görüyorum; her ne kadar sonsuza kadar bildiğimiz inanca meydan okusalar da. Din, kültür ve bilim sınırlarını aşan bilgi aktarımı, manevi teknolojileri güçlendirirken uygulamayı daha erişilebilir hale getirir.

Erdemler, aslında doğruluğun temel unsurları, insanlık için hiçbir zaman bugün olduğundan daha ulaşılabilir olmamıştı. Ayrıca, modern insanların, Hindistan'ın Ashramiana kentindeki Rishi Ashram gibi inziva yerlerine düzenli olarak inzivaya çekilen bilge yazar Pico Iyer'in "iç dünya" ve "durgunluk sanatı" olarak adlandırdığı şeyleri keşfetme yolları da genişliyor. Özlemler ve erdem uzun süredir içimizdeki dengeye güveniyordu; birçoğu günümüzün telaşlı ve belirsiz dünyası karşısında bunu nasıl daha bilinçli bir şekilde sürdüreceklerini öğreniyor. Her ne kadar kusurlu ve tutarsız olsa da, dış yaşamı şekillendiren ve görebildiğimiz ve dokunabildiğimiz dünyayı canlandıran içsel bilgeliği geliştirmeyi öğreniyoruz. Böylece inanç, daha önce hiç olmadığı kadar temel özüne doğru büyüyebileceği bir hayatta kalma yolu bulmuştur.

Son Notlara İlişkin Notlar (SON NOTLAR)

Pico Iyer, kendisini geleneksel anlamda bir manevi öğretmen veya uygulayıcı olarak görmüyor; ancak Eton, Oxford ve Harvard'dan aldığı dereceler onu entelektüel ve manevi dünyaları birbirine bağlama konusunda eşsiz bir niteliğe sahip kılıyor. Aile kökleri Budizm'e kadar uzanan, kendi dönemindeki bir Rönesans Katolik sapkınlığına kadar uzanan; Hindu rahip kültürü; ve Teozofi'nin etkisiyle aile hayatı bu amaca ulaşmada bir köprü görevi görmektedir.

Yazar Pico Iyer ile bizzat Iyer arasındaki bu büyüleyici tartışmayı dinleyin.

Çok seyahat ederek büyüdükçe (ailem 7 yaşındayken Kaliforniya'ya taşınmadan önce İngiltere'de Hintli bir ailenin çocuğu olarak doğmuştum) tatillerde eğitimime İngiltere'de devam etmek yerel özel okullara gitmekten çok daha ucuz hale geldi; yani yaklaşık 9'dan itibaren hayatım uçaklarda yaşamaktan ibaretti.
Okulda Kuzey Kutbu'nu tek başıma uçtum. Daha sonra 20'li yaşlarımda mümkün olduğunca çok ülke ve yeri ziyaret ederek dünyanın haritasını çıkarma çabasına giriştim; ve 30'lu yaşlarımda tüm bunlardan özgürleştikten sonra hemen bunu yapmaya çalıştım - olabildiğince hızlı bir şekilde elimden geldiğince haritalandırmaya çalıştım - bir sabah uyanabilecek bir neslin parçası olmanın ne kadar şanslı hissettiğini hatırladım ve Birkaç gün sonra kendilerini Tibet, Bolivya ya da Yemen gibi bir yerde buluyorlar; büyükannem ve büyükbabamın olacağını asla tahmin edemeyeceği bir şey!

Düzenli olarak durup hayatımızdaki bu olağanüstü dönüşüm üzerinde düşünmeye değer, değil mi?

Evet ve bu dramatik dönüşümle birlikte dramatik bir değişim de geldi; büyükannem ve büyükbabamın kendi toplulukları, kabileleri ve dinleri içindeki evi onlara doğumda verildi, benim için bu benim için yapılabilecek bir şey - bu zorluklar sunabilir ama beni de etkileyebilir. aynı zamanda inanılmaz fırsatlar da sunuyor. Bir noktada şunu fark ettim: pek çok yeri ziyaret etme şansına sahip oldum. Artık asıl macera kendi içimde yatıyor: geçmiş deneyimlerin anılarını biriktirmek için harcanan zaman boyunca duyguları, izlenimleri ve deneyimleri toplamak. Artık tek istediğim, yıllarca hareketsiz oturmak ve iç dünyamı keşfetmek, çünkü seyahat eden herkes seyahat etmenin, hareket etmekten ziyade hareket etmekle ilgili olduğunu bilir. İlk başta görebileceğiniz şey yalnızca Büyük Kanyon veya Çin Seddi olmayabilir; daha ziyade, günlük yaşamınızda genellikle fark etmediğiniz ruh hallerini, imaları veya içinizdeki yerleri temsil ederler. Henry David Thoreau ve Thomas Merton'un keşfedilmemiş bölgeleri

keşfettiğini hatırladım; Henüz keşfedilmemiş bu geniş, keşfedilmemiş bölgeyi keşfederek onların ayak izlerini takip etmek istiyorum.
Dinginlik olarak adlandıracağım hayatınızın ve onun tefekkür pratiklerinin ilham verici bir adı var: Dinginlik. Bu kelimeyi yazılarınıza ve günlük yaşamınıza ne kadar harika bir şekilde dahil ettiniz!
İnsanların içsel bir duyguyu bu şekilde etiketlemek için bu tür sözcükleri ne zaman kullanmaya başladıklarını görüyor muyuz?

Daha önce de belirttiğim gibi, her zaman çok seyahat ettim; Yalnızca 30'lu yaşlarımdayken, yalnızca bir Amerika Birleşik Devletleri havayolu şirketiyle zaten bir milyon mil biriktirdiğimi fark ettim! Böylece hayatımın çok fazla hareketten ama muhtemelen çok az sessizlikten oluştuğunu anladım. Aynı sıralarda, Santa Barbara'daki aile evim yandı ve o akşam bütün gece açık olan bir süpermarket diş fırçası satın almak dışında tüm eşyalarım olmadan beni terk etti, bu yüzden ertesi sabah kendimi çok şaşkın ve yalnız hissettim. Böylece hayatım giderek huzursuzlaştı. Öğretmen arkadaşım bir Katolik inziva yerinde biraz vakit geçirmemi önerdi. Ancak ne Katolik ne de keşiş olmama rağmen, bana her zaman derslere katıldığı bir yerden bahsetti; bu, en dikkati dağılmış, huzursuz, testosteronla beslenen genç çocuğunun bile orada derslere katılırken daha sakin ve net hissetmesine yardımcı oldu. Ve bir şey genç erkekler için bu kadar etkili olduğuna göre, işe yarayan her şey benim için de işe yaramalı mı?

Ve denizi takip ederek kıyı boyunca kuzeye doğru ilerledim, ilerledikçe yollar daralıyordu; ta ki havanın güçlü bir şekilde enerjiyle titreştiği bu manastıra ulaşmak için dağın yukarısında iki mil boyunca kıvrılarak ilerleyen daha da dar, zar zor döşenen bir yola ulaşana kadar. İlk başta çok sessizdi; gürültü olmadığından değil, keşişler tarafından oluşturulan bu şeffaf duvarların günlük yaşamımızda bize ulaşabilmek için çok çaba harcaması nedeniyle. Kalmak için küçük odama girdiğimde oldukça basitti: sadece bir yatak ve çalışma masası vardı; üstlerinde sandalyeli bir bahçeye bakan uzun bir resim penceresi vardı; ötesinde sadece Pasifik Okyanusu'nun geniş bir alanı vardı.

Arabayı sürerken fark ettiğim şeylerden biri zihnimin düşüncelerle, konuşmalarla ya da tartışmalarla dolup taşmasıydı; Annemi geride bıraktığım için hissettiğim suçluluk ve patronlarımın geç kalmamdan rahatsız olacağı korkusu bana sürekli eşlik ediyordu. Buraya geldikten kısa bir süre sonra, nerede olduğumun pek de önemli olmadığını ve burada kalarak anneme, arkadaşlarıma ve patronlarıma ihtiyaç duydukları her türlü desteği daha iyi sunabileceğimi fark ettim. Bu konuyla ilgili son not: Annem şu anda Kaliforniya'da tam olarak manastırın yüksekliğine eşit olan 300 metre yükseklikte yaşıyor ve tepedeki evinden muhteşem okyanus manzarasının keyfini çıkarıyor. Dışarıdan bakıldığında evi sakin ve güvenli görünüyor; ancak evde yalnız kitap okurken, ya telefonumun yeni postalarla çalmasına ya da birinin kapımı çalıp bana postamın başka bir odaya geldiğini söylemesine hazırlıklıyım. Bu yüzden sürekli kendimi rahatsız ederek kendimi hareket etmeye zorluyorum - bu sadece bir Lakers maçı izlemek anlamına gelse bile! Ve ne zaman düşüncelerim yıldızları gözlemlemeye yönelse, beynim bana hemen beni bekleyen başka görevlerin olduğunu hatırlatıyor. Ya da derin bir sohbet başlarsa Lakers maçı yakında televizyonda yayınlanabilir; yıldızlara yeniden bakmadan önce başka bir şeyin yapılması gerekiyor. Evde hayatım her zaman netliğime ve konsantrasyonuma engel oluyor; bu bana benim gibi insanların sessizliğe ve dinginliğe adım atmak ve bunun canlandırıcı faydalarını keşfetmek için neden bilinçli adımlar atması gerektiğini hatırlatıyor - bizi her türlü endişe veya stresten gerçekten arındırıyor.

1994'ten beri Carmel Valley Çiftliği'ne düzenli geziler yapıyorum. 70'ten fazla kez geçti ve burası gerçekten benim gizli evim gibi geliyor; eşim ve annemle birlikte, değişimle ve bazen geçicilikle dolu bir dünyada sabit kalıyor. Başka bir yere seyahat ederken her zaman aşağıdaki Pasifik manzaralı o küçük odayı ve şapelini düşünürüm - her iki anı da çekişme ve belirsizlik zamanlarında beni sakinleştirmeye ve topraklamaya hizmet ediyor.

Bunun özünde çok önemli bir mesaj yatıyor: Hem fiziksel olarak hem de kendi içinizde dinginliği aradığınızda, bu arayış ile dünyaya dönüş arasında önemli bir gerilim oluşmuştur. Burada yazdıklarınızı özellikle beğendim: "Durgunluğu aramanın amacı sadece şu ya da bu yere daha fazla huzur ya da huzur katmak değildir; daha ziyade topluma bir bütün olarak barış getirmelidir."
Graham Greene hakkındaki kitabınız çıktıktan sonra New York Halk Kütüphanesi'nde Paul Holdengraber ile aranızda geçen bir sohbete katıldım. Orada, seninle bu konu hakkında konuşmayı sabırsızlıkla beklememe neden olan bir şey söyledin: maneviyat su gibiydi, din ise onun kabını temsil ediyordu; çay fincanları gibi ilerlediklerini ama potansiyel olarak zamanla kırılabileceklerini söylediniz - dinin fincan gibi davranıp zamanla ona şekil verip her an bocalama potansiyeli varken maneviyatın su gibi olup olmadığını merak ettim.

Bardak metaforunu seviyorum. Ve şimdi bana maneviyat hakkında soru sorsanız, bunun içimizin en derinlerinde yatan şeyle olan tutkulu ilişkimizle ve bazen kararan, bazen de parlak bir şekilde parıldayan içsel ışığımızla ilgili olduğunu söylerdim. Din bize içinde bulduklarımızı paylaşabileceğimiz bir topluluk, çerçeve, gelenek ve müttefikler sağlar. Yukarıda belirtilenlerin çoğuna katılıyorum - özellikle de son cümlenize! Yukarıda belirttiğim gibi, su ve çaydan bahsederken Dalai Lama'dan büyük miktarda borç almış olabilirim. Sık sık nezaketin hayatta kalmak için ne kadar hayati önem taşıdığını vurguluyor; o olmasaydı yok olurduk! İyiliği suya, dini ise çaya benzetir. Çay, hayatın tadını yükselten lüks bir deneyimdir, dolayısıyla ona sahip olmak, zevklerinize muazzam bir şekilde katkıda bulunabilir ve tüm bu deneyimlerinizi zenginleştirebilir. Bununla birlikte, su hala vazgeçilmezdir ve bu nedenle günlük nezaket ve sorumluluk, her yaşam yolculuğunun temelini oluşturmalıdır; metinler veya mutlak kavramların anlamları üzerinde çok derinlemesine düşünmeden önce, öncelikle önemsediklerimize kendimizi bağlamamız için mükemmel bir hatırlatma.

Bir fizikçi ve düşünce adamı olan Arthur Zajonc, bilimin en uç sınırlarının değerlerin radikal bir şekilde yeniden düzenlenmesine yol açtığına inanıyor.
Zajonc'a göre bilimleri ve beşeri bilimleri entegre etmek, "bizi oluşturan her şeyi bu dünyayı oluşturan şeylerle birleştirmek" hakkında konuşmanın başka bir yoludur.

Arthur Zajonc ve Arthur Zejonc arasındaki konuşmayı dinleyin.

Maneviyatın sadece inanç etrafında dönmesi gerekmez; daha ziyade kendisini bilmeye kararlı olarak anlamalıdır. 20'li yaşlarımdan beri düzenli olarak uyguladığım meditasyon ve tefekkür sayesinde, meditasyon beni tefekkür maneviyatında açıklığa kavuşturulabilecek deneyimsel bir alanın var olduğu inancına götürdü; Hatta bir bakıma bilimsel bile; çünkü temeli binlerce yıl boyunca paylaşılan ve bugün benim bilimsel çalışmamla uyumlu şekillerde bağlantı kurabileceğimiz insan deneyimine dayanıyor.

İşte ahlak tanımınız: "Ahlak, diğer insanlarla ve içinde bulunduğumuz daha geniş çevreyle olan ilişkilerimizi ifade eder.

Benim için ahlakın kökleri Katolik yetiştirilme tarzıma dayanıyor; bu nedenle sıklıkla suçluluk duygusu içeriyordu. Bilirsin, günahlar ve hafif günahlar...

Yanlış adımlar.
Ve yine de her zaman bir şekilde birisinin seni yakalayacağından korkuyordun, ama bir noktada bu pek olası görünmüyordu; mesele sadece dini bir hiyerarşi tarafından dikte edilemezdi; başka bir kaynak olması gerekiyordu. Ayrıca tüm bunların arkasında her şeyi daha iyi anlayan birinin olması gerekiyordu.
Etik, bütünüyle değil, bireysel davranışınızın bir parçası olarak önemliydi; dolayısıyla bilim, determinist düşüncenin başarısızlıklarını keşfetmenin çekici bir yolu haline geldi. Kaos dinamikleri veya kuantum mekaniği insana bazı şeylerin daha az katı olabileceğine dair bir ipucu verir; biyolojik zorunluluklar tam olmayabilir; özgürlüğe yer olabilir; ahlaki açıdan haklı eylemler de olabilir. Ama eğer ebeveynlerin, rahiplerin, öğretmenlerin, akran gruplarının veya biyolojinin üzerimize uyguladığı -hepsi de muazzam güç uygulayan- tüm güçleri bir kenara atarsak ve kendimize alan yaratırsak, ahlaki pusulanız veya araçlarınız ne olur? Bunu varsayımsal olarak ya da meditasyon yerine doğrudan keşfedebilir miyim? Peki ahlaki açıdan bağlantılı hissettiren ve hayatımı tek bir yaklaşıma yerleştirmeme yardımcı olan bir yaklaşım var mı? Benim için bu benim deneyimim haline geldi.

Mevcudiyet, an be an geliştirdiğiniz bir şeydir.

Doğru. Ama amacınız açık. Gerçeklik geniştir, öznellik gerçeklikte vardır ve dostumuzdur; aslında bu yeni bilim, ahlaki yaşamın temelini sağlayan "hayata yönelik radikal bir yeniden yönelimi" temsil ediyor.

Evet. Tartışma şuna benzer: 17. yüzyıldan beri mekanizma ve madde hakim olmuştur. Ancak 1900 ile 1925 yılları arasında, gözlemcileri tamamen göz ardı edemeyeceğimizi anladığımızda fizik inanılmaz bir devrim yaşadı; her ne kadar dikkatli bakmadan onlara yaklaşık olarak yaklaşarak bunu bir dereceye kadar başarabiliriz; ama bilimimizi doğru düzgün yaptığımızda değil; bunun yerine her zaman bir şekilde ya kuantum mekaniği ve görelilik yoluyla ya da genel bilimdeki öznel boyutlar yoluyla dahil oluyoruz - seleflerimizin yakın zamana kadar mekanizma ve maddeyi birlikte incelediklerinde fark etmedikleri bir şey!
Her yerde, evrenin bizden beklediği, olup biteni izleyen -gerçek ya da hayali- bir gözlemci vardır. Bunu, olaylara hoş bir bakış açısı olarak öylece göz ardı edemeyiz; Herhangi bir kozmosun anlamlı olabilmesi için bu unsurun var olması gerekir. Her şey ortaya çıktıkça ona bakabileceğiniz bir dış perspektif yok; bu yüzden bana her zaman büyük bir hikaye önümde açılıyormuş gibi geliyor.

Deneyim, tarih ve anlatı bir bakıma tek gerçek şeylerdir.

Kulağa ne kadar tuhaf gelse de, öznel gerçekliği deneyimlemek bizi deneyime ve öznelliğe geri getiriyor - keyfi ya da kaprisli bir şekilde değil, kişiliğime bağlı bir gerçeklik olarak. Bu noktadan bakıldığında öznellik hayatımda bir düşman olmaktan ziyade bir müttefik haline geliyor. Bu gerçekleştiğinde ahlaki boyutlar yeniden hayata döner çünkü öznel deneyimi sterilize ederek ahlaki olasılıklara yer bırakmazsınız.

Her zaman olduğu gibi ahlak tekrar sahneye çıkıyor çünkü sonuçta ne yaptığınız önemli mi?

Gerçeklik, sizin yaptığınız ve deneyimlediğiniz şeydir, ancak bir şekilde günlük yaşamlarımızda gerçek olarak deneyimlediğimiz şeyler - çocuklardan ve acılardan yaşlanmaya ve bebek doğurmaya kadar - eski paradigmalar aracılığıyla farklı şeylerle açıklanır. Bazen bunun putperestlik olduğunu düşünüyorum: Tanrıları işaret ediyorsunuz ama onları tam olarak göremiyorsunuz, bu yüzden heykeller yaratıyorsunuz; benzer şekilde, modellerin mevcut olduğu ancak gerçekliği daha iyi temsil edebilecek cevaplar sağlayacak gerçek sonuçların henüz ortaya çıkmadığı fizikte de benzer şekilde, gerçekte temsil ettiği şeye saygıyla tapınmak yerine tapınılması gerektiği için saygı duyulmak yerine tapınılmaya başlandı; deneyiminiz, kadim düşüncenin veya başka herhangi bir kaynağın amaçladığı şeye tapmak yerine gerçeğe dönüşür.

Bu bölünmenin hangi tarafının merkezde yer aldığını anlamak zordur, ancak bazen doğrudan deneyimi, aydınlanmaları ve içgörüleri yaşanmış deneyime geri götüren kalıplara yeniden canlandırmak için bir ikonoklast gibi davranmanız gerekir. Bunu yapmak aynı zamanda hayatı daha bütünüyle yeniden keşfetmeme olanak tanıyan ahlaki ve etik boyutların da önünü açıyor.

Richard Rodriguez, Amerika'nın benlik ve toplum üzerine yazan en büyük yazarlarından biridir. Amerika'nın "esmerleşmesi" olarak adlandırdığı olay nedeniyle önceki nesillerdeki ırk ilişkilerinin nasıl değiştiğini gözlemliyor; dahası, bir Roma Katoliği olarak 11 Eylül sonrası dünyada Müslümanlara yönelik anlayış arayışındaydı. Richard'ın hayatı, soldan sağa, göçmenlerden entelektüel ve laik dini geleneklere kadar söylemleri kapsıyor.

Richard Rodriguez ve yazar Amy Idleman arasındaki bu konuşmayı dinleyin.

Yetiştirilme tarzım Roma Katolikliğiydi, ancak bu adaleti yerine getirmiyor. Sacramento, California'da, en iyi şekilde sıradan olarak tanımlanabilecek bir mahallede büyüdüm; "Beyaz" hikayenin tamamını anlatmıyor: Babanız kömür madencisi olarak mı çalışıyordu, yoksa oğlunuzun kano yaparken trajik bir şekilde mi öldüğü. Okul deneyimim ağırlıklı olarak beyazdı: Tüm sınıf arkadaşlarım Katolikti; tek istisna, Piskoposluklu olan ve birlikte dua ettiğimizde başını öne eğen Bobby Wright'tı. İrlanda sesleri sınıfımı doldurdu ve İngilizce kelimelere ve kültüre giriş görevi gördü. Çoğu zaman olduğu gibi, İrlanda benim İngilizce öğrenmeye açılan kapımdı; tüm rahipler, rahibeler ve sunak çocukları İrlandalı kadınlar olduğundan, İngilizceyi ilk kez böyle öğrendim. Ek olarak, bir sunak görevlisi olarak rahibe Latince yanıt vererek Latince öğrendim. Bugün bile tekrar düşününce beni gülümseten bir şey bu.

Bir saat içinde hızla aritmetik dersine dönmeden önce bir tabutun mezarlıktan açık bir çukura taşınmasına yardım ettiğimi hatırlıyorum - o zamanlar hayat böyleydi. Ancak hafızanın, şiirin ve düzyazının genç beyinler üzerindeki güçlü etkisi, rahiplere Latince 'Gençliğime neşe veren Tanrı'nın sunağına gideceğim' gibi cümlelerle yanıt verildiğinde kanıtlanıyor. Peki insanlar artık kilisenin benim için ne anlama geldiğini sorduğunda? Cevabım: Son derece ilgi çekiciydi.

Anı kitabınız Hunger of Memory, özellikle çarpıcı bulduğum ilginç bir ifadeye sahipti: "Hayatlarına dahil olan tüm kurumlar arasında yalnızca Katolik Kilisesi, annemin ve babamın düşünürler olduğunun ve insanların kendi hayatlarına dair kendi deneyimlerinin farkında olduğunu biliyor gibiydi." hayatları.

Evet. Dinin bizi hayatlarımız üzerinde düşünmeye sevk etme gücü, bana öyle geliyor ki, entelektüel olarak adlandırılabilecek bir içe dönüklüğü teşvik ediyor. Krista, köylü Kilisesinin dünya çapında bu kadar çok kişiye, hatta dine inanmayanlara bile bu kadar teselli sunması benim için gerçekten şaşırtıcı. Artık zamanımın çoğu dindar olmayan veya din karşıtı bireylerin arasında geçiyor. Kardeşim kendisini sadece ateist değil aynı zamanda anti-teist olarak da görüyor. Ona göre 'ateizm' terimi dine ilişkin duygularını tam olarak yansıtmıyor; bu nedenle din hakkında yazarken, eğer üslubum açıkça dindar ya da çok fazla dindar görünüyorsa laik okuyucularımın yazdıklarım hakkında ne düşüneceğinden endişeleniyorum.
Bunlar laik izleyiciler için uygun mu, yoksa dindar yazarlar için fazla mı şık? Bana göre bu kitaplar muhtemelen her iki kategoriye de giriyor; Bazen dini yazılarda ironi ve paradoksun kullanımı gözden kaçabilir.

11 Eylül gerçekleşir gerçekleşmez, kültürümüzde bir milyardan fazla taraftarı olan İslam'ın bir "Öteki" olarak görünür hale geldiği bir dönüm noktası oldu. Teröristlerle olan akrabalığınızı, onların yaptığı aynı tek tanrılı Tanrı'ya tapınarak ve bu adamlarla olan bağlarınızı, yanıtınızı yazarak keşfederek ilginç bir karşı kültür hamlesi yaptınız: "Ben de babamın Tanrısına taptım, bu yüzden burada bir bağlantı olmalı." O perspektiften olup biteni anlamaya çalıştınız.

İlk anladığım şey gizem. Orta Doğu'daki çöle taşındıktan sonra, Yahudiler, Hıristiyanlar ve Müslümanlar tarafından paylaşılan İbrahim'in Tanrısının kendisini orada gösterdiğini gördüm. Her ne kadar kutsal olsa da, biz buradan ayrılırken Tanrı'nın O'na göründüğü kadar bizim için de yalnız olduğunu hissederek insanları kaygılandırabilir; kabile bağlılığı gerekli hale gelir; bu da hem rahatlatıcı bir teselliye hem de şu anda gördüğümüz şiddetli çekişmelere yol açıyor.

Çölü geçerken güneş ışığının ne kadar parlak ve kör edici olabileceğini kabul etmek önemlidir; yine de karanlık ve gölge ne kadar rahatlatıcıdır. Pek çok din, gölgeyi ve karanlığı Tanrı'nın armağanı olarak kabul eder; Muhammed'e vahiy sadece doğal ışıkla aydınlatılan bir mağarada bile geldi! Yahudilik ayrıca Musa'nın parlaklığından gözleri kamaşmasın diye kapalı bir mağaraya koyar; Hatta diriliş bir başkasının içinde gerçekleşti! Bazen karanlık yerlerde yaşadığımızı unutuyoruz; ancak karanlığı inancımızın bir parçası olarak kabul etmek onu güçlendirmeye yardımcı olacaktır!
Bu da beni sana soracağım soruya getiriyor. Kurtarıcı bulduğunuz Katolik maneviyatınızı çöl ve mağara geleneğinin nasıl oluşturduğunu nasıl anladınız?

Büyük Amerikalı ateistimiz ve kablolu TV yorumcumuz Christopher Hitchens, bizi Tanrı'nın öldüğüne inandırmayı kendine görev edindi. Yılın yarısını Londra'da yaşıyorum ve sizi temin ederim ki, Tanrı burada kesinlikle ölmedi: Hem Müslümanlar hem de Hindular orada bolca bulunabilir. Rahibe Teresa'nın ölümünden sonra, itirafçılara ve piskoposlara yazdığı, hayatının son 40 yılında karanlık olduğunu gösteren birkaç mektup ortaya çıktı.

Kitabınızı neden bu şekilde bitirmeye karar verdiğinizi sormak istedim; Christopher Hitchens tüm hayatı boyunca Tanrı karşıtı bir felsefeye olan inancını ölene kadar ilan ederken, Rahibe Teresa çaresizliği içinde umutsuzca dindar olmaya devam ediyor.

"Bir keresinde onunla birlikte San Quentin hapishanesine gitmiştim. Dini açıdan hatırladığım en dikkat çekici öğleden sonraydı: Okul çocukları gibi davranan, idam cezasına çarptırılmış bir grup haydut vardı; onlara o ince sesiyle Tanrı'yı görmek için gitmeleri gerektiğini söylemişti. Yanlarındakilere bakın, boyunları dövmeli mahkumlar ya da başkalarını öldüren ve tecavüz eden mahkumlar: İşte onun yüzü orada bulunabilir! Ondan önce düşünmüştüm ama farkına varmamıştım: bunca zamandır ona bakıyordum. onun yerine kutsal resimler; o an daha anlamlı olurdu! Peder George Coyne ve Kardeş Guy Consolmagno o öğleden sonra San Quentin hapishanesinde bizimleydi.

Ay'daki otuzdan fazla nesneye Cizvitlerin adı verilmiştir; sonuçta Cizvitler yüzeyinin haritalandırılmasına yardımcı oldu. Bir Cizvit, modern astrofiziğin öncüleri arasındaydı; Tarihte yalnızca dördü - Loyola'lı Ignatius da bunlardan biri - asteroitlere adlarını verdiler; Vatikan gökbilimcileri Kardeş Guy Consolmagno ve Peder George Coyne şu anda bu şekilde onurlandırılıyor.

Yazar Guy Consolmagno Kardeş ile ruhani danışman Peder George Coyne arasındaki bu konuşmayı dinleyin.

Her iki bakış açınızın da ağırlıklı olarak bilimden beslenen bakış açılarının genel olarak Katolik teolojisi ve geleneğinde nasıl yankı bulduğunu duymak isterim. Guy bir yerlerde Katolik entelektüel başarısının "merkezinde zenginlik ve acımalarla birlikte insanın yanılabilirliğini de içerdiğini" yazmıştı. Elbette sadece Katolik teolojisinin kendisinden değil, onun bir bütün olarak edebiyat, sanat, şiir ve kültür üzerindeki etkisinden de bahsediyordunuz?

Kardeş Guy: Doğru. Bunu yazarken şunu düşündüğümü hatırlıyorum: Bu geri gelecek ve beni rahatsız edecek! Ancak bu düşünceleri yazmak, bunun nereye varabileceğini görmeme ve ona duygusal olduğu kadar entelektüel olarak da yaklaşmama yardımcı oldu. Katolikliğin zevklerinden biri de, orada bir Tanrı'nın var olduğu ve benim O'nun hakkında bir şeyler yapmak istediğim farkındalığını yansıtan kokuları, çanları ve ilahileri de kapsayan uzun entelektüel geleneğimizdir.

Peder Coyne: Küçük bir noktayı ekleyeyim. Cahil olmak heyecan vericidir ve bilimdeki cehaletimiz inançla ilgili olabilir; bu da benim inanç dediğim, Tanrı ile olan sevgi ilişkilerini çevreleyen belirsizliği içerir. Mesela bir bilimsel toplantıda yaş belirleme yöntemlerindeki belirsizlikler üzerine bir konuşma yapmıştım.

Evren ne zamandan beri var? Bu konuyu tespit etmek için, her yöntemin farklı derecelerde kesinlik içerdiği çeşitli yöntemler mevcuttur. Bilimsel konferanslara katılırken genellikle dini kıyafetler giymem; bu sadece meseleleri daha da karıştırır! Ama az önce kilisede falan bir konuşma yapmıştım, üzerimde Romalı tasması vardı. Tartışma sırasında bir beyefendi ayağa kalktı ve bana söylediği ilk şey "Baba" oldu. İlk başta beni "Baba" olarak kabul etmesi beni utandırmıştı ama sonra derin bir şey söyleyerek tartışmamızı derinleştirdi: "Baba, bilimsel uğraşlardaki tüm belirsizliklere rağmen hala bir destek kaynağı olarak inanca sahip olman şaşırtıcı olmalı." .

"İnancımın her zaman orada olduğunu kim söyledi?" Ben de karşılık verdim. "Her sabah uyandığımda şüphelerim ve belirsizliklerim var. Her gün onu daha da büyütmeye yardımcı olma çabasıdır çünkü inanç sevgidir; tıpkı evliliğin, arkadaşlığın, kardeş sevgisinin bize destek sağladığı için sonsuza kadar sabit kalmaması gibi.

Demek istediğim, bilimdeki cehalet, bilim yapma heyecanı yaratır ve bilimle ilgilenen herkes, keşiflerin yalnızca daha fazla cehalete yol açtığını bilir. Kardeş Guy: Daha fazlası keşfedildikçe, hala bilmediğimizi daha çok fark ediyoruz.

Ve imanın sizin için de benzer bir öneme sahip olduğuna katılıyor musunuz?

Kardeş Guy: Kesinlikle doğru. Anne Lamott, inancın tam tersi olduğundan bahsederken uygun bir ifade icat etti; kesinlik onun antitezidir. Eğer bir şey sizin için yeterince kesin görünüyorsa, inanç gereksiz hale gelir.

İman, bilimle ilgili olsun ya da olmasın şüpheler olduğunda ortaya çıkabilir. Ayrıca inançtan isim yerine fiil olarak bahsetmemiş miydi?

Kardeş Guy: Evet. George'un cehalet konusunda tartıştığı şey, "Ben herkesten daha akıllıyım çünkü cehaletimi biliyorum" diyen Sokrates'e kadar uzanan eski bir gelenektir. 14. yüzyılda dünya dışı varlıklar hakkında yazan Cusa'lı Nicholas, bu konu hakkında Cehalet Kitabı gibi şu veya bu isimle veya çevirisinin önerebileceği benzer bir şeyle yazmıştır.

Peder Coyne: Bilim her zaman bu kavramı kanıtlamıştır, ancak son yıllarda evrenin ne kadar genişlediğini fark etmeye başladık. Genişlemesinin, sonsuza kadar genişlemekle çökmenin eşiğinde, tam da olasılıkların eşiğinde dengede görünmesine hayret ettik. Özünde, bu başlı başına şaşırtıcı. Başlangıçta hayal edilebilecek tüm olası senaryolardan - o kadar hızlı genişliyor ki hiçbir galaksi veya yıldız oluşmuyor; ya da neredeyse genişlemeye başlar başlamaz kendi üzerine çökecek kadar yavaş bir şekilde - evrenimiz bu aşırı olasılıkların tam ortasındaydı, yakın zamana kadar bizi hem sevindiriyor hem de şaşırtıyordu; uzak kuasarların doğru gözlemleri sayesinde, onun hızla genişlediğini biliyoruz.

Yerçekimi, Newton'dan bu yana uzun zamandır insan anlayışının merkezinde yer alıyor. Ancak bu fikir, yer çekiminin temel taşı olma konumuna meydan okuyor.

Ancak burada cehaletin zevk alınacak bir şey olabileceğini öne sürdüğünüze inanıyorum.

Peder Coyne: Bilgi cehaleti doğurur.

Kardeş Guy: Bütün cevapları bilmediğimizin farkına varmak. Öyle olsaydı hayatımız anlamsızlaşırdı; hayat gerçekten anlamsızlaşırdı.
Dokuz yaşındayken, yağmurun dışarıda oynamamı engellediği ve bunun yerine herhangi bir nedenle beni içeride tuttuğu bir öğleden sonrayı hatırlıyorum. Annemin paylaşmak için bir deste kart çıkardığı ve birlikte remi oynadığımız o yağmurlu Pazar günü öğleden sonra, yaşımdan dolayı annem sık sık beni kartlarda yenerdi; ama oynamamızın nedeni bu değildi! Bunun yerine bu onun için doğrudan "Oğlum, seni seviyorum" demeden beni sevdiğini göstermenin bir yoluydu. Bilim bize, Tanrı'nın kendisinden gelen başka bir sevgi eylemi olarak, yaratılışın bu kadar samimi bilgisini sağlayabilir; böylece bize hem eğlenceli hem de başlı başına bir sevgi eylemi olan samimi bir bilgi sağlıyor!

Peder Coyne: Bu ilgi çekici bir fikir; ya öyle ya da Tanrı bizimle oyun oynuyor. Her ikisi de haklı olabilir: Çekici bir evren yarattı. Benim için bilim yapmak Tanrı'yı aramak gibidir; bilim asla kesin cevaplar vermez çünkü doğası gizemine katkıda bulunur. Etrafımdaki her şey hakkında bilinmesi gereken her şeyi bilseydim, elimde bir cin tonikle bir palmiye ağacının altında oturup hayatın geçişini izlerdim!
Kardeş Guy: Bazen bu o kadar da kötü bir fikir olmaz. Peder Coyne: Bazen işler oldukça monotonlaşıyordu.

Margaret Wertheim, bilimsel araştırmanın heyecanını insanlık tarihi ve kültürü boyunca aktarmak ve bunun hepimiz için önemini kişisel kılmak amacıyla bilim yazarlığına geçmeden önce fizik okudu. Avustralya'da doğan Margaret, tek yumurta ikizi ve sanatçı kız kardeşiyle birlikte Los Angeles'ta Şekillendirme Enstitüsü'nü kurdu.

Margaret Wertheim ve Margaret Adacker arasındaki bu diyaloğu dinleyin
Çocukken matematiksel kavramların doğadaki doğal tezahürleri beni derinden ilgilendiriyordu. Saat 6 ya da 7'de, okulda Pi (dairelerin ayrılmaz bir parçası) hakkında bir ders aldıktan sonra, çimenlerin üzerinde uzanıp güneşe bakarken, düşüncelerim bu sayının gerçekten var olup olmadığına döndü: Pi gerçek mi yoksa sadece mi? hayal mi ettin? Güneşimizin çekirdeğinde, jant kapaklarında veya gördüğünüz herhangi bir

dairesel nesnede gizemli bir sayının bulunması ne anlama geliyor? Ve fizik ne kadar çok araştırılırsa, matematiğin doğanın her yerinde olduğuna dair örnekler de o kadar dikkat çekici olur; bu olguyu nasıl yorumlamalıyız? Lazerler gibi olguları tanımlayan bu son derece karmaşık denklemlerin olması ne anlama geliyor? Peki bu denklemleri anlayarak bizi mikroçip gibi teknolojilere yönlendirebilir miyiz? Hayatta daha iyi anlamak istediğim temel felsefi soru bu: Matematik neden günlük hayatımızın bir parçası?

Dolayısıyla bilimin, ışığın hem parçacık hem de dalga olarak var olabileceğini, nasıl sorduğunuza bağlı olarak kabul etmesini büyüleyici buluyorum. Bu hepimizin deneyimlediği bir şeyi gösteriyor: gerçeklikle ilgili çelişkili açıklamaların her ikisi de doğru olabilir. "Dalga parçacığı ikiliği dünyamızın merkezindedir; daha doğrusu onun matematiksel temsilidir." Ancak görüntülerimiz ne kadar belirsiz olursa olsun evrenin bir bütün olarak kaldığını ve birbirinden kopuk parçalara bölünmediğini anlamak çok önemlidir. Aslına bakılırsa, bu cezbedici bütünlük, fizikçileri, ebediyen cezbedici bir ışığın gittikçe daha yakına çağırması gibi ileriye doğru iter; ama hep ulaşılmaz." Vay bu çok güzel. Bu düşünceye ekleyeceğin başka bir şey var mı?

Evet. Bir yüzyıldan fazla bir süre boyunca fizik, gerçekliği tanımlamak için iki yola sahipti: sürekli fenomenler olarak dalgalar ve ayrık veya ayrık olaylar olarak parçacıklar - her ikisini de tanımlamak için kullandılar. Kuantum mekaniği gerçekliğe ilişkin bu ikili görüşü temsil ediyordu.
Genel görelilik parçacıkları ayrı ayrı tanımlarken, kuantum mekaniği dalga benzeri sürekli özellikleri tanımlar. Genel görelilik kozmolojik ölçekte işlerken, kuantum mekaniği atomaltı ölçekte parlak bir şekilde gelişiyor, ancak matematiksel olarak konuşursak bu teoriler birbirleriyle iyi bir şekilde uyum sağlayamıyor. Son 80 yıldır fizikteki belirleyici sorulardan biri şuydu: "Genel görelilik ile kuantum mekaniğini tek bir matematiksel sentezde birleştiren birleştirici bir çerçeve bulabilir miyiz?" Bazıları sicim teorisinin bu çözümü sağlayabileceğine inanıyor. Çağdaş fizikçiler dünyamız hakkında sanki bu temel bir sorunmuş gibi yazıyorlar; ama gerçekte bu sadece insanlar için bir rahatsızlıktır; doğada her şey beklendiği gibi devam ediyor.

Doğru, yani evrenin şizofren olduğuna inanmıyorum, aksine biz insanlar öyleyiz. Ve bu, fizikçilerin yaptıklarında yanlış bir şey olduğu anlamına gelmiyor; hem kuantum mekaniğinin hem de genel göreliliğin 20 ondalık basamak hassasiyetinde olduğu deneylerle kanıtlanmıştır; bu gerçekten etkileyici. Ancak bunların kıyaslanamazlığı, dünyamız hakkında keşfedeceğimiz daha çok şey olduğunu gösteriyor!

Sinirbilimin bize hiçbir zaman kendimizi -mutluluğu, sevgiyi ve acıyı- ya da yaptığımız şeyi neden yaptığımızı açıklayacak her şeyi kapsayan bir teori sağlamayacağını belirttiniz; daha fazlasının kaldığını düşünüyorsun; Birçok açıklamanızda kendinizi hem Katolik hem de ateist olarak gördüğünüzü belirttiğinizi duydum.

Hayır, kendimi ateist olarak görmüyorum; ama şunu söyleyelim: Geleneksel anlamda Tanrı'ya inanmasam da en sevdiğim kitap İlahi Komedya ve bu biraz ışık tutabilir. Dante, kalbindeki aşkı bulmak için evrenin dokusuna nüfuz eder; Ben de böyle bir özün var olduğuna inanıyorum ve Dante'nin bu özün keşfine dair vizyonuna minnettarım. Yani sanırım biri Tanrı'ya inandığımı söyleyebilir. Bu da "Ateist misin Değil misin?" kavramını oluşturan şeyin bir parçası. zor. Benim endişem, tanrısallık anlayışımızın o kadar önemsiz ve sıradan hale gelmesi ki, bu soruyu dogmaya başvurmadan cevaplamanın neredeyse imkansız hale gelmesidir. Dahası, militan ateizmin toplumda artan önemi üzücüdür; Onun yıkıcılığını yararsız buluyorum ve bilimi hiçbir şekilde ilerlettiğini düşünmüyorum.

Ve Tanrı'yı çevreleyen dilin kullanım veya anlaşmazlık nedeniyle itibarını yitirebileceğini söyleyerek neyi kastettiğinizi anlıyorum, dolayısıyla bu terminolojiyi kullansanız da kullanmasanız da, benim izlenimim şu ki, insanlık bilim tarihimize yönelik tarih araştırmanız aracılığıyla konuşmuyorsunuz büyük ölçüde dinin bir "izmi"nden ziyade "ötesinde" bir şeyle ilgili; bu, hayali bir varlık ile gerçekliğin kendisini itibarsızlaştıran insanlık veya bilimsel materyalizm arasında bir tür üçüncü yol sağlayabilir.

Sanırım bilimle ilgili olarak Tanrı meselesini anlamamızın bir yolu şudur: Modern bilimin başlangıcından önce, Hıristiyan Tanrı anlayışları iki işlevi yerine getiriyordu. O, hem evrenin yaratıcısı hem de insanlığın kurtarıcısıydı. Ancak modern bilimin gelişiyle birlikte O'nun kurtarıcı rolü bir kenara bırakıldı ve tüm sorular ve kamuya açık tartışmalar onun yaratıcı rolü etrafında yoğunlaşmaya başladı - Darwin'in bu kadar put kırıcı olmasının nedeni buydu; onun argümanları, yaratıcı olarak Tanrı kavramını zayıflatıyor gibi görünüyordu.

Bugün Batı'da Tanrı ve O'nun yaratıcı işlevi hakkındaki tartışmalar hakimdir; teolojik çevrelerin dışında, kurtuluşu dini çevrelerin dışında etkili bir şekilde tartışamıyor gibiyiz. Kurtuluşu daha özgürce tartışmamız gerektiğini düşünüyorum. Kefareti tartışmak için orijinal günah kavramına inanmanıza gerek yok; her birey, herkes gibi hatalar yapar; kolektif olarak çok büyük hatalar yapar; Sorunu telafi etmek için kendimizi nasıl kurtarabiliriz?

Reza Aslan, dünya çapında din konusunda zorlu ama canlandırıcı bir bakış açısı sunuyor; bu bakış açısı, haber programlarının sıklıkla ele almayı ihmal ettiği, hem tarihi hem de insanlığı hesaba katıyor. Tahran'da doğan ancak San Francisco Körfez Bölgesi'nde büyüyen Aslan, Cornell'de dinler okudu ve Orta Doğu ülkelerinden bağımsız medya ve bilgilerin küratörlüğünü yaparken İslam ve İsa hakkında en çok satan kitaplar yazmasıyla tanınıyor.

Rıza Aslan ile Rıza Arif arasındaki bu konuşmayı dinleyin.

O noktada uyarılarını ciddiye almadım ve işler biraz daha sakinleşene kadar İran'dan ayrılmanın akıllıca olacağını düşündüm. Bu 30 yıl önceydi; işler sakinleşmedi!

Din, basit bir inançtan daha fazlası olarak anlaşılmalıdır: O, onun tarihidir."

Bütün büyük dinlerin, sürekli gelişen modern dünyayla uzlaşmaya çalışırken politika ve şiddete ilişkin benzer sorunlarla karşı karşıya olduğu yadsınamaz. Pek çok inançlı insan arasında, peygamberlerin birdenbire ve önceden belirlenmiş mesajlar iletilmeye hazır olarak ortaya çıktığı ve bir anda tamamen yeni dinler yarattığı yönünde bir yanılgı var gibi görünüyor. Ancak peygamberler din icat etmezler - sadece içinde büyüdükleri kişilerin reformcuları olarak hizmet ederler. İsa Hıristiyanlığı icat etmedi - kendisi Yahudiydi ve Yahudiliği reform ediyordu, bir başka Hindu olan Buda ise Hinduizmi reform ediyordu.

Din tarihçileri olarak peygamberlerin ortaya çıktıkları ortamlara sıkı sıkıya bağlı olduklarını kabul etmemiz gerekir. Belirli dinlerin kökenlerini tartışırken, Muhammed öncesi dönemden peygamberlik dönemine ve sonrasında peygamberlik sonrası döneme geçişin ne kadar kusursuz olduğunu belirtmenin hayati önem taşıdığına inanıyorum; Muhammed mükemmel bir örnektir.

Müslümanlarla sohbet etme konusunda daha fazla deneyim kazandıkça, İslam'ın reforma ihtiyacı olduğu fikrinin pek de yankı bulmadığını gözlemledim. Mesela Hıristiyanlar, "İslam'ın ve Müslümanların asıl ihtiyacı bizimki gibi reformlardır" diyemezler.
Ancak, sizin bu dili kullandığınızı ve İslam'da neredeyse 100 yıldır bir reformun gerçekleştiğine, bunun zaten burada olduğuna ve bizim de bunu yaşadığımıza dair ilginç bir öneride bulunduğunuzu görüyorum. Bu ifadenin ne anlama geldiğini açıklayabilir ve tam olarak açıklayabilir misiniz?

"Reform", tüm dini geleneklerin doğasında olan bir çatışmayı tanımlar: inancın nasıl tanımlanması gerektiğine kim karar verir: kurum mu yoksa bireyler mi? Hıristiyanlık örneğinde, bugün Protestan Reformasyonuna karşı Katolik uzlaşmazlığı olarak adlandırdığımız şeyin ortaya çıkmasına neden olan şey, sonuçta kurum ve bireyler arasındaki bu bölünmeydi - sanki Protestan reformu, Katolik uzlaşmazlığını sihirli bir şekilde yenmiş gibi! Ama gerçekte işler bu şekilde yürümüyordu.

Daha iyi bir Katolik olmak isteyen kişilerden biri de Martin Luther'di.

Sağ. Ve kendi yorumuna karşı çıkan herhangi bir reformcuyu kesinlikle affetmeyen biriydi.

Evet, o da öyle.

Bireylerin dini kendi bireysel algılarına göre yorumlamalarına izin verdiğimizde, sonsuz bir solucan kaynağının önünü açmış oluruz. Her yorum eşit derecede geçerli olduğunda ve her yorum eşit derecede geçerli olduğunda, yalnızca sesler aynı anda yükselmekle kalmaz, aynı zamanda en gürültülü ve en şiddetli olan da zamanla kazanma eğilimindedir. İslam, sömürge yönetiminin sona ermesinden bu yana kurumsal otoriteden bireysel ellere doğru uzun bir reform tarihi geçirdi - devam eden bir eğilim.
Orta Doğu'da ve Müslüman çoğunluklu ülkelerde yeni ve yeni bilgi kaynaklarına yaygın erişime ve okuryazarlık ve eğitimde çarpıcı artışlara tanık olduğumuzda otorite kırılmaya başladı. Ek olarak sömürgecilik Afrika halkları arasında bireysellik duygusunun yoğunlaşmasına yol açtı. Bu gibi durumlarda sıklıkla olduğu gibi barışı, hoşgörüyü, feminizmi ve demokrasiyi teşvik eden bireyci bir yorum ortaya çıkıyor. Bireyci yorumlar şiddeti, kadın düşmanlığını, nefreti ve terörü teşvik eder. Dünya çapında 1,6 milyardan fazla taraftarı bulunan ve dünyada en çok uygulanan ikinci din olan İslam, gerçek bir inananın kim veya ne olduğunu tanımlayabilecek yetkili bir dini liderden yoksundur; Kimin Müslüman olarak kabul edilip edilmemesi gerektiği ve hangi davranışın İslami davranışa uygun olup olmadığı konusunda bu kararı verecek papa veya Vatikan gibi merkezi bir Müslüman dini organ bulunmadığından böyle bir varlık mevcut değildir. Karşı karşıya olduğunuz şey, şiddetin reformun gerçekleşmesi gerektiğinin kanıtı olarak değil, reformun dolaylı bir sonucu olduğu, farklı yorumlar arasındaki çirkin bir bağrışmadan başka bir şey değil. Dünya dinlerindeki bu inanılmaz dönüm noktasında, gerçekten dönüştürücü bir şeyin önümüzde ortaya çıktığına tanık oluyoruz. Ancak köktenciliğin bağımsız bir güç değil gerici bir olgu olduğunu aklımızda tutmalıyız. Köktendinciliğin yükselişini gördüğümde bunun yalnızca toplumda kaydedilen ilerlemeden kaynaklandığını biliyorum; bu yüzden ona tepki vermek yerine büyümesine odaklanmayı seçiyorum.

Sylvia Boorstein, 1960'lı ve 70'li yıllarda Budist felsefesinin Batı kültürüne yaygınlaşmasına yardımcı olan genç Yahudi arayışçılardan biriydi ve bugün de etkili ve çok yönlü bir manevi varlık olmaya devam ediyor.
Zamanla, her iki grubu da zenginleştiren ilgi çekici bir sinerji oluşturmak için Yahudi öğretilerini ve ritüellerini Budist inançları ve uygulamalarıyla ustaca ve başarılı bir şekilde bütünleştirdi.

Sylvia Boorstein ile yazarı arasındaki bu konuşmayı dinleyin.

Yetiştirilme tarzıma gelince, hem annem hem de babam çalışıyordu ve ben tek çocuktum. Annemle babam işe gitmek için ayrıldılar, bu yüzden annelik sorumluluklarının çoğunu büyükannem üstlendi; banyo yapmamı, yıkanmamı ve zevklerime göre beni giydirmenin yanı sıra saçlarımı ördü ve damak tadıma uygun yemekler yaptı. Çocuklar sürekli hoşnutsuzluklarını dile getirdiğinde tepki verecek durumda değildi: "Ama mutlu değilim" derdim. Büyükannem sık sık şunu sorardı: Hepimizin her zaman neşeli kalmaya çabalamamız gerektiği nerede yazıyor? Bu bağlamda Talmud dilini hiçbir zaman kullanmadı; daha ziyade sadece etnik. "Mutluluğun her zaman hakim olması gerektiği nerede yazıyor?" O anda ruhsal pratiğim yeniden başladı: hayatın zorlayıcı olabileceğini kabul etmek ve işleri daha da karmaşık hale getirmeden, onu zekayla yönlendirmenin yollarını bulmak. Aradan 40 yıl geçtikten sonra Budizm'in de bu bakış açısını paylaştığını keşfettim; onlar da yaşamanın şüphesiz zorlayıcı olduğunu kabul ettiler, ancak gereğinden fazla yük getirmeden bu yolda nasıl ilerleyebiliriz?

Çoğunlukla dehşet verici bir dünyada güçlü olmalarını istediğimiz kadar, dirençli kalmalarını da istiyoruz.

Tam olarak ne zaman olduğunu belirleyemiyorum ama kesinlikle oldu, çünkü inziva merkezlerinde insanların sıklıkla söylediği bir şey var: Burada herkes kendini güvende ve sessiz hissediyor ve dışarı çıkmak beni çok savunmasız bırakıyor. Bana şunu söyleme fırsatı verdiği için: Dürüst olmak gerekirse çok savunmasız olabileceğimizi düşünmüyorum. Tüm dünyanın bir anda kendimizi yeterince güvensiz hissedeceği ve hepimizin etrafa bakıp şunu söyleyeceği günü bekliyorum: Durun, paylaşın ve her yerde yeterli yiyecek olduğundan emin olun. Krista, yollarımızı, umutlarımızı ve hayallerimizi paylaşabiliriz ama birbirimizi öldürmek işe yaramaz. Ek olarak, çevremizi yağmalamak şu anda olduğu gibi gerçekleşmemeli; inziva yerini terk eden birine tavsiyem budur.

Bir ebeveyn olarak, çocukların büyüdükçe kaçınılmaz olarak dünyayla etkileşime girmeleri gerektiğini açıklamayı seviyorum. Ebeveynler olarak, çocuklarının ne kadar TV izlediği veya ne sıklıkta televizyonun acısına maruz kaldığı konusunda sınırlı kontrole sahibiz; hayat dayanılmaz göründüğünde insanlara hayret ederek teselli buluyorum; dayanıklılıkları; halka açık yerlerde birisi düşerse ya da başı belaya girerse, insanların bilmedikleri insanlarla nasıl ilgilenecekleri; insanoğlunun bu inanılmaz kapasitesi vardır ve bunun için ders alınmasına gerek yoktur; uzlaşmacı bir tür olma eğilimindeyiz!

İnsanlara baktığımda ve hayatın gerçekten harika olduğunu fark ettiğimde - güneş bu sabah tam olması gerektiği yerden doğdu - gerçekten harika. Yıldönümleri gibi özel etkinlikleri kutlamak için mevsimleri, doğum günlerini ve kutsal günleri kutlayın;

atalarımızın da baktığı o geniş evreni fark ederken! Yaşam boyu büyümenin ve öğrenmenin bir yolu olarak bu merak duygusunu içimde canlı tutuyorum.
Bazen şaşırtıcı olabiliyor. Torunlarım onlara ay kadar sıradan bir şey gösterdiğim için sık sık hayretlerini dile getiriyorlar: üç günlük ay mevsimi olduğunda en sevdiğim ay. Onlara bunu göstermek, onların da en sevdikleri üç günlük ay olduğunu düşünmelerine yol açabilir! Bunlar önemli dengelerdir: Tıpkı Buddha'nın, nezaketle karşılık verebilmemiz için dünyamızdaki acıları görmeyi öğrettiği gibi, aynı zamanda bize hayata değer vermemizi ve onu büyük bir önemle korumamızı da hatırlattı.

Bu, çocuklarımızın bize neler öğretebileceği ve onlara aktarabilecekleri konusunda dikkatli olmamızın ne kadar önemli olduğunu düşünmeme neden oldu, çünkü onların zaten anladıkları bazı şeyler bizim yapabileceğimizden daha iyi aktarılıyor. Kızım geçenlerde haberlerde şiddetle karşı çıktığı bir şeyi izledikten sonra şu yorumu yaptı: "Dünyada o kadar çok güzel hayat var ki, onların odaklandığı tek şey bu!"

Manşetlere çıkmıyorlar. Biliyor musunuz, çevremizde olup biten olumlu şeylere adanmış bir haber kanalı olsaydı harika olurdu - gerçi mali açıdan sürdürülebilir olup olmayacağını bilmiyorum.

Bir gazeteci olarak iyi haberleri çekici hale getirmenin zor olduğunu düşünüyorum; yine sıklıkla düşündüğüm başka bir düşünce. Belki de iyi haber nezaket olarak görülmelidir: Etkisi derin olabilir, ancak yalnızca bu dönüşüm anlarına dikkat etmek için kendimizi eğittiğimizde. Güzel hayatlar, eğer bakarsak bu küçük ama önemli anlarda gelir.

İki önemli sonuca değinildi. Birincisi, başkalarına gerçekten dikkat ettiğimizde (ki bu farkındalığı kapsar) gerçekten bağlantı kurarız. Çoğu zaman aceleden ya da başka sebeplerden dolayı kendi çocuklarımıza bile tam olarak hazır olamıyoruz; Tam dikkat vermenin son derece özel bir yanı var.

Deneyimlerim bana çocukların ebeveynlerinin yaşadıklarını özümsediğini öğretti. Bir örnek, avukat Jim Finley'dir.
Hıristiyan düşünceli psikoterapist JoAnn Reisner'a göre "Kilisede annemin yanında oturarak nasıl dua edileceğini öğrendim." Şöyle açıkladı: "Yeniden öğretirken benim için en ilginç olan şey kelimeleri öğrenmek değil, orada otururken hangi duyguları ifade ettiğini öğrenmekti.

Maneviyat sadece öylece oturup meditasyon yapmak gibi bir şey değildir; maneviyat, yorucu bir gün geçirdikten sonra bile havluları tatlı bir şekilde katlamak ve aile üyelerine nezaket göstermek anlamına gelir. Belki onlara şöyle bir şey söyleyebilirsiniz: "Dinleyin, bu akşam akşam yemeğinde hepinizin bana ihtiyacı olduğunu biliyorum ama eğer yardımı olacaksa bunları sessizce katlamayı gerçekten çok isterim" ya da o an için uygun olan her neyse. İnsanlar bana sık sık gün içinde manevi hiçbir şeye zamanlarının olmadığını söylüyorlar - ancak bilge veya manevi ebeveyn olmak fazladan zaman gerektirmez - bunun gibi ebeveynlik eylemleri doğal olarak gelir!

Shane Claiborne ve Shane Caiborne arasındaki konuşmayı dinleyin

Kendinizi herhangi bir anlamda devrimci bir hareketin parçası olarak görüyor musunuz? Belki de tartışmanız sırasında bu kelimeden zaten bahsedilmişti.

Tereddüdüm açıkça duyuluyor.

Evet.
Herhangi bir harekete veya devrime bağlı kalmaktan kaçınmaya özen gösteriyorum ve İsa'nın hayatı bana devrimin büyük bir şey olmasına gerek olmadığını öğretiyor; küçük topluluklarda çalışarak bunu yavaş yavaş yaşayabiliriz.
Dietrich Bonhoeffer toplumsal konularda bizim için çok değerli bir öğretmendi.

Nazi hapishanesinde ölen Alman ilahiyatçı.

Dietrich Bonhoeffer şunu iddia ediyor: "Kendi topluluk vizyonuna aşık olan herkes onu yok edecektir; ancak etrafındaki insanlara derinden önem verenler onu her yerde yaratacaktır." Bizi bir arada tutan şey herhangi bir harekete, devrime kapılmak değil, hayatımızı aynı anda hem radikal hem de basit yaşamaktır. Bugün dünyamızın düşüncede heyecan verici bir geçiş yaşadığına inanıyorum; özellikle kiliseye giden gençlerin büyük bir umutları var.

Toplumunuzda size göre mevcut gerçeklikleri şekillendiren veya hayal ettiğiniz bu yeni vizyona katkıda bulunan bazı insanlardan biraz daha bahsedin.

Bana umut veren pek çok topluluk var. Geçtiğimiz günlerde banliyöde yaşayan bir aileyle tanıştım ve bana şöyle dedi: 'Komşumuzu kendimiz gibi sevmenin ne demek olduğunu araştırıyoruz. Risk altındaki gençler üniversiteye gidebilir; ailelerini tanıdıkça ve onlarla etkileşime girdikçe, bu hayali mümkün kılıyoruz! "Biliyor musunuz, tıpkı Rahibe Teresa'nın önerdiği gibi Kalküta'yı çevremizde nasıl bulacağımızı bulmaya çalışıyoruz: Kalküta Keşke görecek gözlerimiz olsaydı her yerdeler." Daha da ileri giderek şöyle dediler: "Bu huzurevine gelene kadar etrafa baktık ve içeri girdik; bu çocuklar tiki genç amigo kızlar; bana dediler ki, "oraya gittik ve ziyaretçisi olmayan veya ziyarete ihtiyacı olan ailesi olmayan tüm kadınları istedik; sonra bu kadınları tek tek ziyaret ettik, böylece hepsini birlikte ziyaret edebilir ve onlara tüm hediyeleri getirebilirdik. kendi arkadaşlarını ziyaret etmenin mutluluğunu yaşadılar. Bana şöyle dediler: "İçeriye girdik ve ziyaretçisi veya ailesi olmayan tüm kadınlara sorular sorduk, sonra bu kadınları tek tek ziyaret ederek yol boyunca neşe ve umut getirdik; Tırnaklarını ve ayak tırnaklarını boyarken hikayelerini dinlemeye de zaman ayırıyoruz.

Günümüzde insanlar çekirdek aile birimi dışındaki yaşamı keşfetmeye başlıyor ve bunun bakış açılarını genişlettiğini ve kişisel olarak zenginleştirdiğini görüyorlar. Yanında kaldığım evli bir çift, doğum kontrol hapı kullandıkları için çocuk sahibi olamadıklarını söyledi. "Mahallemizde dolaşırken hamile bir evsiz kadınla karşılaştılar. Hamileliği için geçici destek hizmeti verdikten ve gerektiğinde kalacak yer sağladıktan sonra onu evlerine geri getirdiler ve 'gittikçe halledelim' dediler. çok daha büyük bir şeye dönüştü; çok geçmeden doğum yaptı ve onlarla yaşamaya başladı! Şaşırtıcı bir şekilde, birlikte yaşamaya ve çocuğu birlikte büyütmeye devam ettiler. Geçenlerde onları ziyarete gittim ve 10 yılı aşkın bir süre geçmesine rağmen hala koca olarak birlikte yaşıyorlar. ve karısı; eskiden evsiz olan kadın artık hemşire olarak çalışıyor; çocuğu neredeyse ergenlik çağına girmiş; daha da şaşırtıcı olanı eski evli çiftlerden birinin artık multipl skleroz hastası olması ve kendi evinde bir hemşire tarafından bakılırken ölmesi! Bu tür bir duygusallık ancak bu çiftin birbirleri arasında sahip olduğu ve gerçekten neşe getiren gerçek bağlantılardan gelebilir - bu ifadeler her yerde karşımıza çıkıyor!

Birisi, bu topluluklarda meydana gelen iyi şeylerle ilgili bu hikayelerin güzel olduğunu, ancak doğası gereği anekdot niteliğinde olduğunu ve yalnızca bireyleri veya küçük grupları kapsadığını, bir bütün olarak toplum için etkili bir fark yaratmayacağınızı söylese nasıl tepki verirdiniz?

Tarih bize bunun aksini gösteriyor: işler her zaman böyle yürümüştür. İnsan grupları bir araya gelerek kontrol edilemeyen bir yangın gibi yayılan yeni hayal gücünü ve fikirleri paylaşmaya başlar.

Güneyliler sizin birinin "tükürük imajı" olduğunuzu söylemekten hoşlanırlar. Büyükbabam sık sık benden "tükürük imajı" olarak söz ederdi, bu da "ruh ve imaj"ın kısaltmasıdır.
Sadece fiziksel olarak değil, karakter özellikleri açısından da.

Sanırım bugün Hıristiyanlık açısından en çok ümit ettiğimiz şey, İsa'nın imajına giderek daha fazla benzeyen, ona daha çok benzeyen, daha çok benzeyen, O'nun adını taşıyan ama çeşitli faaliyetlerde bulunanların dikkatini dağıtmayan Hıristiyanlar görmektir. Sadece büyüdüklerinde ne yapmayı planladıkları hakkında değil, aynı zamanda kime dönüşecekleri hakkında da hayati sorular soran insanlar var; bence bu çok daha önemli.

Christian Wiman, kendisini de hayrete düşürecek şekilde, bugün Amerika'da inanç açlığı ve bunun getirdiği zorluklar konusunda bir ses bulan bir şair ve denemecidir. Teksas'ta yetiştirilme tarzı hem şiddet hem de karizmatik Hıristiyanlıkla damgasını vurdu; ancak evden ayrıldıktan sonra, sevdiği kişiyle evlenip tedavi edilemez kanser teşhisi konulana kadar aktif olarak dindar değildi; bu onun için Hıristiyanlığı tam bir daire haline getiren üç önemli dönüm noktasıydı.

Christian Wiman'ın kendisiyle Christian Wiman arasındaki bu diyaloğu tartışırken dinleyin.

Christian, dinin ve maneviyatın çocuklara nasıl aktarıldığına dair çok sayıda hikaye duydum ve okudum, ancak senin hikayen bana özellikle tanıdık geliyor: her şey anlamına gelen dini topluluğa mı dalmıştın?

Uzaklaştıkça dinsel boyutlar paketin bir parçası olarak anlamını yitirdi.

Evet. Evet benim için öyleydi. İlk başta bunun ne kadar derin bir etkisi olacağının farkında değildim çünkü pek çok kişi gibi ben de inanmayı tamamen bıraktım ve ateist ya da ona ne demek istiyorsanız onu oldum. Şimdi kendi çocuklarım varken, kendimi, çocuklarıma ruhi konularda en iyi şekilde nasıl eğitim vermem gerektiğini merak ederken buluyorum; çünkü onların yetiştirilme tarzı tamamen bu kültürün içine yerleşmişti.

Haftada iki kez Pazar ve Çarşamba akşamları kiliseye mi gidiyorsunuz?

Evet, bu da hayatımızın işinin bir parçasıydı: İncil ayetlerini ezberlemek ve onları ileride başvurmak üzere saklamak.

İlahi söylemek her zaman kültürümün bir parçası olmuştur.

Benim dünyamda hiçbir delik yoktu; hiçbir zaman şüphe olmadı. Üniversiteye kadar bile tanıdığım hiç kimse inanmadı, şüphe duyanları bir kenara bırakın. Ve yine de bu dünya hayatıma tutarlılık, yoğunluk ve ivme kazandırmış olsa da, aynı zamanda sorunlar yarattığını da gördüm; Pek çok Amerikalı, halihazırda sahip oldukları dini inancın bazı yönlerinden memnun değil - belki bir şeyler onların kutsallık veya maneviyat anlayışlarıyla örtüşmüyor, ancak yeni bir inanma şekli için var olan her şeyi öylece bir kenara atamazsınız -
Geçenlerde matematiksel dilin yenilikçi bir biçimiyle çalışan, yalnızca gerçeklerle aktarılamayan gerçekleri aktarmak için şiir ve düzyazıyı analoji olarak kullanan bir sicim teorisyeni ile konuştum; benzer şekilde, bir denklemin tek başına aktaramayacağı ancak daha fazla görsel matematikle anlatılabileceği fiziksel gerçeklikler olabilir.

Tanrım, bu büyüleyici! Fizik pek çok şair için büyük bir ilgi uyandırıyor gibi görünüyor; modern şairler fiziği özellikle ilginç buluyor çünkü geleneksel kanallar aracılığıyla doğrudan erişemediğimiz bir tür gerçeklik ortaya çıkıyor. Meister Eckhart gibi mistikler ve Simone Weil gibi daha çağdaş mistikler benim için tam da bu nedenle mistiktir; Apofazi kullanmaları (bu sayede anlam açısından belirsiz veya belirsiz kalarak bir şeyler ifade ediyorlar) derinden yankı buluyor. Meister Eckhart bir keresinde şöyle demişti: "Tanrı'ya özgür olması için dua ediyoruz." "Dini bu şekilde terk etme niyetinde değildi; bu düşünce aklından geçmezdi; daha ziyade Tanrı'nın bizim bilincimizden ayrı bir şey olarak var olduğu kavramını terk etmek istiyordu." Şiir bizi, tıpkı fizikteki denklemler gibi, gerçekliğin biraz kaydığı, dolayısıyla algımızın bir anda eskisine göre kökten değiştiği alanlara götürebilir. Ve bu, havai peri mistisizmi anlamına da gelmiyor; burada şiirin bu rolü üstlenmesine izin veren fizik ve fizik bilimleriyle paralellikler olduğuna inanıyorum.

İnanç sadece bir zihinsel durum değil, toplumda değişim ve ilerlemeye yönelik aktif bir arayıştır.

"Ben bunu şu şekilde tanımladım: İnancın somut nesneleri vardır ama inancın yoktur. İnanç istediğiniz gibi tanımlanabilir - yaşamın yönelimi veya yaşamınızın enerjisi veya sizin için başka ne anlama geliyorsa - ama nesnesizlik her zaman öyle olmalıdır. imanın bir niteliği olarak kabul edilir."

Sağ. Bu da bu terimleri daha iyi anlamama ve hayatımda neden bir tür yapıya ihtiyaç duyduğumu kendime açıklamama yardımcı oldu; neden kiliseye gidiyorum, neden özellikle dini unsurlara ihtiyaç duyuyorum vb. Kitap okuyarak, dua ederek, meditasyon yaparak ve tefekkür ederek rahatlıyorum - ancak bu çabalar dışarıya doğru yönelmezse, sonunda umutsuzluğa dönüşebilirler; Ruhsal eğilimlerimizin geçerli olduğunu bilmemizin bir yolu da bizi kendimizin ötesine taşımalarıdır.

Herkes manevi hayatını tek başına seçmeye çalışırken, durumun son derece tehlikeli hale geldiğini düşünüyorum. Pek çok kişinin kafasını karıştıran yeni bir dil yaratılıyor. Geleneksel dini dil kesinlikle tamamlayıcı bir rol oynayacak olsa da, farklı dinleri ve uygulamaları bir arada içeren tamamen yeni bir şey ortaya çıkacak.

Dietrich Bonhoeffer, ölümünden kısa bir süre önce hapishanedeydi; dinin tüm yönlerinin kötülük tarafından ele geçirildiği gerçeğiyle yüzleşiyor ve "dinsiz Hıristiyanlığın" neye benzeyebileceğinden bahsediyordu; bazı dil veya fikirlerin zamanla geçerliliğini yitirmesine rağmen, temel gerçeklerin varlığını sürdüreceğini ve bu gerçekleri ifade etmek için yeni biçimlerin ortaya çıkacağını kabul ederek. Onun deneyimini düşünmeye devam ediyorum.

Bonhoeffer beni her zaman büyülemiştir ama bir mektubunda bahsettiği bir şey gerçekten dikkatimi çekti: ateizme olan ilgisi; Kendini inananların arasında olduğundan daha çok onların arasında evinde hissetmesi, kendisi hakkında anlamaya çalıştığı bir şeydi. Bonhoeffer, yalnızca Amerika gibi başka seçenekler varken eve dönmesi veya hatta emeklilik yaşına kadar orada kalması nedeniyle ilham verici bir figür olmayı sürdürüyor; daha doğrusu, bu kişisel vahiylere rağmen gerçek bir rol modeli olarak duruyor.

Amerika Birleşik Devletleri'ne döndü ve sanki Almanya'nın yıkımına katılmadan, onun restorasyonuna inandırıcı bir şekilde katılamayacağını hissetti. Dahası, Tanrı tarafından çağrıldığını hissetti; çoğu kişi gibi değil ama bir şeyin yapılmasının doğru olduğunu hissedene kadar etrafta bekleyen bizler gibi; Tanrı ona beklememesini, bunun yerine sezgilerinizi takip etmesini söyledi; sonunda inanç gelecekti; bu yüzden hayatını kaybetti. Bir noktada "Öncesinde de, dışında da Tanrı'nın yanındayız" şeklinde bir şey söyledi. Sözleri son derece anlamlı görünüyor.

Bir kültür olarak, akla gelebilecek her yönden ona karşı çok fazla tepki olmasına rağmen (tüm bu politik söylemler) bireyler olarak çabaladığımıza inandığım bir tür kemer sıkma ve netlik dengesine ulaştığımızı düşünüyorum. Toplumda hâlâ daha az önemsiz olan ve çok çabuk gözden kaçan bir şeye yönelik bir arzu var; bizi doğrudan güldürmeyecek kadar belirsiz veya aptalca olmayan bir şey; ama aynı zamanda niyetini kolayca anlamayan kısımlarımızı meşgul edecek kadar erişilebilir bir şey.

Şüphe benim inanç anlayışımdan ayrılamaz ve ayrılamaz. Bir an beni Tanrı hakkında şarkı söylemeye çağıran aynı Tanrı'nın, bir başka an beni tanrısızlığa sürüklediğine inanıyorum. Bazen bu tartışmalarda bir araya gelen tüm bu enerji ve inanç sistemlerini tanımlama ve paylaşmanın yollarını arayan bunca insan düşünüldüğünde, bazılarının inançtan uzaklaştırılarak yeni biçimlere bürünmesi mümkün görünüyor.

İnsan etten ve kemikten yaratılmıştır. Ancak bazı bireyler için bu gerçeklik rahatlık getirmez; günlük hayatta hayatta kalabilmek için bu gerçeklikle doğrudan yüzleşmek gerekir.

Mistikler ve keşişler bunu yapamayanlar adına dua ederler. İnanılmaz açık sorularla dolu bir çağda, umut, onu tutabilenlerimiz için, tüm insanlığın iyiliği için bir zorunluluk haline geliyor. Umut, iyimserlik veya idealizmden önemli ölçüde farklıdır; hayallerle yaşamak yerine, her fırsatta gerçeğe referans verir ve gerçeğe saygı duyar, bazen bunaltıcı görünen günlük yaşamın bir parçası olan karanlıkla gözleri açık yaşar. Umut, olayların bizim istediğimiz gibi gitmesini beklemek yerine, kişinin gerçekliği yönlendirmesine yardımcı olan uygulamaya dönüşen seçim yoluyla ruhsal kas hafızasına dönüşebilir.

L'Arche Hareketi geçtiğimiz Ağustos ayında ellinci yıl dönümünü kutladı - Jean Vanier'in Paris'teki bir akıl hastanesinden Raphael ve Phillippe'yi kendileriyle birlikte yaşamaya davet etmesinden bu yana 50 yıl! ABD genelindeki topluluklardan engelli çekirdek üyeleri, sağlıklı asistanları olan ve hepsi ait olmanın getirdiği güzelliği taşıyan üyeleri bir araya getirmek gerçekten bir onur ve zevkti.

İlk başta gözlerimin alışması biraz zaman aldı; bu yeni manzara sinir bozucu ve beni son derece sinirlendiriyor; insanlığın alışılmadık bir kesiti. Saldırıyı iki çift insan yönetti. Ayinin bir parçası olarak, çeşitli katılımcılar arasında 1,80 boyunda, yirmi yaşlarında bir asistan ve birkaç fit daha kısa, farklı ten rengine sahip bir çekirdek üye vardı, her ikisi de mutluluktan parlıyordu. Nihayet planladığımız teneffüse ulaştığımızda, pasta çoktan hazırlanmıştı, böylece herkes birlikte kutlamak için doğrudan aşağıya indi!

Chicago'dan Tim Stone, L'Arche'ın sadece bir çözüm değil, daha ziyade bir işaret olduğunu söyleyerek hızlı bir şekilde yanıt verdi; bunu takdir ettim ve doğru olduğuna inandım. Cevabı "Umut" oldu. Tim, L'Arche'ın engelli çekirdek üyelerinden biridir; ancak bu açıklama sınırlı olarak görülebilir; Tim, arkadaşlarını ve ailesini çok seviyor, yemek yapmayı tutkuyla seviyor ve soyut sanat yaratmasıyla tanınıyor; Çok miktarda bilgiyi paylaşırken duygusal zekayı yayıyoruz. Tim'in kendisi gibi, L'Arche de mütevazı bir umut kaynağı olarak duruyor; tıpkı Tim'in, Tim gibi L'Arche üyelerinin temsil ettiği gibi.

Dünyamız hakkında ortaya çıkan bilgelik, genellikle sessizce ortaya çıkar: beklemediğiniz projelerden ve insanlardan, uzay ve zamandaki ilk bakışta önemsiz görünen noktalar arasındaki bağlantılara kadar. Günlük konuşmalarım "çözümler değil işaretler" etrafında dönüyor; değişen biçimleri ve canlı renkleriyle hayatıma yayılan, onu ciddiye almam konusunda ısrar eden, sonsuz derecede ilgi çekici bir ifade. Bu işaretler, çocukluğumdan beri ciddiye aldığım ama her zaman kavrayamadığım kıyamet işaretleri ve din harikalarıyla örtüşmüyor. Sivil haklar liderleri genellikle bireysel yaşamları kurtarmak için gereken sıkı çalışma yerine, anlık bir vizyon arıyorlardı. Vincent Harding bana, şehrin iç kesimlerinden genç Afro-Amerikalı erkek ve kadınlarla tanıştığını ve onlara kendileri için yeni olasılıkları hayal etmelerine ve bunlara inanmalarına yardımcı olabilecek "canlı insan tabelaları" istediklerini anlattı.

Vincent Harding ile yazar arasındaki konuşmayı dinleyin.

Eğitim sürecimizdeki en önemli eksikliklerden biri, özellikle de ötekileştirilmiş gençlerle ilgili olarak, onları karanlıktan hızlıca kaçıp aydınlığa çıkma konusunda eğitmektir.
Bunun yerine ihtiyaç duyulan şey, bu karanlıkta durmaya istekli, derinden incinmiş topluluklardan kaçmayacak, bunun yerine yalnızca önemseyen insanların görebileceği olasılıkların önünü açabilecek daha fazla insana ihtiyaç var.

Bir zamanlar, bilinen dünyanın sınırlarını ve sınırlarını ortaya çıkaran haritalar, çok az kişi tarafından kullanılan ve yakından tutulan güç araçlarıydı. Artık fetihten ziyade hikâyeyle tanımlanan, birbirine bağımlı bir dünyada yaşıyoruz; bağlantıların bir harita üzerindeki noktalar olarak varlığımızı yarattığı yer; Hayal gücümüz hâlâ bu yeni insan odaklı sınırlara yetişemedi, bu da hepimizi geleneksel önemli hakemlerin veya "radarın altında" statüsünün bir şekilde tutsağı haline getiriyor; Ne yazık ki gezegenimizi değiştiren çoğu şey ve herkes artık bu "radarın" kapsamına giriyor. Radar bozuldu.

Hep bu şartlarda mı yaşadık? Joan Chittister bana The New York Times'ın altıncı yüzyıldaki Roma'daki eşdeğerinin şu manşetlere yer vermediğini hatırlatıyor: BENEDICT KURALI YAZIYOR! Nursialı Benedict'in sessiz bir planı vardı: Hem münzevileri hem de dışarıdan insanları barındırabilecek erişilebilir bir yaşam ritmi yaratmak, o dönemin rakip dini otoritelerinin yerine tek bir birleşik otorite koymak. İlk başta Benedict'in görevi sorunsuz gitmedi. Onu liderleri olarak tanıyan ilk topluluklardan biri onu zehirlemeye kalkıştı; yaşamı boyunca her birinde yalnızca on iki adamın bulunduğu on iki manastır kurdu. Ancak Benedict, zaman içinde büyük bir ödül almak üzere geri dönen bir şeyi harekete geçirdi: Benedict, kendisinin veya o dönemde etrafındaki kimsenin farkına varmadan, Batı medeniyetini bin yıl sonra canlı tutacak bir şey yarattı.
Bu hikayede cesaret bulunabilir. Bir gazeteci olarak yararlı ve besleyici olana odaklanmak için gösterdiğim çabaya rağmen, bundan 100 ya da 1000 yıl sonra dünyayı kurtarabilecek yaratıcı bireylerin tamamını muhtemelen orada göremiyorum.
Yine de etrafımda gördüğüm tüm iyiliklere hayret ediyorum ve umarım bu sayfalarda bir kısmını paylaşmışımdır - hatta bir veya iki tanesi bile hayatıma o kadar dokunmuştur ki kollarım ve kalbim şükranla dolmuştur.

Yazarken bile, farkına varmasak ya da istemesek bile, bizi neyin iyileştirdiğinin bilgisiyle dolup taşan zihnim. İyileşme derken birlikte daha derin bir yaşam için fırsatlar yaratmayı kastediyorum: sadece yaşlanmak veya daha akıllı olmak yerine daha akıllı ve bütün olmak.

Oklahoma'daki ilk yıllarımdan beri yolculuğum beni, bazıları beni umudun erdemini fazla abartmakla suçlayabilecek kadar ileri götürdü. Yine de zihnim artık her zamankinden daha güçlü bir şekilde ona yöneliyor; Entelektüel açıdan güvenilir bir bakış açısının her zaman şüpheci olmaktan kaynaklanması gerektiği fikrinden vazgeçtim: Akıl gizeme karşı işe yaramaz; hoşgörü sevginin yerini almaz; ne de sinizm yeterli bir alternatiftir; hayattaki pek çok değerli çabanın aksine, sinizm hiçbir zaman yolsuzluk veya felaketle sınanmaz; ne de üretken; daha ziyade, onları daha fazla değiştirmeye çalışmadan ya da gereğinden fazla çaba harcamadan, sadece var oldukları gibi yargılar.
Tarihin bu noktasında, her yaştan insanın arzulu olduğunu gözlemliyorum. Bu hırstan farklıdır; daha ziyade, istek duymak, en iyi halimiz olmaya çekilmek ve bunun neye benzeyebileceğini anlamaya çalışmak anlamına gelir. Keşfettikçe, bunu başarılı bir şekilde yapabilmek için birbirimize ihtiyacımız var. Kim ya da ne olmak istediklerinin tek bir yönüne odaklanmak yerine, gençlerin nasıl ve kim olmak istedikleri hakkında söylediklerini dinlemekten ilham alıyorum. Sylvia Boorstein bize çocuklarımızın söylediklerimize her zaman dikkat etmediklerini ama bizi her zaman gözlemlediklerini hatırlatıyor. Shane Claiborne gibi bazıları, çocukluklarında kendilerinden önce modellenen yetişkinlik kültürünü tanımlamak için yalnız ve sürdürülemez gibi sözcükleri kullanıyor.
Düşüncelerimin ve yazdıklarımın yeterince ciddi olup olmadığı konusunda çok geç endişeleniyorum. Sonuçta, bilgeliğin hızla büyüdüğü bu dünyada olduğu gibi bende de canlandırıcı, eğlenceli bir şeyler var - umut her zaman ağır bir anlam taşımaz! Bilgeliğin ilerleme olarak sayılması için çok amaçlı olması gerekmez; bu da en iyi davranış psikologlarımızdan, sinir bilimcilerimizden ve kozmologlarımızdan bazıları olan romancıları zayıflatır. Artık hayatın gerçek harikaları ve dehşetleriyle daha kolay yüzleşmeye hazırlanmamıza yardımcı olan heyecan verici ve korkutucu hikayeleri paylaştığımız ocakbaşını aşamadık. Bugün şömine başlarımız irili ufaklı ekranlarda, geleneksel hikaye anlatımı ve şiir slamlarının yanı sıra yer alıyor; Boş zaman okuma alışkanlığımın bir parçası olarak kurgu okuyorum.
Boş zamanlarımın çoğunu felsefi broşürler kaplıyor ve üzerimde nesnel olarak çok az olumlu etkisi olan çok fazla televizyon izliyorum. Cinayet ve gizem romanları beni büyülese de, oyun insan varoluşu için gereklidir - oyunun kurucularından biri olan doktor Stuart Brown bu alana ilk olarak çocuklukları genellikle oyundan yoksun olan katilleri inceleyerek girdi - Stuart bunu, bilimin bir parçası olarak onların zihinlerini inceleyerek buldu. Oyunculuk üzerine yapılan çalışmalar (çocuklukta sert ve taklalı oyunlar şefkatin geliştirilmesine yardımcı olur).

İnsanlar büyüleyici ama bir o kadar da karmaşık varlıklardır; her ikisinde/vede aynı anda var olan, sürekli değişen varlıklardır. Giderek bağımlılık yaratan oyuncakları ve başarı ile korkunç başarısızlığın çekici görüntüleriyle zamanımızın ürünleriyiz; yine de içimizde bizi besleyen ve arzulayan şeyler için - çoğumuzun onurlandırdığı, koruduğu ve yetiştirdiği bir şey - yer var; umut, hepimizin önünde duran öngörülemez bir gerçeklikten bilgeliği ve neşeyi çıkarmayı amaçlayan bir yönelimdir.

Teilhard de Chardin'in ilk tutkusu jeolojiydi. Fransa'nın volkanik dağlık bir bölgesinde doğup büyüyen, kayalara - en saf anlamıyla maddeye - hayran kalmıştı ve Birinci Dünya Savaşı sırasında sedye taşıyıcısı olmadan önce zamanının çoğunu kayaların özelliklerini düşünerek geçirdi ve bu deneyimden yola çıkarak yazdı: daha sonra insanlığı "en patlayıcı aşamasındaki madde" olarak tanımladı.

Teilhard hem düşünceli hem de Cizvitti; dolayısıyla manevi ve bilimsel dünya görüşleri onu geniş bir tarih görüşüne yöneltti. İnsanlığın binlerce yıl içindeki fizyolojik gelişimini gösteren fosilleri ortaya çıkardı. Evrimin bilince ve ruha doğru yöneldiğine ve ona bilimsel gözleme dayalı umut sağladığına inanmaya başladı. Kendi zamanımıza daha uygun bir yaklaşımla, "Benim başlangıç noktam," diye belirtti, "her bireyin kendi fiziksel, organik ve psişik varlığının tüm yönleriyle onları çevreleyen her şeyle zorunlu olarak iç içe geçmiş olduğu temel başlangıç gerçeğidir. " Daha önce tartışıldığı gibi Teilhard, insan eserlerinin ve icatlarının, Yunanca zihin anlamına gelen noos'tan alınan hayali bir kavram olan noosferi yaratacağına inanıyordu. Onun teorisi, zamanımızın jeologlarının, dönemimizi nasıl Antroposen olarak adlandırdıklarını öngörülü bir şekilde tahmin ediyordu; bu, insanlığın etkisinin tarihimizden göz ardı edilemeyeceğinin bir kabulüydü.
İnsanlık gezegen üzerinde jeolojik zaman aralıklarına yayılan bir iz bıraktı. Bireysel davranışlarımız bireysel olarak bizi etkilediği gibi, kolektif eylemler de önemli ölçüde şekil değiştirmiştir.

Teilhard de Chardin, Cizvit üstlerinin yaşamı boyunca paleontoloji dışında herhangi bir eser yayınlamasını yasaklamasının ardından 1955 Paskalya Günü'nde huzur içinde vefat etti. Manevi kitapları (İnsan Olgusu, İlahi Ortam) nihayet 1960'larda piyasaya sürüldüğünde, hızla en çok satanlar haline geldi; fikirleri artık yenilenen enerjiyle tüm dünyaya yayılıyor.
Teilhard'ın vizyonu bizi, uzun bir zaman görüşünü gelişen insan bilinci ve eylemliliğine yapılan yatırımla dengelemeye zorluyor, ancak çok az kişi böyle bir çağrı için gerekli kelime dağarcığına sahip. Bunun yerine, tartışmaların çoğu yapay zekayı içeriyor: duyarlı bilgisayarlar baştan çıkarıcı, kötü hale geliyor ya da iktidara geliyor - bir kez bile bilincin kendisini tartıştığımızı duymadım: bizi nereye götürüyor, ya da daha ileri gidip gitmiyor. Geniş bir ölçekte ruhsal evrim nasıl görünebilir?

Ve orada, doğrudan Teilhard de Chardin'in fikirlerinden ve sorularından yararlanan ve bunları şimdilik üretken bir şekilde uyarlayan ilgi çekici bir diyalog keşfettim. Evrimci biyolog David Sloan Wilson, 2009 yılında Vatikan'da hem yayınının 150. yıldönümü hem de Charles Darwin'in 200. doğum günü münasebetiyle düzenlenen bir konferansa katılmadan önce Teilhard de Chardin'i okumamıştı.

Etkileşimlerine ilişkin içgörüleri paylaşan David Sloan Wilson ile yazar arasındaki bu konuşmayı dinleyin.

Elbette çoğu evrimci gibi ben de Teilhard'ı tanıyordum. Peki onu okudular mı ya da fikirlerini güncel mi değerlendirdiler? Evrimcilerin çoğu için bu iki sorunun da cevabı muhtemelen hayır olacaktır; Teilhard'ın aslında bilimsel olarak zamanının ilerisinde olduğunu öğrendiğimde hayrete düştüm; yazdıklarının çoğu günümüzün evrimsel bakış açısına göre değerliydi.
Son zamanlarda tekrar moda olan ana mesajı şuydu: Her ne kadar insanoğlu başka bir tür ya da primat gibi görünse de, aslında tamamen yeni bir evrim süreciyiz ve gelişimimiz, yaşamın kendisi kadar sonuç verici olarak değerlendirilebilir. Teilhard bu noktada haklıydı ve bu beni şaşırttı. Bir kalıtım mekanizması olarak sembolik düşünce ve tüm çeşitli kültürel uygulamalarımız gerçekten yeni evrimsel yollar oluşturur; bu fikrin doğrulandığını görmek beni hayrete düşürdü.

David Sloan Wilson, Teilhard de Chardin gibi bir ateisttir; yine de dinleri, evrimsel biyoloji bakış açısıyla, son derece etkili uyarlanabilir gruplar olarak inceliyor ve çoğu zaman ilerlemeden ziyade gerileme yönünde hareket ediyor. David Sloan Wilson, çalışmasının çoğunu evrimsel biyoloji içgörülerini toplumsal faydaya yönelik uygulamaya adadı; şu anda bu ruhla Binghamton New York'ta kentsel yenileme projeleri üzerinde çalışıyor ve bu dersleri orada yenilemeye yönelik olarak uygulamaya yönelik bir bakış açısıyla çalışıyor; bu projeyi detaylandıran kitabında Teilhard de Chardin'i onurlandıran "Şimdi Noosfere Giriyoruz" başlıklı bir bölüm yer alıyor.

Yazar David Sloan Wilson ile kendisi arasındaki bu konuşmaya kulak verin.

Sık sık "düşünce taneleri" hakkında konuşuyordu. Ona göre bu, ilk başta insanların birbirinden kopuk, ayrı sembolik sistemlere sahip küçük gruplar halinde yaşadığı anlamına geliyordu. Ancak zamanla, toplumlar genişledikçe bu düşünce parçacıkları bir araya gelmeye başladı ve bu da Omega Noktası adı verilen tek bir küresel bilince yol açtı.
Kendi ayna görüntüsünden görülen evrim.
Sağ. Toplum, mikro toplumlardan günümüzün mega toplumlarına kadar giderek artan bir ölçekte genişlerken, bunun eninde sonunda tek bir küresel beyne yol açacağına dair herhangi bir varsayım olasılık dahilindedir, ancak kesinlikle garanti değildir; Çöküş her

an mümkün olmaya devam ediyor. Belki de oraya ulaşmak için yeterince sıkı çalışırsak, oralarda bir yerde bir Omega Noktası vardır; aksi takdirde hepimiz kaybederiz!

Maneviyat insanın evrimine öncülük etmelidir; Bunu yapabilmek için onun tanımını ve ayrıca ruh ve ruh gibi manevi terimlerin günlük yaşamda neden bu kadar bütünleyici bir rol oynadığını anlamalıyız.
Bunu yaptığımızda, doğaüstü etkenlere dayanmayan, onlar için tatmin edici bir anlam bulabileceğimizi düşünüyorum. Böylece ruhlara sahip olduğumuzdan içtenlikle bahsedebiliriz - gruplarımızın ruhları var, şehirlerimizin ruhları var, hatta gezegenimizin ruhları var! Bunun aslında erişilebilir bir yorumu olabilir.

Teilhard maneviyatın sadece kişisel rahatlıkla ilgili olmaması gerektiğine dikkat çekti; daha ziyade, daha büyük bir iyiliğe ulaşmak için bizden daha büyük bir şeyi harekete geçirmelidir. Binghamton'da ne yaptığınızı düşündüğümde bu düşünceniz bunu destekliyor gibi görünüyor.

Kesinlikle öyle. Evrimsel açıdan bakıldığında, evrim yalnızca eylemi görür; Zihninizin içinde veya anlam sisteminizde olup bitenler, gerçek davranışlarla tezahür ettirilene kadar görünmez kalır. Dolayısıyla içinizde olup bitenler sizin uygun eylemlerde bulunmanıza neden olmuyorsa bu, anlam sisteminizin başkalarında arzu edilen davranışları üretmede o kadar etkili olmadığı anlamına gelir.

Anlam, bizi harekete geçmeye ve doğru olanı yapmaya motive etmede esastır; modern toplumda bu, ilgili tüm gerçeklerin takdirini de içermelidir.
Giderek daha karmaşık hale gelen ve gezegen ölçeğinde yönetim gerektiren bir dünyada eylemleri planlamak amacıyla bu gerçekleri kullanmak için değerlerimizin farkında olmalıyız.

"Gezegen ölçeğinde yönetim" gibi bir ideal bana çok uzak görünüyor; günümüzün küresel düzenine ya da tam burada ve şu anda olup bitenlere saçma bir şekilde aykırı görünüyor. Gazeteci ve çevre blog yazarı Andrew Revkin, güncel küresel olaylar ile gençlerin beyin gelişiminde gözlemlenenler arasında bir benzetme yaptığında; Her ikisi de, büyük ilerleme gösteren alanların pervasız alanlarla birlikte yaşamasıyla eşitsizlik sergiliyor; her ikisi de aynı anda yaratıcılık ve yıkım vaat ediyor.

Andrew Revkin'in yazarla sohbete dahil olmasını dinleyin.

Dolayısıyla, ister borsalara, ister Tahrir Meydanı olaylarının nasıl gelişip Twitter ve Facebook üzerinden nasıl şekillendiğine bakalım, henüz işlevini net olarak anlamadan yeni kabloları test ettiğimizi görüyorum. Blog yazmak bana bu alanla ilgili fikir veriyor;

Anlık yalanlar anında parlayabilir, ancak daha sonra gerçekleri kısa sürede eşit derecede ortaya çıkar - ilk başta açığa çıktıklarından daha hızlı olmasa da.

Bu bazı ilginç soruları gündeme getiriyor. Kurzweil gibi sistemimizin insanlardan daha güçlü olma potansiyelini görenler var; ama bence şu anda çok daha güçlü olan şey, bu sistemin işbirlikçi bir şekilde bir şeyler yaratmamıza, bir şeyler hissetmemize ve daha önce mümkün olmayan şekillerde deneyimlememize yardımcı olma kapasitesinin artmasıdır - en etkileyici olan, fikirleri paylaşma ve şekillendirme yeteneğidir. Akıllara durgunluk verici. Salt bilgi işlem gücünün çok ötesine geçiyor; Burada daha önemli bir şey söz konusu olmalı.

Andrew Revkin, Knowosfer terimini Teilhard'ın noosferinden türetmiştir.

İşte sizden gelen başka bir pasaj, ruhsal dilin toplumumuzda ne kadar güçlü bir şekilde yerleştiğini gösteriyor: Kişi hangi terimi seçerse seçsin - bu durumda "knowosfer" - dünyamızın, gözlemleri ve bilgileri paylaşmanın yeni yollarıyla hızla birbirine bağlanmakta olduğu açıktır. insanlığın ilerlemesi üzerinde etkisi olan fikirleri şekillendirmek. Bu gerçek manevi dildir.

Kesinlikle; İklim değişikliği sorunları genellikle bilimsel olarak karşımıza çıkıyor. Ancak yakından incelendiğinde, insanların karar verme süreçleri hızla bilimsel düşünceden değer değerlendirmelerine ve değerlendirmelere doğru ilerliyor. Fosil yakıtlardan uzaklaşma ile deniz seviyesindeki artışın yavaşlaması veya mahsul kıtlığı riskleri arasındaki tüm ödünleşimleri (hepsi bilimsel olmayan sorular!) düşündüğümüzde, bu faydaları birbirine göre nasıl değerlendirdiğimiz netleşiyor. Bu kararlar değerler kadar ekonomiyi de içeriyor.

Ve gerçekleri tartışmayı daha kolay bulsak da, değerleri tartışmaya başladığımızda durum çok daha karmaşık hale gelir.

Evet. Bu dönem antroposen olarak bilinmeye başlandı - ya da insanların Dünya'yı kontrol ettiği dönem - ve bu dönemin sorunsuz ilerlemesi için benim "antropofili" olarak adlandırdığım şeye ya da birbirimizin farklılıklarını kabul etmemize ihtiyacımız var.

Her popülasyondan insanlar, paylaşılan bir bilgi birikimine ilişkin farklı görüşlere sahip olma eğilimindedir.
Bilim yoluyla birbirimize bağlandığımızda internet kullanımı hayatımızın bir parçası haline gelir ve bilim bunun için daha iyidir. Daha büyük bir şeyin parçası olarak, çevrimiçi olduğumuzda, ister yeşil ister özgürlükçü olsun, kendi baloncuğumuzda izole kalmayız; daha ziyade, diğer insanların görüşlerini onlarla etkileşime geçerek ve onlara

ulaşarak araştırırız. Bu, bilgi dünyasının bir parçasıdır: enerji verimliliği konusunda benzer hedefleri paylaşan ve çözümler üzerinde birlikte çalışabileceğiniz farklı enerji seçeneklerine sahip insanları bulmak - sonra birlikte çalışabileceğimiz bir yer olduğunu fark etmek - bu da bunun bir parçasını oluşturur.

İnternette karşılaştığımız sorunların hiçbiri sadece o alana özgü değil; onlar insan olmanın bir parçası. İnsanlarla dolu bir odadayken, sesi daha yüksek, daha öfkeli olanlar daha fazla yayın süresini kazanma eğilimindedir; Blogumda yapmaya çalıştığım şeylerden biri de daha sessiz katılımcıların da katkı sağlaması için araçlar geliştirmek.

* * * Sessiz insanların kendi seslerini bulmaları, eski gerçeklerin ortaya çıkarılması ve yeni bilgilerin yaratılması arasında meydana gelen dönüştürücü sinerjiden büyüleniyorum; bu, pek çok insanın uzun zamandır bildiği ama sonra unuttuğu bir şey.

Detroit'in ekonomisi değiştikçe ve insanlar geçim kaynaklarını kaybettikçe, rahatlık konusundaki içsel çelişkileri çok açık hale geldi. Tüm şehir blokları boşaltıldı. Geriye kalanlardan bazıları boş arsalara yiyecek ekmeye başladı; başlangıçta sadece hayatta kalmak için, daha sonra bir umut ifadesi olarak; bu deneyler daha sonra Amerika'nın her yerindeki şehir bahçelerine ilham verdi. Bahçelerinde ayçiçeği tohumları ve şifalı bitkilerden kabak gibi sebzelere kadar birçok harika şey barındıran Myrtle Thompson ve Wayne Curtis ile tanıştım. Hasatlarının neler içerdiği sorulduğunda etkileyici bir liste verdiler:

Yazar Myrtle Thompson ile baş editör Wayne Curtis arasındaki konuşmayı dinleyin. Bahçemizde lahana, domates, dolmalık biber, acı biber, patlıcan, kabak, çilek, ahududu ve karpuz olmak üzere üç çeşit karalahananın yanı sıra soğan, patates, kişniş, fesleğen, maydanoz gibi otlar yetiştirilmektedir. Geçen sezon da ayçiçeği mısır ayçiçeği ayçiçeği, geçen sezon da biraz mısır yetiştirdik. Bamya çok uzaklardan insanları kendine çekerken, patlıcanımız Hint kültüründen tarif almak için gelen insanları getiriyor; Bir şeyin büyüdüğünü öğrenirken çocukların tepki vermesini izlemek gerçekten ödüllendirici, tıpkı bunun bu kadar erken olacağını hiç düşünmediğimiz halde, bir şeylerin geliştiğini görmek gibi! Her yeni bir şey ortaya çıktığında daha fazlasını öğrenirken çocukların tepkisini izlemek, ilk başta burada çiçek açmasını beklemediğimiz halde beni ve ben de daha çok şaşırtıyor!

Myrtle ve Wayne, benimle bilinç konusunu tartışırken aynı zamanda besin yoğunluğunu tartışırken Dan Barber veya Michael Pollan kadar bilgelik ve bilimsellik sergiliyorlar.

Yazar Myrtle Thompson ve yazar Wayne Curtis arasındaki konuşmayı dinleyin.

Gıda yetiştirmek kadar önemli olan, varlığımızın devam etmesinin artık risk altında olmamasını sağlamak için kültürü, toplumu, ideolojiyi ve diğer yönleri geliştirme rolümüzdür. Bu bahçe sadece yiyecek yetiştirmekle ilgili değil, aynı zamanda bu bahçeden önce gelen ve zamanın başlangıcından bu yana onun varoluş sürecinin bir parçası olarak katkıda bulunduğumuz bir eko-sistemin parçası olmakla ilgili olduğu için bilinci geliştirmek hayati önem taşıyor - sadece yiyecek yetiştirmek değil, aynı zamanda kimliklerimiz için artık Del Monte'ye bağlı olmayan hümanist uygulamaları uygulamak da bunun bir parçası.

Her zaman orada olan yenilebilir şeyleri yeniden keşfetmenin kültürü dönüştürme gücü vardır, çünkü değeri olan şeyleri gözden kaçırmış olabileceğinizi fark edersiniz; ya da birisinin yağ değiştirdiği paletlerin altına bakmak ve potansiyel olarak bizi besleyebilecek bitkileri görmek hem dünyayla hem de etrafınızdakilerle ilişkinizi değiştirir; artık onlara her şeyi açıklamanın yollarını bulmalısın.
Louisville'de belediye başkanı, polis şefi, okul müfettişi, Louisville inanç topluluğunun liderleri ve sendika organizatörlerinin yanı sıra tarihi ailelerin üyeleriyle ilgi çekici, ilgi çekici bir akşam geçirdim. Akşam yemeğinde, daha çok birinin sevgili büyükannesinin evine benzeyen samimi bir "country kulübü"nü ziyaret ediyoruz: kaliteli porselenlerle dolu küflü bodrum. Birisine göre burası her zaman seçkinlerin toplandığı yer olmuştur. Ohio Nehri penceremin önünden akıyor; bankaları sınıf ve zenginlik açısından tarihi bir ayrılığa işaret ediyor. Ancak bu gece, şehir sakinlerinin bu farklı kesiti bir arada konuşurken ve dinlerken bulunabilir. Louisville Belediye Başkanı Greg Fischer seçildikten sonra şehri için hedefinin şefkat hedefi olacağını bildirdi; birlikte sivil yaşamlarının her alanında bir olması gerektiğini. Bu deneyi çok ciddiye alıyorlar. Artık romantizmi aşarak sosyal değişime geçtiler; Okullarda herhangi bir sonucun ortaya çıkması yıllar alabilecek uzun vadeli projeler yerleştirmek. Önde gelen bir ailenin oğlu bana bunun sadece bir arzu olduğunu söyledi; ancak yurttaşlık özlemleri güçlüdür: ahlaki hayal gücüne üzerinde çalışılacak somut bir şey vermek.

Bu dikkat çekici gelişmeler arasında en öne çıkanı, o odada oluşan olağanüstü güven duygusuydu; korkular hafifledi ve zayıf noktalar korkusuzca ortaya çıktı.
Afro-Amerikalı bir papaz bana, gerçekten fark yaratan şeyin, hemen bir politika ya da çözüm önermeden insanların acılarıyla yüzleşmeye istekli bir politikacıya sahip olmak olduğunu söyledi; bunun yerine, teselli sunmadan veya tepki olarak ağıt yakmadan önce, odada yas tutulacak bir şey olarak var olmasına izin vermek - eski peygamberlerin kayıpları için yaptıkları gibi ağıt yakıldı! Kayıplarımızın acısını çekmek hiçbir zaman üretken ya da etkili olmasa da, bu açılım olmadan sürdürülebilir ilerlemeyi ya da ileriye doğru büyümeyi asla umut edemezdik!
Eğer onu kolektif olarak böyle bir çabaya dahil etmeyi seçersek, bilgi bir güç eylemi olarak ele alınabilir. Ancak ne yazık ki bu bilgi, yirminci yüzyıl boyunca geliştirdiğimiz, sorunlarımıza savaş yoluyla çözüm bulmak için mücadele etme yönünde geliştirdiğimiz

içgüdülerle çelişiyor; bu, profesyonel hayatımızın, iç ve dış politikalarımızın, ebeveynlik tarzlarımızın ve çocuk yetiştirmemizin her alanına sızmış bir tutumdur. Savaş, şefkatin yanı sıra ağıtları veya keder duygularını ertelerken, öfke ve hırsı yakıt olarak alır; onun hesabı, kaybetme pahasına kazanmayı ölçer. Amerika'da 11 Eylül'den sonra düşmanlarımıza karşı intikam almak için pek çok sözümüz vardı, ancak kaybın neden olduğu acı veya üzüntüyle uzlaşmamıza yardımcı olacak kelimeler yoktu - bu, ortaya çıkması gereken bir şeydi. Amerika'da 11 Eylül'den sonra, zaman ayırmadan ve o zamandan beri olanları içselleştirmeden harekete geçerken, intikamla ilgili sağlam sözcükler kullandık.
Amerikalılar, en güçlü kalelerimizde benzeri görülmemiş bir kırılganlık duygusuyla sarsıldılar. Bu, Amerikalıları dünya çapında benzer şekilde hayatlarını yaşayan yabancılarla yeni bağlantılar kurmaya teşvik etti; ama tepkimiz bizi birbirimize daha da yabancılaştırdı.

Toplum, iş hayatından eğitime ve psikolojiye kadar başarısızlığın her zaman insan deneyiminin bir parçası olduğunu hatırlamaya başladıkça, biz de bunun ruhsal gelişim ve kişisel bilgelikteki rolünün farkına varıyoruz. Bu düşünceyi daha da ileri götüreceğim: Başarısızlık ve kırılganlık ruhsal ve kişisel gelişim için temel unsurlardır. Bizim için ne ters giderse gitsin -güçlü yönlerimizin yanı sıra zayıf yönlerimiz olarak da algılanabilecek her ne olursa olsun- bu deneyimler umudu makul kılmaya ve erdemi mümkün kılmaya yardımcı olur; insanlığa eşsiz katkımızın bir parçasını oluştururlar. Brene Brown, nesiller boyunca ortak kelime dağarcığımızın dışında kalan bu kadim, temel gerçeği paylaşma konusundaki uzmanlığı nedeniyle çeşitli ortamlarda ve liderlik düzeylerinde aranan bir öğretmen haline geldi. Bu çalışma, kendisinin yardımcı profesör olarak görev yaptığı Houston Üniversitesi Sosyal Hizmet Lisansüstü Koleji'nde başladı.

Bir yazar olarak dinleyin ve Brene Brown'la fikir alışverişinde bulunun.

İnsanlara, kişisel olarak mı yoksa başka bir kişinin cesur bir şey yapmasına tanık olarak mı gerçekten cesur davranışlar sergilediklerine inanıp inanmadıklarını değerlendirmek için her zaman basit bir soru sorarım. Üzerinde çalışılacak 11.000 parça veriye sahip bir akademik araştırmacı olarak, kırılganlıktan doğmamış bir ahlaki, manevi, liderlik veya ilişkisel cesaret örneği bulamıyorum - yine de çoğu zaman, harekete geçmemek için bir bahane olarak zayıflığın zayıflık olduğu yönündeki mitolojilere inanırız. yeterince cesurca.

Brene Brown, klasik mükemmeliyetçi olduğunu iddia eden biri olarak kendi hayatındaki bu keşiflerle derinden değişti. Bunları Houston'daki bir TEDx konuşmasında paylaşmaya karar verdi ve o zamandan beri viral oldu.

"Utancı Dinlemek", çekici olmayan başlığına rağmen şimdiye kadar en çok izlenen TED konuşmalarından biri olmaya devam ediyor: Dr. Sheen'in içten yaşamı araştırırken modern kulaklarda olumsuz yankı uyandıran gerçeklerle karşılaştığını öğrenmekten büyük keyif aldım.
Brene Brown'un yazarla tartışmasını dinleyin.

Verileri kodlamaya ve sözcüklerdeki kalıpları ve temaları aramaya başladım ve çok geçmeden çok hızlı bir şekilde ortaya çıktılar. Tüm kalbiyle erkek ve kadınların kasıtlı olarak seçmeye odaklandığı, aynı zamanda da bilinçli ya da bilinçsiz olarak belirli etkinlikleri hayatlarından çıkardıkları şeylerin altını çizen listeler derlemeye başladım. Ve beni tam olarak tanımlayan yapılmaması gerekenler listeme baktığımda çok açık bir şekilde ortaya çıktı: bu benim bile değildi! Tüm hayatımın orada olmadığını fark ettim; tüm varlığım yabancı görünüyordu.

Peki içinde ne vardı? Peki öncelikle şunu sorayım. Bu insanların daha iyi ebeveynlik aldıklarına veya daha az travma yaşadıklarına ve onlara daha güçlü destek sistemleri sağlandığına dair kanıt bulmayı mı bekliyordunuz?

İlk başta cevabım biraz kendini beğenmişlikti. Kendilerine inanan ve değerlerine inananların, genel nüfusla karşılaştırıldığında daha az boşanma, iflas veya travma veya bağımlılık geçmişi olan hayatlar sürmüş olmaları gerektiğini varsaydım; ancak durum hiç de böyle değildi; bu değişkenler açısından hiç de farklı değillerdi; onlar da tıpkı diğer herkes gibiydi!

Listenizde sizi en iyi tanımlayan şey neydi?

Mükemmeliyetçilik, yargılama, statü sembolü olarak tükenmişlik, kendine değer verme olarak üretkenlik, havalı, insanların ne düşündüğü, kanıtlama ve kesinlik arayışı gibi unsurlar bu kadar çekici bir tablo çizen unsurlardır.

Bu samimi yaşamlar, sizin şu anda kullandığınız şekliyle kırılganlıkla mı karakterize ediliyor?

Evet kesinlikle. Bunlar hayatıma çok fazla vaat veya garanti olmadan giren kişilerdi, bu yüzden birkaç gün sonra o masaya oturup verilerini bir kenara saklayıp onun yerine bir terapist bulmaya karar verdiğimde - ve işe yaradı, bu karar gerçeğe dönüştü.

Kendime şu soruyu sorduğumu hatırlıyorum: Eğer bu, içten olma kapasitemizin, incinmeyi deneyimleme isteğimizi asla aşamayacağı anlamına geliyorsa, bu nasıl mümkün olabilir?

Bu, kırılganlıktan kültürel olarak hoşlanmamamıza, yani ilkel kırılganlık duygumuzla yaptığımız şeye geri dönüyor. Kendimizi ve değer verdiklerimizi korumaya yönelik takdire şayan bir içgüdü olarak başlamış olsa da zamanla oldukça farklı bir şeye dönüştü. Kendimizi ve bize en yakın olanları koruma konusunda samimi olmak yerine, mükemmeli arayarak işleri daha iyi hale getirme eğilimindeyiz.

Kabul ediyorum. Beni yardım aramaya ve farklı yaşamayı istemeye iten şey, ebeveynlik hakkında gördüklerimdi. Dünyayla nasıl ilişki kurduğumuz, çocuklarımızın başarısı hakkında, onun uygulamaları hakkında sahip olabileceğimiz herhangi bir bilgiden çok daha fazla belirleyicidir. Araştırmam 11 Eylül'den sadece altı ay önce başlamış olsa da, şu anda hafif bir uyanış çağında olduğumuza inanıyorum. 12 yıl boyunca, ailelerde korkunun kol gezdiğini gözlemledim ve kendimizi ve çocuklarımızı günümüz dünyasındaki belirsizlikten korumak için olağanüstü çabalar gösterdiğimizi gördüm; hem bir üniversite profesörü olarak araştırma lensim aracılığıyla, hem de hem üniversite profesörü olarak hem de veli ve öğrencim.

Daha önce gerçek bir zorlukla karşılaşmamış öğrenciler bize geliyor ve bu nedenle kendilerini çaresiz ve umutsuz hissediyorlar. En büyüleyici yönlerden biri de bu oyunun onların önünde oynanmasına tanık olmak.
Bu alanda çalışma deneyimim bana, gerçekten umutlu olanların genellikle başka bir özelliği paylaştıklarını öğretti: Lawrence'taki Kansas Üniversitesi'nden C. R. Snyder'ın araştırması bize umudun mücadele yoluyla doğduğunu gösteriyor.

Yazınız, bunun gibi gerçekten nefes kesici cümlelerle beni gerçekten şaşırttı.

Umut bir duygu değildir; daha ziyade zorluklarla karşılaştıkça, güvenilir ilişkiler kurdukça ve zor durumlardan zarar görmeden çıkma yeteneklerimize dair başkalarından inanç kazandıkça geliştirdiğimiz bilişsel ve davranışsal bir süreçtir.

Bu, çocuklarımıza körü körüne inanma ve acıyı mümkün olduğunca uzun süre görmezden gelme eğilimimizden farklı. Ama önemsediklerimiz için harika bir dünya, yaşam ve deneyim yaratma arzumuzu elbette anlıyoruz, değil mi?

Ama çoğu zaman güzelliği gözden kaçırıyoruz. Hayattaki en değerli anılarımdan bazıları asla mümkün olduğunu düşünmediğim mücadele patlamalarından geliyor; "Tanrı beni bu insan yarattı" diye düşündüğüm anlar, beklemediğim, tahmin etmediğim anlardır.

Umut, içten olma yolculuğunda kalbi kırıktır; umut mücadelenin sonucudur. Evrimci biyolog David Sloan Wilson'a, insanların bazen bir zamanlar bildiğimiz ama unuttuğumuz şeyleri yeniden öğrenerek ilerlemesi, örneğin gıda kaynakları veya ortak yaşamdaki yeşil alanlar gibi evrimsel açıdan saçma bir şey olup olmadığını sordum; örneğin benzer bir şey insan buluşu için de geçerli olabilir; belki de mücadelenin büyümenin bir parçası olduğunu öğrenmemiz gerekiyor; Gerçek yiyecekleri yeniden keşfetmek veya yeşil alanlar günlük yaşamlara canlılık katabilir veya türümüzün varlığını sürdürdüğünü bilmek rahatlık sağlayabilir. Cevabı mı? Açıklaması şu; balıklar suyun dışında yaşamaz ve hayatta kalamaz ya da gelişemez; insan icadı, bir zamanlar bilinen ve daha önce unutulan şeyleri yeniden öğrenerek tamamen aynı şeyi yapabilir. İşte cevabı: balıkların doğal olarak yapmadığı bir şey: kendinizi sudan çıkarın ve artık hayatta kalmayın veya insanların yaptığı gibi gelişmeyin, bir zamanlar bildiğimiz şeyleri öğrenirken, bir zamanlar bildiğimiz şeyleri unutmadan önce, bildiklerimizi unutup kendimizi dışarı çıkarmadan önce unuttuk. tıpkı balıkların kendilerini sudan çıkarması ve artık hayatta kalamaması veya gelişememesi gibi, tıpkı insanların geliştirdiği gibi akıllı buluş, icat yoluyla tam olarak eşdeğerini yaptı bunu sayısız akıllı yolla yapabilir, bu yüzden yeniden öğrenmek Büyümede mücadele oyunları, gerçek yiyecekleri yeniden keşfetme veya ortak yaşamı canlandıran yeşil alanlar sağlarken ortak yaşamla birlikte hemcinslerimizi topluca tanımanın rahatlığını bulma veya iş arkadaşınızı tanımanın rahatlığı, kendimizi zamanın dışına çıkararak bir şeyler yapmayı yeniden öğrenmenin rahatlığı ya da daha önce bildiğimiz bir şeyi bilmek artık bunu yapabilir; balık yapamaz! Sudan çıktığınızda artık hayatta kalamazsınız/o zaman hayatta kalamazsınız/sonunda kendimizi dışarı çıkarmak için aynı etkiyi yapmış oluruz. İşte her türden akıllıca yöntem. rol mücadelemizin ne yaptığını yeniden öğrenmek birbirimizi tanımayı öğrenmek kendimizi geliştirmek birbirimizi daha iyi tanımak alışmak gibi ortak yaşamda da birbirimizi tanımadan bilmek gerekirse her şeyi bilmenin rahatlığı/yeniden bilinir/çok çabuk çok rahat bir başkasını bilmek yine de rahatlatıcı olabilir, önceden bilmek veya başkalarını sizinkinden çok iyi bilmek sizi rahatlatabilir, aslında yeniden öğrenmek (veya sadece bilmek) anlamına gelir. Suyu kısaltırsak olabilir. Açık Komşular – bu değişiklikler bir terslik olarak değil, daha çok evrim ve insanlık açısından ruhsal olarak ihtiyaç duyduğumuz şeylerin uyanışı olarak görülmelidir. Hayatta kalmak ve canlılık için gerekli olan unsurları geri kazanmak doğru yönde atılmış bir adımdır; evrimin kendini tekrar kendi üzerine göstermesiyle bilgelikten bahsetmenin başka bir yolu.

* * *

Dayanıklılığın şehir planlamasından zihinsel sağlık hizmetlerine kadar modern dilimizin bir parçası haline gelmesi beni çok mutlu etti. Dayanıklılık, yol boyunca işlerin ters gidebileceğini kabul ederken, salt ilerleme ve sürdürülebilirliğe bir alternatif sunar. Çözümlerimizin tümü eninde sonunda yararlılıklarını yitirecek. Ortalığı karıştıracağız ve sebep olmadığımız ya da öngörmediğimiz aksaklıklar yolumuza çıkacak - bu sadece yaşamanın bir parçası! Bu varoluş draması bizi ayakta tutuyor. Dirençli bireyleri veya şehirleri yetiştirmek, kaçınılmaz kırılganlık anlayışıyla zorlukları öngören zihniyetin aşılanmasını içerir. Hem bir kavram hem de strateji olarak dirençlilik, varlığımızın ve yaşamlarımızın gerçekliğine saygı duyar ve bu da onu gelişen sistemler ve toplumlar yaratmak için güçlendirici bir rehber haline getirir. Direnç, dilek temelli iyimserlikten gerçekliğe dayalı umutluluğa doğru ilerliyor. Direnç, anlamlı ve sürekli mutluluk olarak tanımlanabilir; geçici mükemmellik veya tatmin durumlarına ya da o andaki koşullara verilen duygusal tepkilere bağlı değildir; aksine, aydınlık ve karanlık tüm duygu ve deneyimleri kapsayan bir yaşama yaklaşımıdır. hayatın kendisi. Dayanıklılık, alçakgönüllü kalarak proaktif ancak pragmatik olmayı gerektirir: Başarısızlığın üstesinden geldiği kadar başkalarının desteğine de ihtiyacı olduğunu kabul etmek ve bunu şimdiye kadar olup bitenlerle bütünleştirmek.

Andrew Zolli, bu terimin girişimcilik dilinde yaygınlaşmasından sorumlu olanlar arasında yer alıyor; on yıl boyunca PopTech sosyal girişimciler topluluğunun yeniden canlanmasına liderlik etti; şimdi ise Facebook gibi yerlerde insanlığın durumuyla ilgili araştırmalar yapılması konusunda tavsiyelerde bulunuyor. Yüzyıllar arasındaki yeni bilimsel ve kültürel anlayışların sonuçlarına dair kolektif uyanışımızın nabzını tutan Zolli, bir yüzyıl ile bir sonraki arasındaki yeni bilimsel ve kültürel anlayışlardan uyanışların öncüsüdür.
Andrew Zolli ve Andrew Tolliss arasındaki bu konuşmayı dinleyin.

Gerçekten dikkatimi çektiğini söylediğiniz şey, "zarif bir şekilde başarısız olabilen" sistemlere yönelik çağrınızdı. Örneğin, bu fikir, 2008'deki ekonomik kriz veya Katrina Kasırgası gibi olaylar göz önüne alındığında çok anlamlıdır; ancak kurumlarımız ve onların ortak yaşamı nasıl yönetip organize ettikleri konusunda nadiren bu şekilde düşünüyoruz. Bu kavram son derece mantıklıdır.

Yeterince doğru. Bunun bir kısmı, kendimizi başarısızlıktan kurtarabileceğimize dair yanlış inancımızdan kaynaklanıyor; bir şekilde mühendislik veya planlama yoluyla bunun önlenebileceğini. Benim kişisel yolculuğum 1990'larda başladı; o zamanlar olup bitenlere şimdi dönüp bakmak ilginç. Sovyetler Birliği düşmüştü, savaşta değildik, İnternet gelişiyordu ve insanlar Tarihin Sonu gibi başlıklar taşıyan kitaplar yayınlıyordu. Bildiğimiz şekliyle tarih sona ermişti; herkes gitmeden ve ben evden ayrılmadan önce özenle hazırlanmış bir partiye katılmak gibi; bu benim hayatımda da son kez olmayacaktı; kavgalar fiziksel kaynaklarla değil, ekonomi ve yaratıcılıkla sınırlıydı; böylece uluslar arasında gerçek savaşlar çıkmayacak; bu noktanın ötesine geçmiştik.

Her şey yükselirdi; hiçbir şey aşağı inmezdi.

Bu doğru; fizik yasaları askıya alınmıştı ve biz barıştan payımızı harcamakla meşguldük. Bunu, o zamandan bu yana olup bitenlerle karşılaştırın; pek çok kişi, bunların etkileyici derecede başarılı bir küresel terör eylemiyle başladığını ve bunu, çözülmesi yıllar süren devasa, maliyetli, karmaşık, acı verici uluslararası meselelerin takip ettiğini iddia ediyor.

Tarih muhtemelen bu on yıla, Amerikan tarihinde görülen en kötü on yıldan biri olarak bakacaktır; Hepimiz onu seveceğimiz için değil, daha ziyade işlerin göreceli sakinlikten gerçek bozulmaya ne kadar hızlı geçtiğinden, bu da kültüre sızdığından dolayı. Bu nedenle, zarif başarısızlığı değerlendirirken ilk öncül şu olmalıdır: Başarısızlık içseldir, sağlıklıdır, normaldir ve karmaşık sistemlerde gereklidir.

Sorun çözme ve hizmet söz konusu olduğunda aşırı erişim ve başarısızlık kaçınılmazdır. Tüm zamanların yenilikçileri ve aktivistleri, 20'li yaşlarımda birlikte çalıştığım nükleer silah uzmanları kadar tükenmişlik yaşadı. Ne kadar iyi niyetli olursa olsun, dünyayı kurtarmaya yardım etmekle başkalarını kendi amaçlarımıza göre şekillendirmek arasında ince bir çizgi vardır. Sosyal girişimcilik de dahil olmak üzere girişimcilik, bazen kendi kendini yetiştirmiş insanın düşüncelerini uyandırabilir: dünyayı tek bir kişi aracılığıyla kurtarmaya çalışmanın asil ama potansiyel olarak kendi kendini yenilgiye uğratma dürtüsü. Ancak benim umudum, değişim sırasında beklenmedik ve dirençli şekillerde geliştiklerini ve uyum sağladıklarını gördüğüm aramızdaki gençlerde, özellikle de gençlerde. Aralarındaki çekirdek bir grup, örnek olarak liderlik etmeye ve etkili ve sürdürülebilir bir şekilde değişmeye hazır. Otuzlu yaşlarında, sıra dışı ve karizmatik bir düşünce lideri ve aktivist olan Courtney Martin, 20'li yaşlarında "dünyayı kurtarmanın" ne kadar karmaşık ve sinir bozucu olabileceğini anladı ve bunun insanlığı "kurtaranlar" ile kurtarılmaya ihtiyacı olanlar olarak ayıran doğasında var olan mantığı reddetti. dünya buna göre bölünebilir. Courtney şöyle yazıyor: "Hayattaki amacımız dünyayı kurtarmak değil; daha ziyade onun içinde var olmak, kusurlu ve şiddetli, sevgi dolu ve alçakgönüllü olmaktır. Nereye dönsem, Courtney ve akranları hem derinlemesine hem de aktif olarak - onlara hizmet etmeyi - öğreniyorlar. yeni gerçeklikleri mümkün kılmak kadar yaşlılar için de geçerlidir.

Einstein manevi dehayı teknolojik ilerlemeye karşı bir denge unsuru olarak görüyordu; sorumsuz uygulamalar nedeniyle topluma zarar vermeden bilimden yararlanmanın etkili bir yolu. Günümüzün bilgeliği teknolojiyle birleşiyor; İnternet bizim atomu parçalama versiyonumuz. Üniversiteler gibi geleneksel öğrenim kurumlarını altüst etme konusunda hem tehlikeli hem de umut verici muazzam bir güce sahiptir.
Yaratma, liderlik etme, ait olma ve öğrenme gibi kadim ve ilkel insan faaliyetleri. En büyük endişem ve çağdaş dünyaya ilişkin değerlendirmemi zorlaştıran şey, İnternet'in mümkün kıldığı enerjileri ve girişimleri nasıl dağıttığıdır. Seth Godin de bu tehlikenin gayet farkında. Ancak hayata internetin merceğinden baktığında, artık insanların daha önce hayal edebileceğinin ötesine geçme konusunda eşi benzeri görülmemiş bir güce sahip olduğumuzu da görüyor. Artık kendimizi sadece akraba ve kabilenin ötesindekilerle bağlantı kurarak tanımıyoruz. Artık soy veya coğrafya ne olursa olsun, tutku ve hizmetle bağlı kendi kabilelerimizi kurma imkanına ve özgürlüğüne sahibiz. Bu sanal kabileler, John Paul Lederach'ın kritik maya kavramının dijital karşılıkları

olarak hizmet ediyor; beğenilen antropolog Margaret Mead'in "evrimsel kümeler" olarak adlandırdığı şeyleri katalize edebilirler.

Uzayda, siber uzayda ve zamanda zekayı bilgeliğe bağlayan pek çok dijital kabile var. Nathan Schneider'ın Benedict'in Hackerları sadece bir örnek; Maria Popova'nın beyin Pickings blogu da buna benzer bir hikaye.

Maria Popova ile yazar arasındaki bu etkileyici sohbete kulak verin.

Günlerim genellikle kitap yığınları, mektuplar, günlükler ve geçmiş yıllardaki düşünürlerin eski felsefe kitaplarıyla doludur. Benim zevkime göre biraz fazla hippivari bulduğum yeni çağın ruhsal yeniden ebeveynlik terimi var - gerçi çekici bulduğum bir yönü de var: Yolculuğumda ilerledikçe bu eski düşünürlerle ilgilenmek ve onların bilgeliklerini genç zihinlere aktarmak geçmiş ve şimdiki nesillerin yeniden ebeveynlik yapması.

Maria Popova, tüm ruh kavramlarının sürgün edildiği Demir Perde döneminde Bulgaristan'da doğdu. Ancak Maria yine de onlar için bir ses buldu.
Büyükanne ve büyükbabası tarafından kitaplarla dolu bir apartman dairesinde büyütülmüş, hâlâ onun kitaplarındaki marjinalleri bir tür manevi geçim kaynağı olarak inceliyor. İkinci Dünya Savaşı'ndan sonra Avrupa'yı terk ettikten sonra eğitim için Amerika'yı seçti. Maria, üniversite masraflarını karşılamak için bir ofiste çalışırken, ofisteki meslektaşları için haftalık olarak fikirlerin tartışıldığı bir e-posta bülteni yayınlamaya başladı. Bence Maria'nın Orta Avrupa'daki kökleri ona fikirlerin gücüne açık bir inanç veriyor; bu Amerika'da pek yaygın olmayan bir şey! Ve bir şekilde teknolojik araçları geleneksel bilgeliğin hizmetinde kullanmayı başarıyor. 30 yaşımda Maria'yla tanıştığımda o zaten 10 yıldır bu işin içindeydi; Brain Pickings geniş çapta beğeni topladı ve teknolojinin kurtarıcı potansiyellerini vurguladı; Tıpkı Brene Brown gibi, Maria da görünüşte farklı soruları araştırırken geniş bir umut sözlüğü ortaya çıkarmıştı.

Maria Popova ile yazar Anna Bell arasındaki sesli konuşmayı dinleyin.

Çalışmanız, "yıkıcı" olmanın aksine, istek uyandıran niteliği nedeniyle insanlar için bir çekiciliğe sahip gibi görünüyor. Gençler hakkında derinliğe yer olmadığına dair tüm bu varsayımlarımız var; şeyleri yalnızca ısırık büyüklüğünde parçalar halinde almaları gerektiğini; ama siz insanlara şu gerçeği açıklıyorsunuz: onlar beyinlerinin esnetilmesini istiyorlar. Bir insan olarak sizde özel ve cömert bir şeyin yaptığınız çalışmalarda ortaya çıktığını görüyorum; bu olgunun herhangi bir açıklaması olabilir mi?

Sanırım değer verdiğim bazı temel inançlar var. Bu tür inançlardan biri, sinizm ile umut arasındaki ilişkiye odaklanır: Umutsuz eleştirel düşünme, sinizme eşittir, eleştirel analizsiz umut ise saflığa yol açar. Bu yüzden ikisini de dengelemeye çalışıyorum; bu uçların arasında bir yerde yaşamak, teslimiyetin bir ifadesi olarak alaycılığa boyun eğmek yerine, hayatımı sağlam bir zemin üzerine kurmamı sağlıyor; Bu durumda kendini koruma mekanizması.
Ancak aynı zamanda, hiçbir şeyi daha iyiye doğru değiştirmek için hiçbir teşvikimiz olmadığından, yalnızca umuda güvenmek teslimiyete yol açar. Bireyler ve medeniyet olarak gelişmek için eleştirel analizin umutla birleştirilmesi gerektiğine inanıyorum.

Brain Pickings'e yönelik içeriğiniz çoğu zaman güncellik ile zamansızlık arasında bir denge kuruyor gibi görünüyor; bu, zamana karşı dayanıklı bir şey.

Kültürün büyük bir kısmı, büyük şemada öncelikli olması gerekenden ziyade şu anda acil olana odaklanıyor, bu da bir tür zaman yanlılığı veya şimdiki zaman yanlılığı yaratıyor.

Şimdilik. Bayıldım.
Bu kısmen İnternet'in Twitter akışlarından ve Facebook zaman çizelgelerinden, en yeni öğelerin ters kronolojide her zaman en üstte yer aldığı haber Web sitelerine kadar nasıl yapılandırıldığından kaynaklanmaktadır; bu da bizi yeni olanın daha önemli veya önemli olduğunu düşünmeye şartlandırmaktadır. daha azı, daha önce olan veya var olan hiçbir şeyin artık önemli veya önemli olmadığına - hatta bir önemi olsa veya var olsa bile - yanlış bir şekilde inanmamıza neden oluyor. Yani Google'da ya da haberlerde görünmeyen hiçbir şeyin var olmadığı, var olmadığı ya da hiç var olmadığı inancımıza yol açtı - hepsi bu koşullanma yüzünden!

İnternetin güzelliği kendini geliştirme kapasitesinde yatmaktadır; ancak reklamlarla finanse edilen bir araç olarak kaldığı sürece tek motivasyonu ticari kalacaktır; kullanıcılarını hümanist değerler ve fikirlerle zenginleştirmek yerine listeleri, slayt gösterilerini ve kehanetleri mükemmelleştirmek.
Anne Lamott, umudun önemini tartışırken Emily Dickinson'dan bahsetti. Emily Dickinson, umudun eylemlerimizi ilerleme yönünde motive ettiğini ve "umudun iyiyi göstermeye ilham verdiğini" yazdı.
"İnsanlar İnternet'in kendi kendini mükemmelleştiren bir organizma olduğunu söylerken, teknolojiyi insan ruhunun yeşerip derinleşebileceği bir yer olarak gördüklerini kastediyorlar; teknolojiyle olan yaşamlarımızı tartışırken bu dil nadiren karşımıza çıkıyor.

Şunu aklınızda bulundurun: Medya hâlâ çok genç, henüz bir nesil boyunca onunla yaşamadık ve öncü bir şevkle keşfettiğimiz her sınır gibi, muhtemelen hem iyi hem de kötü sonuçlar olacak. Ne yazık ki işlerin nasıl sonuçlandığını çok sonraya kadar bilemeyeceğiz; ama bu arada önemli olan, aldığımız günlük kararlar ve bunların dalgalanma etkileridir; Umudum, eninde sonunda insanların ruhsal, entelektüel ve yaratıcı ihtiyaçlarına artık hizmet etmeyen şeylere karşı isyan edecekleridir.

Ve buna bir düzeyde tanık oluyoruz. Daha genç nesiller (yaş açısından değil, daha çok İnternet sahnesine daha yeni giren insanlar açısından) yayınların reklamsız sürümleri için ödeme yapma veya meşgul oldukları şeyleri sınırlama ve kaliteli yayınlar oluşturmanın öneminin farkına varma konusunda yaşlılara göre daha istekli görünüyorlar ilgili herkesin zamanını, düşüncesini, çabasını, kaynaklarını ve bağlılığını alır; dahası, bir şeyin size nasıl hissettirdiğine ve bunun insanlığın kolektif geçmişine genel katkısına göre kararlar vermek, bu yaş kuşağı arasında daha belirgin hale geliyor. Wikipedia'nın kurucusu Jimmy Wales ile yapılan bir röportajı dinlerken, insanların zamanlarıyla faydalı bir şeyler yapmak istedikleri için ücretsiz katkıda bulunduklarını söylediğini duydum. Ben de buna katılıyorum ve uzun zamandır bunun doğru olduğuna inanıyorum; günümüz toplumunda insanlar, zamanlarını yücelten bir şeyi arzuluyorlar; kullanışlılık gibi faydacı değerlerle ölçülmesi zor bir şeyi arzuluyorlar. Benim temel inancım, çoğumuzun iyilik yapmak istediği; insanların faydadan ziyade erdemi diğer nesnel ölçütlerin yapabileceğinden daha fazla arzuladığıdır. İnsanların başka herhangi bir hedeften ziyade iyiyi istediğine kesinlikle inanıyorum ve bu fenomenin aramızda var olduğundan eminim.
Bununla birlikte hepimiz daha iyi olmayı, kendimizi geliştirmeyi, ruhsal olarak gelişmeyi arzuluyoruz; bu ortam bu konuda umut sağlıyor.

Hiç kimse dünyayı tam olarak olduğu gibi görmüyor; çünkü her birimiz ona benzersiz bir katkıda bulunuyoruz. William James şöyle dedi: "Deneyimlerim, ilgilenmeyi kabul ettiğim şeylerdir ve yalnızca dikkatimi çeken şeyler zihnimi şekillendirmiştir." Dünyada nasıl olduğumuzu ve nasıl katkıda bulunacağımızı seçerek, deneyimlerimiz ve katkımızın tamamı bizim tarafımızdan belirlenir; yalnızca iç ve dış dünyayı değil, sonuçta kendimizi de şekillendiririz. Benim için manevi yolculuğun özünde bu var; yorucu değil cesaret verici bir düşünce, yıllar süren kişisel gelişimime yol açtı!

* * * İyiliğin ortaya çıkmasını teşvik etmek için umut şarttır. İyiliği yaşamın bir unsuru olarak ele alır: neyin iyi olduğunu fark etmek. Bu cümle bilincime ilk olarak birkaç yıl önce Şükran Günü civarında yayınlanan eğlenceli bir New York Times makalesi aracılığıyla girdi. Bilimsel araştırmalar minnettarlığın sağlık açısından faydalarını açıkça ortaya koymuştu; sadece her gün içindeki tüm iyi şeyleri saymak, denedikleriniz de dahil. Dikkat çekici, ölçülebilir sonuçlar elde edildi: daha sağlıklı uyku, daha fazla gönül rahatlığı, azalan kaygı ve depresyon seviyeleri, daha nazik davranışlar ve genel olarak daha yüksek yaşam memnuniyeti. Yeni bir çalışma, minnettarlık duygusunun insanların kışkırtıldığında saldırgan olma olasılığını nasıl azalttığını göstererek bu etkiyi ortaya

koydu; bu da neden bu kadar çok kayınbiraderin Şükran Günü'nü ciddi bir yaralanma olmadan atlattığını açıklamaya yardımcı olabilir."

Umut ve iyilik gibi şükran da masum ve önemsiz görünebilir. Mutluluk gibi o da çoğunlukla kişinin doğuştan sahip olduğu ya da doğmadığı statik bir durum olarak yanlış sunulur; kutsanmış ya da değil. Şahsen benim için, bu sözcüğü söylemek bazen etkisiz gelebilir, ancak onu bilgelik olarak onurlandırmak çok daha zengin hale gelir - sevinme, sevinç alışkanlığı. Övgü, acıyla karşı karşıya kaldığımızda bile, aşağılanmışlıktan zafere kadar deneyimlerimizi dile getiren Hıristiyanlığın Mezmurları gibi manevi geleneklerde bulunan bir başka minnettarlık biçimidir. Övgü, aşağılanmış durumdan mutluluk dolu bir tatmine kadar her insan deneyimimizi seslendiren övgü işlevli mezmurları aracılığıyla acı çekmeyle ilişkili olanlar gibi insan deneyimlerine ses veren İbranice İncil Mezmurlarında da benzer şekilde işlev gördüğü için benzer şekilde işlev görebilir.

Ancak Mezmur yazarı, bugünün gerçekten Tanrı'nın günü olduğu konusunda ısrar ederek okuyucularını bu güne sevinmeye ve sevinmeye teşvik ediyor.

Çocukluk anılarım benim için pek rahatlatıcı düşünceler içermiyor; yine de, büyürken ailemde yoğun ama kabul edilmeyen depresyon sırasında, neşe ve rahatlama arasında bir şekilde İncil'den bazı pasajlarla bağlantı kurduğumu hâlâ hatırlayabiliyorum. Aziz Pavlus'un Filippi'deki genç kilise için yazdığı bazı güzel, şiirsel dizeleri ezberledim: "Sonunda, sevgililer, doğru, onurlu, adil, saf ve hoşa giden her şey övgüye değer veya övülmeye değer olabilir - bu ne olursa olsun onları dikkatle değerlendirin." . "Size söylediklerimi ve gösterdiğimi yapın, esenliğin Rabbi sizinle olacaktır." Zihinsel ve ruhsal dayanıklılığa yönelik bu reçete, şimdi iki bin yıllık bilimsel çalışmayla ortaya konmuştur; ruhsal teknoloji, bu testlerden laik ruhsal teknoloji olarak ortaya çıkmıştır. Yine de tüm bunlar, iyiliği her nerede ve ne zaman görürsek kabul etmek kadar doğal ve canlandırıcı bir şeyin neden ek bir çaba gerektirdiğini, neden tüm bu sözlere ihtiyaç duyduğunu merak etmemize neden oluyor. Pozitif sapma, insanlığın gelişimine ilişkin evrimsel "en uygun olanın hayatta kalması" görüşünün yarattığı beklentilere karşı çıkan insanları tanımlamak için uygun bir sosyal bilimsel terimdir. Çok değer verdiğim kariyerim çoğu zaman doğru, onurlu, adil, saf, hoş, övgüye değer mükemmel olanı olumlu sapma olarak yanlış yorumluyor; bu ters ahlaki hayal gücünün iş başında olduğunu temsil eder. Bu kitapta bahsettiğim herkes, insan yönetiminin bir istisnası olarak felaket tellalları tarafından kolaylıkla göz ardı edilen olumlu bir sapkın olarak değerlendirilebilir. Ve şimdi, siber uzayın pornografi, şiddet ve önemsizleştirme bolluğu bu kadar açıkken, İnternet'in neleri mümkün kıldığının bir örneği olarak Brain Pickings'i seçtiğim için eleştiri duyuyorum.
Gerçeklik hem/ve'dir. Daha spesifik olarak, Maria Popova'nın gözlemlediği gibi, İnternet henüz emekleme aşamasındadır ve insanlık durumumuzu ve onun tüm

çelişkilerini (kurtuluş ve günah gibi) dijital hızda ve viral kopyalamada görmenin yeni bir yolunu temsil etmektedir. Dahası, ister güzel ister korkunç, önemsiz veya kötü ruhlu, cömert ve meraklı olsun, akla gelebilecek her insan eğilimi üzerinde bir büyüteç görevi görür.

Bu farkındalığın, teknolojinin bizi nasıl etkileyeceğini kontrol etmemizi nasıl sağladığına, gücü tekrar kendi ellerimize verdiğine ve kötülüğün en aşırı tezahürünün bile nasıl kişisel dönüşüm ve yansıma yaratma yeteneğine sahip olduğunu gösterdiğine dikkat edin. Bunun farkına varmanın gücü bize nasıl geri getirdiğine dikkat edin; teknolojinin bizi şekillendirmek için hangi yolu izleyeceğine karar verebilir ve İnternet'in yıkıcı yeteneklerinin en şiddetli tezahürünün bile çoğu zaman bir rahatlama ve şifa kaynağı olarak hizmet edebildiğini görebiliriz.

Siber uzay bizi, çocuklarımızın büyüdüğü fiziksel alanlarda uzun süredir var olan zorbalıkla yüzleşmeye zorluyor. Yüzyıllar boyunca, Batı medeniyetinin en yüksek seviyeleri, talihsiz bir azınlık için büyümenin kaçınılmaz bir parçası olarak buna aktif veya pasif bir şekilde hoşgörü gösterdi; ancak etkilerinin bir İnternet tuvalinde ortaya çıktığını görmek, zorbalığı katlanılmaz hale getirdi ve bu konuda bir kez olsun farkındalık değişikliğine yol açtı; Çocuklara zorbalık olaylarını nasıl tersine çevireceklerini öğretirken, zorbalığı tamamen sona erdirmek için kampanyalar başlatırken bu da tarihte ahlaki bir dönüm noktasına işaret ediyor.

Geçtiğimiz aylarda, ben bu yazıyı tamamlarken çok değerli bir kargo elime ulaştı: Teknolojinin karanlık yanımızı anında, ham ayrıntılarla ortaya çıkarma kapasitesi sayesinde keskin bir şekilde aydınlanan yüzler ve yaşamlar. Kayla Mueller, Deah Shaddy Barakat, Yusor Mohammad Abu-Salha Razan Mohammad Abu-Salha ve Clementa Pinckney gibi isimler arasında hayatları, bakış açısı ve kararlılık değişikliğiyle hepimizin kime dönüşebileceğini gösteriyor. Onları burada hatırlıyorum çünkü onların hayatları, ileriye doğru atılan her adımla kim olabileceğimize dair daha büyük, kurtarıcı hikayeleri temsil ediyor.

Kayla, Suriye'de Sınır Tanımayan Doktorlar kliniğinden ayrılırken IŞİD militanları tarafından rehin alındı ve 18 ay sonra hayatını kaybetti. Deah ve Yusor, Kuzey Carolina Üniversitesi'nde evli diş hekimliği öğrencileriydi; Yusor'un yengesi Razan ise NC eyaletinde kayıtlı, hevesli bir film yapımcısıydı. İlgili dört genç Amerikalının tümü, herhangi birimizin kendimizi yakınlarda yaşarken bulabileceği sıradan insanlardı; tanıyabileceğimiz komşular ve genellikle zevklerine düşkünlük olarak nitelendirdiğimiz bir neslin üyeleri.

Doğal tepkim acılarla ilgili haberlerden kaçınmak, onlara yardım etme veya hafifletme konusunda çaresiz hissetmek. Ancak İslam alimi ve din eğitimcisi olan olağanüstü arkadaşım ve meslektaşım Omid Safi'nin Deah, Yusor ve Razan üzerine yaptığı mükemmel meditasyon beni büyüledi. Deah ve Yusor, Yusor'un ölümünden birkaç dakika önce gelinliğiyle çekilmiş fotoğrafları sayesinde benim için canlandı; Deah ve Yusor'un diş hekimliğini Türkiye'deki mültecilere ve Kuzey Carolina'daki komşularına

nasıl bir yardım aracı olarak kullandıklarını anlatan bir hikaye; ardından Razan'ın UNC'deki düzinelerce genç Müslüman Amerikalının gülümsemeleri, cesaretleri ve zor kazanılmış umutlarıyla yer aldığı unutulmaz ama son derece ilham verici videosuna geçiyoruz - Razan'ın yüzleri de dahil!
Bugün hala aldıkları her pozda güçlü ifadeler kullanan pek çok kişi görüyoruz: Zaman ve mekânda yankılanan tüm seslerimizi temsil ediyorlar:

"Benim kuşağımın ilgisiz ve kayıtsız olduğunu öne sürmek samimiyetsiz olur.

"Gelecekte kendi oluşturduğum kapsayıcı bir topluluğun parçası olmayı umuyorum."

Kayla Mueller'in eve yazdığı mektuplar, kendi blogunda da kanıtlandığı gibi, yaşının çok ötesinde bir bilgelik ve zarafetin kanıtıydı: "Bu gerçekten benim hayatımın işi: Acının olduğu yere gitmek." Tıpkı hepimiz gibi ben de kendi içimdeki dünyada yaşanan acılarla nasıl başa çıkacağımı, toplumun bir parçası olarak aktif bir rol üstlenirken kendi acımla nasıl başa çıkacağımı öğreniyorum. Çağrısının ardından, Uluslararası Af Örgütü ve Big Brothers/Big Sisters gibi kuruluşların yanı sıra memleketindeki Big Brothers/Big Sisters gibi kuruluşlarda gönüllü olmaya başlamıştı. Ayrıca Suriye'ye gitmeden önce Hindistan'dan Guatemala'ya kadar birçok yerde görev yaptı; Esaret sırasında ailesine, Norwich'li Julian veya Rahibe Teresa gibi mistikleri okuduğumu hatırlatan bir mektup yazdı: Mektubu bana görevini gecikmeden yerine getirmemi hatırlattı!

"Deneyimlerimde öyle bir noktaya geldim ki, kelimenin tam anlamıyla, kendimi tamamen yaratıcımıza teslim ettim, çünkü kelimenin tam anlamıyla benim için yapacak başka bir şey yoktu... ve Tanrı ve sizin dualarınız aracılığıyla bunu başardım. Düşerken bile rahat hissettim.

"Bana karanlığın içindeki ışığı gösterdin + hapishane duvarları içinde bile insanın özgürlüğü bulabileceğini öğrendim. Bunun için gerçekten minnettarım."

Açık olmak gerekirse, eğer Kayla esaret altında ölmeseydi, mektupları Guardian ve Washington Post gibi gazetelerde asla yer almayacaktı; Kuzey Carolina'dan Yusor, Razan ve Deah'ın da orada öldürülmeseler yer aldığı YouTube videolarını da izlemeyecektik; günlük yaşamımda çoğu zaman dikkatimi dağıtan teknoloji olmasaydı, bu kadar yakın bağlantılar kurma fırsatım da olmazdı.

Bu yüzden kendime hatırlamanın ötesine nasıl geçebilirim diye soruyorum. Bu hayatları nasıl hediye olarak kabul edebilirim ve karşılığında saygılarımı nasıl sunabilirim?

Deneyimlerim devam etme şansına sahip olduğum hayata nasıl yansıyor? Kaybettiklerimizi hatırlamanın ve aynı zamanda hala aramızda olanları onurlandırmanın bir yolu olarak nasıl - ve "biz" kelimesini gevşek bir şekilde kullanıyorum - hala güçlü olan tüm güzel hayatların yanında yer alabilir ve onları destekleyebiliriz?

Clementa Pinckney, Amerika çapında siyah erkekler (ve kadınlar) için genellikle polisin elinde olan trajik olayların yaşandığı bir yılın ortasında öldü. Amerikan İç Savaşı'nın sona ermesinden 150 yıl sonra, Konfederasyon bayrağının Güney Carolina ve Alabama'daki eyalet başkentlerinden nihayet kaldırılmasından sorumlu olanlardan biri olarak tarihe geçebilir. Geriye dönüp baktığında Clementa Pinckney hayatını hızlı yaşamış gibi görünüyor; 18 yaşında rütbe atlanmasından 23 yaşında Güney Carolina Temsilciler Meclisi'nden biri olmasına ve bu onu şimdiye kadar eyalet senatörü olarak seçilen en genç kişi yapmasına kadar; kariyer başarılarının da kanıtladığı gibi bu iki dönüm noktası inkar edilemez. Şehrin ruhani kalbi olan Charleston'daki Emanuel AME Kilisesi'nde tam zamanlı papaz olarak seçkin bir kamu görevlisiydi. Trajik bir şekilde, kendisi ve cemaatinin ışık saçan sekiz üyesi, çarşamba geceleri İncil çalışması için karşıladıkları genç bir beyaz adam tarafından, tam da bu kilisede öldürüldü.

"Bu sürece ışık ve içgörü katmak, kendimize yeni görme gözleri kazandırmak için olağanüstü bir fırsatımız var."
Dünyamız nezaketle yaşanan günlük yaşamın sessiz güzelliği ve cesaretiyle doludur. Her dakika, başkalarına hizmet uğruna fedakarlık yapan ve iyileşme umudunu riske atan milyonlarca genç ve yaşlı birey var; bu iyilik önemlidir; gerçekliğimizi şiddet manşetlerinden daha fazla bilgilendirmesine izin verin; Razan, Deah, Yusor Kayla Clementa ve onların benzer ruhlarının yaptığı gibi karanlıkta onun ışığını kucaklayın. İyiliği nerede ve ne zaman ortaya çıkarsa aramak, hayata yeni pencereler açar.
* * *

Yaratıcı yollarla ele almamız gereken ve henüz isimlerini veremediğimiz zorlukların ortasında yeni konuşma alanları ve ilişkiler yaratma konusunda öğrendiklerimi paylaşmak için Youngstown, Ohio'ya davet edildim. Youngstown endüstriyel bir güç merkezi olarak başladı ancak uzun zamandan beri zor günler yaşıyor; Youngstown'daki çocukların yarısından fazlası artık yoksulluğun altında ikamet ettiğinden nesillerin geçim kaynağı ve öz saygısı yoksulluk nedeniyle kayboluyor. Haziran ayının bunaltıcı ve fırtınalı bir Cuma gecesinde Piskoposluk kilisesinde yaptığım konuşma tüm salonu dolduruyor. Konuştuktan sonra, hem o gece hem de ertesi gün insanların hikayelerini, sorularını, cevaplarını ve bilgeliklerini paylaşmasını dikkatle dinliyorum. Birisi bağlantıyı kurmadan önce o odada hissettiklerimi parça parça detaylandırıyorlar: Bu topluluk aynı anda ölüyor ve yeniden doğuyor."

Onların hikayesi bizim hikayemizdir; zaman ve mekânda oluşturduğumuz her bir aile, yer ve akraba topluluğununki. Kayıptan sonra yeniden doğuşun olacağına çoğu zaman güvenmeye çalışırız ama tarih bize bunun aksini öğretir. Bazen, bundan sonra ne olacağına dair seçimlerle karşı karşıya kaldığımızda, nereden başlayacağımızı bilemediğimiz için kendimizi güçsüz veya bunalmış hissedebiliriz. Ancak en derin sorularımızın ve en hassas duygularımızın aramızda yüzeye çıkmasına izin verdiğimizde, onları geri çevirmek yerine birlikte yaşama becerisine sahip oluruz. Hem savunmasız hem de güçlü olan insanlık, ergen türümüzün varlığına tanıklık ediyor. Bilgelik tam da görünüşte karşıt olan gerçeklikleri bir araya getirmemiz ve onları yaratıcı bir gerilim içinde tutmamız gerektiğinde ortaya çıkar: güç ve kırılganlık, doğum ve ölüm, acı ve umut, güzellik ve kırıklık, gizem ve inanç, sakinlik ve canlılık... bunların hepsi bilgeliğin yaratılmasına katkıda bulunur. .

Diyalog hayatım, tıpkı şiir gibi, insanlığın kelimelerin ifade edebileceğinin ötesinde gerçeği ifade etme konusundaki inanılmaz yeteneğine bir saygı duruşu niteliğindedir. Sonuç olarak, bu yazı, sözlerimin söylenmemiş veya ifade edilmemiş bıraktığı her şeyden korkmama ve titrememe neden oluyor - onların gerekli alçakgönüllülüğünü kabul ediyorum.

Alçakgönüllülük, burada kutlanmaya değer başka bir erdemdir; bilgelik ve dayanıklılıkla işaretlenmiş yaşamlar boyunca bulunabilir. Anlamı zamanla demode olsa da tevazu üzerine yapılan sohbetler onun önemini yeniden keşfetmemi sağladı. Mizah ve güzellik gibi tevazu da, şimdiye kadar bahsettiğimiz diğer erdemlerin yanı sıra konukseverlik ve sorgulama konusunda da bizi yumuşatır.

Manevi tevazu, küçülmek, kendini küçük düşürmek, değerini düşürmek değil, her şeye ve herkese iyilik görme ve hayret etme şevkiyle yaklaşmak demektir. İsa bunu çocuksu bir alçakgönüllülük sergilediği için alkışladı; bilimsel ve mistik şahsiyetler ise başkalarına karşı benzer hürmet niteliklerini hafif adımlarla, hiçbir gönül ağırlığı olmadan gösterdiler.

Hafiflik, bilgeliği dünyada veya kendimde gördüğümde veya hissettiğimde onu tanımak için başvuracağım sınavdır. Bizi yönlendirebilecek sorular zaten orada keşfedilmeyi ve hayata geçirilmeyi bekliyor - onları ortaya çıkarmak, onları duyularımıza, bedenlerimize, yaşadığımız yerlere yerleştirmek ve onlarla iyileşmeye yardımcı olmak, onları iyileştirme sorumluluğunu üstlenmek bir keyif ve ayrıcalıktır. bir macera ya da çağrı olarak, birbirimize olan sevgimizi bir macera ya da çağrı olarak iddia edin, içimizdeki gömülü gerçekliğe hayret ederken onun enginliğinden zevk alın - sonunda umut denen sağlam ama dirençli bir şeye tutunmak, her şeyi sonsuza kadar değiştirme gücüne sahiptir!

Yaşamanın sanatı ve gizemi çok geniştir. Ama onlar ulaşılabilir durumdalar: sadece şu anda ve bir sonraki anda mevcut olan tüm zarafeti, güzelliği, şifayı ve dikkati sessizce aramaya başlayın.

SON